Schottland
mit dem Wohnmobil

Einfach anhalten und die Natur genießen ist in Schottland wunderbar einfach.

Michael Moll

SCHOTTLAND
MIT DEM WOHNMOBIL

Die schönsten Routen
durch die Highlands, über die Hebriden,
Orkneys und Shetland-Inseln

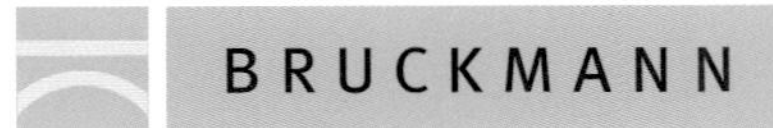
BRUCKMANN

Sanfte Hügel und weite Lochs beherrschen das Bild der Highlands.

INHALT

» SCHOTTLAND UND SEINE REGIONEN

Die Shetland-Inseln zeichnen sich durch viele kleine Eilande und Tomboli (Dünenstreifen) aus.

Parkmöglichkeiten finden sich für Wohnmobile fast überall.

Schottland liegt bekanntermaßen auf der britischen Insel und nimmt dabei das nördliche Drittel der Landfläche ein. Dazu kommen noch die verschiedenen Inselgruppen. Im Norden befinden sich die Orkney-Inseln, zu denen rund 70 Eilande gehören, von denen jedoch nur 20 bewohnt sind. Noch weiter nördlich erreicht man die Shetland-Inseln, deren Landfläche ungefähr doppelt so groß ist wie die der Orkney-Inseln. Im Westen von Schottland befinden sich zudem die Hebriden. Diese teilen sich wiederum in Äußere Hebriden und Innere Hebriden auf. Letztere sind besonders bekannt für die leicht zu erreichende Insel **Isle of Skye**, die alljährlich zahlreiche Urlauber anlockt.

Das Festland von Schottland kann in drei Regionen aufgeteilt werden. Im Süden liegen

Auf den Äußeren Hebriden gibt es neben Natur auch Kultur wie hier in einem Freilichtmuseum.

die sogenannten **Southern Uplands**. Diese nur leicht hügelige Bergregion erstreckt sich über die gesamte Inselbreite von Edinburgh bis zur englisch-schottischen Grenze. Nördlich davon befindet sich der sogenannte **Central Belt** mit der höchsten Bevölkerungsdichte Schottlands. Diese Region beherbergt – abgesehen von Aberdeen – acht der neun größten Städte des Landes. Zu den bekanntesten gehören Glasgow, Edinburgh und Dundee. Schon Paisley, die fünftgrößte Stadt Schottlands, dürfte eher unbekannt sein. Sie umfasst ohnehin nur 77 000 Einwohner. Den letzten Platz der Top Ten nimmt eine Stadt ein, die wieder bekannter ist – Inverness. Mit ihren 48 000 Einwohnern befindet sie sich aber bereits in der Nähe von Loch Ness und damit in den berühmten **Highlands**. Diese sind natürlich für ihre zahlreichen Moore, ihre charakteristische Landschaft, den Whisky und die vielen Seen, auch Lochs genannt, bekannt.

GESCHICHTE UND GESCHICHTEN AUS DEN HIGHLANDS

Es kann nur einen geben – so lautete die Unterschrift des Filmes »Highlander« aus dem Jahr 1986, der vom unsterblichen Schotten Connor MacLeod handelt, gespielt von Christopher Lambert. Die Titelmelodie zum Film steuerte die englische Band Queen bei und machte das Lied »Who wants to live forever« weltberühmt. Nicht weniger martialisch geht es in dem Hollywoodstreifen »Braveheart« aus dem Jahr 1995 zu, in dem Mel Gibson und Sophie Marceau die Hauptrollen spielen und der von den lange andauernden Kämpfen zwischen Schottland und England erzählt. Er wurde mit fünf Oscars ausgezeichnet. Beide Filme zeigen Schottland mit einer rauen Landschaft sowie mit stolzen Kämpfern und Kriegern. Selbst der Disney-Animationsfilm »Merida – Legende der Highlands« von 2012 lässt schon durch den Titel klassische Schottlandbilder im Kopf entstehen. Und zu guter Letzt ist noch der Film »Rob Roy« mit Liam Neeson von 1995 zu erwähnen, der ebenfalls als Historienabenteuer bekannt wurde. Es fällt auf, dass die erfolgreichen Filme mit Bezug zu Schottland immer in der Vergangenheit spielen und zudem von der tollen Landschaft als Kulisse leben.

Schottland war schon früh besiedelt, zuerst namentlich erwähnt werden die Pikten. Sie erhielten ihren Namen von den Römern und waren in mehreren Volksgruppen über das ganze Land verteilt. Ihnen folgten die Kelten und aus Irland die Skoten. Lediglich die Römer schafften es nicht, in Schottland Fuß zu fassen. Später gab es immer wieder Streitigkeiten und Kämpfe mit England, die mit der Annexion Schottlands unter König Eduard I. begannen. Seit 1707 gehört Schott-

Besonders eindrucksvoll sind die Steilküsten auf der Isle of Skye.

Archäologische Fundstätten sind, wie hier auf den Orkney-Inseln, vielfach anzutreffen.

land zum Vereinigten Königreich. Doch noch bis heute gibt es Bestrebungen, sich abzulösen, wenn auch weniger filmreif. Ein Referendum im September 2014 scheiterte, als 55 Prozent der schottischen Einwohner gegen die Unabhängigkeit stimmten. Nach dem Brexit wurde ein weiteres geplantes Referendum für 2023 vom Supreme Court in London als unrechtmäßig betrachtet.

SEHENSWÜRDIGKEITEN

Wie schon im vorherigen Absatz erläutert, ist die schottische Landschaft oft der heimliche Hauptdarsteller in Filmen, die in Schottland spielen. Die Landschaft mit ihren rauen Mooren und kahlen Bergen ist die Hauptattraktion und eine wahre Freude für jeden Naturfreund, Wanderer und Hobbyfotografen. Doch es existieren natürlich auch klassische Sehenswürdigkeiten und dazu zählen ganz ohne Zweifel die zahlreichen Burgen und Befestigungen wie zum Beispiel das **Edinburgh Castle** oder das **Eilean Donan Castle**. Letzteres ist übrigens auch wieder Drehort für zahlreiche Spielfilme gewesen. Zu den weiteren Sehenswürdigkeiten in der Natur zählen natürlich die vielen Lochs, wovon **Loch Ness** mit seinem Seeungeheuer das wohl bekannteste sein dürfte. Kurioserweise befinden sich aber trotz der sehenswerten Landschaft nur zwei Nationalparks auf schottischem Gebiet. Zum Vergleich: England besitzt zehn Nationalparks und selbst das deutlich kleinere Wales, das natürlich auch zum Vereinigten Königreich zählt, kann drei Nationalparks vorweisen. Allerdings ist der schottische **Cairngorms Nationalpark** fast so groß wie alle drei walisischen Nationalparks zusammen und überdies auch der größte im gesamten Vereinigten Königreich. Und der kleinere **Loch Lomond and the Trossachs National Park** in Schottland ist immer noch der viertgrößte in ganz Großbritannien.

Zur richtigen Jahreszeit sieht man mit etwas Glück auch die drolligen Papageitaucher.

Nördlicher geht es nicht: Diese Küste gehört zu Unst, der nördlichsten der Shetland-Inseln.

Von den fünf Weltkulturerben der UNESCO, die in Schottland anzutreffen sind, befindet sich eine auf den Orkney-Inseln und ein weiteres werden wir mit dem Wohnmobil nicht erreichen können. Denn die Inselgruppe St. Kilda liegt rund 160 Kilometer westlich der Hebriden und kann nur zu Fuß erkundet werden. Ein Tagesausflug per Boot zu der drei Stunden entfernten Inselgruppe beginnt bei rund 190 Pfund pro Person. Zu guter Letzt sind natürlich die zahlreichen Destillerien sowie die drei größten Städte Glasgow, Edinburgh und Aberdeen mit ihren Innenstädten zu erwähnen.

NATIONAL TRUST FOR SCOTLAND UND SCOTLAND HERITAGE

Wer zum ersten Mal nach Großbritannien reist, wird sich bei den ersten größeren Sehenswürdigkeiten eventuell über den Eintrittspreis wundern oder gar erschrecken. Der Besuch einer Burg beginnt meist bei einem Preis von acht Pfund und kann zuweilen auch 14 oder 16 Pfund betragen – pro Person versteht sich. So wird die Urlaubskasse eines Pärchens mal eben mit 40 bis 50 Euro belastet. Um dem vorzubeugen, lohnt sich die Überlegung, ob man eventuell einen von mehreren sogenannten Pässen erwirbt.

Im englischen Teil Großbritanniens gibt es zum Beispiel den **National Trust**, bei dem man Mitglied werden kann und dafür ein Paket an Informationen und einen Mitgliedsausweis erhält. Damit hat man ein Jahr lang freien Eintritt in sämtliche vom National Trust verwaltete Einrichtungen. Das kann interessant sein für Reisende, die auf dem Hinweg bzw. auf dem Rückweg von Schottland noch einige Stopps in England einplanen. Für Schottland gibt es das dazugehörige Pendant **National Trust for Scotland**. Hier ist ebenfalls eine Mitgliedschaft möglich. Diese kann man entweder als Alleinreisender, als Pärchen oder als Familie abschließen. Neben der obligatorischen Mitgliedszeitung erhält man zudem die Möglichkeit, an den entsprechenden Sehenswürdigkeiten kostenfrei zu parken. Darüber hinaus hat man natürlich freien Eintritt in alle Burgen, Schlösser und Herrenhäuser, die vom National Trust for Scotland betreut und verwaltet werden. Freien oder zumindest vergünstigten Eintritt erhält man außerdem auch für ausgewählte Sehenswürdigkeiten des National Trust in England, Wales und Nordirland.

Darüber hinaus gibt es noch den Historic

Von den Ruinen von Tantallon Castle hat man einen guten Blick auf die Vogelinsel Bass Rock.

Scotland Explorer Pass, der von der schottischen Regierung angeboten wird. Inklusive einem Reiseführer, einer Übersichtskarte, einem Infopaket erwirbt man hiermit den Eintritt in 77 schottische Anwesen und kann diese in zwei Varianten erhalten: Drei Tage Gültigkeit innerhalb eines Zeitraums von fünf Tagen für 35 Pfund und sieben Tage Nutzbarkeit innerhalb eines Zeitraums von 14 Tagen für 45 Pfund.

Und zu guter Letzt gibt es noch den **Scottish Heritage Pass**, der diese beiden Varianten vereint, und noch eine dritte Gesellschaft, die **Historic Houses Association for Scotland**. Dieses Ticket ist jedoch nur an sieben aufeinanderfolgenden Tagen gültig und das auch nur im Zeitraum von April bis Oktober.

Es ist also eine reine Rechenfrage, ob sich der Kauf eines oder mehrerer Pässe lohnt. Empfehlenswert ist es daher, sich vor Reiseantritt damit zu befassen, welche Sehenswürdigkeiten man ganz sicher besuchen möchte. So kostet beispielsweise der Eintritt zum Edinburgh Castle 21 Pfund, zum Urquhart Castle am Loch Ness 13 Pfund und zum Stirling Castle 18 Pfund. Plant man alleine diese drei Sehenswürdigkeiten innerhalb von fünf Tagen zu besichtigen, dann hat man mit dem kleinen Historic Scotland Explorer Pass für 50 Pfund bereits 2 Pfund gespart.

KLIMA UND MIDGES

Pauschale Aussagen zum Klima in ganz Schottland können natürlich nicht gemacht werden, denn die Unterschiede zwischen beispielsweise Edinburgh im Süden und den Shetland-Inseln, die sich weit im Norden mitten im Meer befinden, sind sehr groß. Grundsätzlich gilt aber, dass gute und wetterfeste Kleidung unabdingbar ist. Insgesamt ist es ein gemäßigtes Klima mit wenig Extremen. Selten wird es heißer als 30 Grad Celsius, aber richtig kalt wird es auch nicht häufig, da der Golfstrom geradewegs auf die Westseite Schottlands zufließt. Dennoch muss man sich darüber im Klaren sein, dass das Wetter sehr wechselhaft ist. Das bedeutet nicht nur, dass man nach einem sonnenreichen Tag nicht einen weiteren Tag mit blauem Himmel erwarten sollte, sondern auch, dass selbst im Laufe eines Tages das Wetter mehrfach umschlagen kann. Daher ist es für den Tagesablauf immer sinnvoll, Alternativen zu haben und Spontanität zu beweisen.

Spontan sollte man ebenfalls beim Thema Midges sein. Sie werden auch Highland Midges genannt und sind kleine, furchtbar lästige Sandfliegen, die in der Regel abends kurz vor Sonnenuntergang auftreten – dann allerdings in Schwärmen. Außerdem sind sie so klein, dass sie einzeln kaum auffallen und – viel schlimmer – durch die kleinsten Öffnungen ins Wohnmobil gelangen. Sie mit der Zeitung zu erschlagen, ist eine reine Sisyphusarbeit, denn schnell ist aus der einzelnen unauffälligen Sandfliege eine ganze Heerschar geworden und der sorgsam ausgewählte Übernachtungsplatz an einem See wird plötzlich zur Qual. Die Midges hinterlassen schmerzhafte Bissspuren, wobei es reiner Zufall ist, wer davon betroffen ist. An dem einen Tag kann es der eine Reisende sein, am nächsten Tag der andere, der mehrere Dutzend Bisse aufweist. Hilfreich sind leicht windige Orte abseits von stehenden Gewässern und eine niedrige Luftfeuchtigkeit.

KÜCHE

Erstaunlicherweise hat die schottische Küche wenige Gemeinsamkeiten mit der englischen Küche, was man als Kontinentaleuropäer eher positiv bewerten dürfte. Überschneidungen gibt es jedoch beim britischen Frühstück, das wenig süße Speisen kennt, sondern mit warmen Gerichten aufwartet. Die legendären Fish ‘n‘ Chips mit ihren weichen und breiten Pommes frites und dem frittierten Kabeljau gelten auch in Schottland als inoffizielles Nationalgericht. Durch die Nähe zum Meer ist die schottische Küche ohnehin von Fischgerichten, Austern, Jakobsmuscheln und Meeresfrüchten geprägt. Die Auswahl an verschiedenen Restaurants ist jedoch sehr groß und in den Städten natürlich auch international beeinflusst. Glasgow ist zum Beispiel für seine Vielzahl an indischen Restaurants bekannt und gilt als Hauptstadt des Currys in Schottland. Das schottische Tourismusbüro hat für Reisende sogar mehrere kulinarische Routen erstellt, auf denen man sich thematisch durch Schottland bewegen kann. So gibt es zum Beispiel die schottische Käseroute mit Produkten aus den Molkereien des Landes, die Meeresfrüchteroute und für Freunde des süßen Geschmacks die Schokoladenroute, die an 70 Chocolatiers in Schottland vorbeiführt. Eine besondere Bedeutung hat die **Arbroath-Smokie-Route**, bei der es um den traditionell geräucherten Schellfisch geht. Nicht vergessen werden darf natürlich das Getränk des Landes, der Whisky. Auf einer **Whiskyroute** lernt man sieben renom-

Tausende Vögel nisten und brüten in den steilen Felswänden von Handa Island.

Verhungern wird in Schottland niemand, kleine Lokale wie diese gibt es in fast jedem Ort.

Mit diesem hochseetauglichen Schiff fährt man von Aberdeen zu den Shetland-Inseln.

mierte Destillerien kennen und kann auf traditionelle gälische Weise anstoßen. Aber ein Land, in dem die Männer in Historienfilmen als harte Kerle dargestellt werden und wo man in Wettkämpfen Baumstämme durch die Gegend wirft, hat natürlich auch Speisen hervorgebracht, für die man sich beim Verzehr unter Umständen überwinden muss. Drücken wir es so aus: **Haggis** ist schmackhaft und wenn man nicht weiß, was es ist, wird man es sicherlich auch ohne Probleme essen. Vorsichtig beschrieben handelt es sich um eine Schafspeise. Die Wahrheit ist jedoch, dass Innereien des Tieres, wie Leber, Lunge, Herz und Nierenfett scharf gewürzt und wurstähnlich in einen Schafsmagen gefüllt werden. Dazu werden Kohlrüben und Kartoffeln gereicht. Wer behauptet, dass sich bei diesem Gedanken der Magen umdreht, hat im übertragenen Sinne sogar recht. Denn für die Zubereitung des Schafsmagens muss dieser natürlich vorher von außen und innen gründlich gereinigt werden. Deutlich appetitlicher sind hingegen die **Scotch Eggs**, die in den Kühltheken der Supermärkte nicht fehlen dürfen. Die hartgekochten Eier sind von frittiertem Hackfleisch umgeben und stellen eine beliebte Speise für zwischendurch dar.

Neben klassischen Wohnmobilen kann man auch liebevoll dekorierte VW-Busse mieten.

MIT DEM WOHNMOBIL IN SCHOTTLAND UNTERWEGS

An- und Abreise

Da Schottland nicht nur viele Inseln besitzt, sondern bekanntlich auch auf einer Insel liegt, erfolgt die An- und Abreise in der Regel mit dem Schiff. Und dafür gibt es zahlreiche Möglichkeiten. Wer nur eine kurze Schifffahrt unternehmen möchte, der wählt vermutlich die klassische Variante vom französischen Calais ins englische Dover. Nach rund 90 Minuten mit einem der Schiffe der Fährgesellschaften P&O, DFDS Seaways oder

MyFerryLink erreicht man Großbritannien. Natürlich geht es auch ganz ohne Fähre. Le Shuttle nennt sich der Zug, der von Calais nach Folkestone, westlich von Calais, fährt und dabei den Ärmelkanal unterquert. Allerdings muss man bei diesen beiden Varianten mit dem Wohnmobil die meisten Kilometer auf dem Weg nach Schottland zurücklegen. So sind es zum Beispiel von Köln bis Calais etwas über 400 Kilometer. Ab Calais sind es dann anschließend noch über 650 Kilometer bis zur schottischen Grenze bei Berwick-upon-Tweed. Insgesamt legt man also bei der Anreise eine Fahrstrecke von 1050 Kilometern zurück. Auf dem Rückweg kommt außerdem die Mautgebühr auf der Queen-Elizabeth-II-Brücke an der M 25 östlich von London hinzu. Auf dem Weg nach Norden ist die Strecke mautfrei.

Kilometer kann man abkürzen, wenn man mit der Fährgesellschaft P&O vom belgischen Zeebrugge oder dem niederländischen Rotterdam nach Kingston upon Hull fährt. Damit kommt man aber im Beispiel von Köln nach Berwick-upon-Tweed immer noch auf eine Kilometerleistung von 620 (über Zeebrugge) bzw. 580 Kilometer (über Rotterdam).
Die Schiffe Princess Seaways und King Seaways von DFDS-Seaways legen täglich abwechselnd in Amsterdam ab und erreichen nach rund 14 Stunden Fahrzeit den englischen Hafen von Newcastle upon Tyne. Von dort sind es nur noch knapp 100 Kilometer bis zur schottischen Grenze, wobei man diese nicht einfach nur abfahren sollte. Auch wenn diese ersten 100 Kilometer des Urlaubs noch zu England gehören, lohnt sich der eine oder andere Aufenthalt zwischendurch und wird daher auch in der Wegbeschreibung in Route 1 vorgestellt. Darüber hinaus ist schon seit einigen Jahren eine neue Fährverbindung von Eemshaven in der Niederlande nach Rosyth nördlich von Edinburgh im Ge-

Weite Landschaften mit sanften Hügeln und Tälern bestimmen oft das Bild der Highlands.

Einen Parkplatz findet man in den Weiten Schottlands immer.

Der Leuchtturm markiert bei Sumburgh den südlichsten Punkt der Shetland-Inseln.

spräch. Der letzte Stand ist, dass sie im Jahr 2023 in Betrieb gehen sollte.
Wer vor den jeweiligen Überfahrten noch eine Nacht auf dem Festland verbringen möchte, der findet in Calais (50.966519, 1.844071), in Zeebrugge (51.328185, 3.184495) und in Amsterdam (52.397745, 4.900823) auch einen Wohnmobilstellplatz.

Whisky ist aus Schottland natürlich nicht wegzudenken und prägt zahlreiche Ortschaften.

Linksverkehr

Sobald man das Schiff verlässt und britischen Boden berührt, taucht man verkehrstechnisch in eine ganze andere, für viele in eine ganz neue Welt ein. Wir verlassen die gewohnte Eurozone und zahlen mit dem Pfund, die Entfernungsangaben finden nun in Meilen statt, die Geschwindigkeitsangaben dementsprechend in Meilen pro Stunde und bekanntlich werden wir nun im Linksverkehr unterwegs sein.

Es soll Menschen geben, die die britische Insel mit dem eigenen Auto oder gar Wohnmobil nicht erkunden wollen, weil sie sich den Linksverkehr nicht zutrauen. Dabei ist es mit ein wenig Eingewöhnung gar nicht so schlimm. Und die beste Eingewöhnung erhält man auf einer Autobahn oder einer Schnellstraße, wo man sich – einmal angekommen – erst mal einige Kilometer an den ungewohnten Blickwinkel gewöhnen kann.

Zur Gewöhnung gehört auf jeden Fall, dass der rechte Außenspiegel nun deutlich wichtiger geworden ist als auf vertrauten Autobahnen auf dem Kontinent. Das bedeutet aber auch, dass der Beifahrer oder die Beifahrerin je nach Bauweise des Fahrzeugs keine große Landkarte aufklappen sollte und die Füße schon aus Gründen der Sicherheit nicht auf das Armaturenbrett legen sollte, weil er bzw. sie eventuell die Sicht blockiert.
Eine bessere Sicht hat man dafür bei den vie-

len Kreisverkehren in Großbritannien. Fährt man auf deutschen Straßen in einen Kreisverkehr, so muss man nach links blicken und sich je nach Anordnung der Fahrspur dabei fast den Hals verrenken. In Schottland ist dies natürlich nicht notwendig. Als Linkslenker fahren wir in einen Kreisverkehr nach links ein und blicken, möglicherweise sogar durch eine große Panoramascheibe, nach rechts, um zu sehen, ob sich vorfahrtberechtigter Verkehr nähert.

Wesentlich aufmerksamer muss man natürlich beim Rechtsabbiegen sein. Reicht bei uns meist ein Blick nach hinten, so kann das hier fatale Folgen haben, denn logischerweise müssen wir hier noch den Gegenverkehr passieren lassen. Dafür ist dann das Linksabbiegen wesentlich einfacher und für uns als Linkslenker sogar vorteilhafter, da wir auch in einem großen Wohnmobil in der Regel mit dem Schulterblick auskommen.

Und bei aller Rechts-Links-Verwirrung kommt immer schnell die Frage auf, wie es denn um die Rechts-vor-Links-Regelung steht. Das ist aber schnell beantwortet: Sie gilt unverändert.

Allerdings ist es mit der reinen Eingewöhnung nicht getan, denn auch am Fahrzeug ist eine kleine Änderung ratsam. Bekanntlich leuchten die Scheinwerfer eines Autos bzw. Wohnmobils asymmetrisch, um den Gegenverkehr nicht zu blenden. Das bedeutet, dass der Lichtkegel an linksgesteuerten Fahrzeugen auf der rechten Seite größer ist und an heimischen Straßen den Fußweg mehr ausleuchtet als die Fahrbahn des Gegenverkehrs. Ohne Veränderung des Streulichts kann es in Großbritannien im Umkehrschluss dazu kommen, dass man den Gegenverkehr auf der rechten Seite blendet. Um dies zu verhindern, gibt es verschiedene Möglichkeiten. Zunächst sollte man einen Blick in das Handbuch des eigenen Wagens werfen oder beim Hersteller nachfragen. Möglicherweise existiert ein sonst nie genutzter Hebel oder Schalter, der die Scheinwerfereinstellungen für den Linksverkehr anpasst. Alternativ hierzu gibt es im Zubehörhandel, beim ADAC oder spätestens im Shop auf den Fähren entsprechende Adapter. Diese werden gemäß der beiliegenden Anleitung auf die Scheinwerfer geklebt. Natürlich sollte man nicht vergessen, sie nach dem Schottlandurlaub wieder zu entfernen.

Mit diesen ersten Tipps und natürlich einer defensiven Fahrweise sollte es kein Problem sein, die Ziele in Schottland heil und sicher zu erreichen.

Meilen

Entfernungsangaben sollte man auf der britischen Insel nicht unterschätzen, da natürlich bei den Angaben immer von Meilen die Rede ist. Von der Zahl, die auf einem Verkehrsschild das nächste Ziel verspricht, kann man getrost die Hälfte hinzurechnen und dann

Strohdächer auf historischen Häusern der Hebriden werden mit Steinen befestigt.

Schottland hat nicht nur Burgen und Ruinen, sondern auch Gotteshäuser wie hier in Aberdeen anzubieten.

liegt man immer noch knapp unter der tatsächlich zu fahrenden Kilometerzahl. Wenn man nicht daran denkt, erreicht man sein Ziel im schlimmsten Fall einfach etwas später als gedacht. Aber die Nutzung von Meilen als Maßeinheit hat natürlich deutlichere Konsequenzen in Bezug auf die Geschwindigkeitsangaben. Wer sich in Großbritannien einer Tempo-30-Zone nähert, darf in Wahrheit nämlich 48 km/h fahren. Das ist auf den ersten Blick natürlich leicht, denn wenn man sich an die Beschilderung hält, kann man ganz sicher nicht zu schnell fahren. Aber man kann andersherum schnell zu einem Verkehrshindernis werden. Auf den Autobahnen sind Geschwindigkeitsangaben von 70 keine Seltenheit. Dementsprechend darf man dann dort nämlich 112 km/h fahren. In den Shops auf den Fähren gibt es transparente Aufkleber mit den wichtigsten Umrechnungen zu kaufen. Oben links in die Windschutzscheibe geklebt, ist er ein hilfreicher Begleiter während der Schottlandreise. Nach dem Urlaub sind diese Aufkleber wieder leicht abzuziehen. Eine Meile sind 1609 Meter und 34,4 Zentimeter. Demnach entstehen folgende Geschwindigkeitsbegrenzungen: 20 mph (Meilen pro Stunde) = 32 km/h; 30 mph = 48 km/h; 40 mph = 64 km/h; 50 mph = 80 km/h; 60 mph = 96 km/h; 70 mph = 112 km/h.

Mautpflicht

Zurzeit gibt es in ganz Schottland keine Straße oder Brücke, auf der Maut gezahlt werden muss. Als Schottlandreisender ist man nur von der Maut betroffen, wenn man auf dem Heimweg die Strecke durch England nach Dover wählt. In der Regel überquert man auf der Ringautobahn M 25, die einmal rund um London führt, die Queen-Elizabeth-II-Brücke, die in Südrichtung mautpflichtig ist.

Camping- und Stellplätze

Es wäre geradezu eine Herausforderung, in Schottland keine Übernachtungsmöglichkeit mit dem Wohnmobil zu finden. Zahlreiche Campingplätze bieten ganz unterschiedliche Angebote, die vom einfachen Übernachtungsplatz bis hin zu Top-Stellplätzen mit allem erdenklichen Komfort reichen. Sehr viele von ihnen befinden sich natürlich in Wassernähe, sei es nun ein Fluss oder ein See oder gar die Meeresküste. Und wenn nicht, dann ist das Wasser sicherlich nicht weit entfernt.

Beim Thema Camping wird aber auch der Unterschied zwischen England und Schottland sehr deutlich. Während es im südlichen Teil der britischen Insel streng verboten ist, außerhalb eines Campingplatzes zu übernachten, so wird das freie Übernachten in Schottland sogar von der örtlichen Tourismusinformation ausdrücklich empfohlen, wenn gerade mal kein Campingplatz zur Verfügung steht. Das heißt, man darf in Schottland die Ruhe und Einsamkeit der Natur auch in der Nacht mit dem Wohnmobil genießen. Allerdings gelten hier natürlich die grundsätzlichen Rahmenbedingungen, dass man keinen Dreck zurücklässt und jegliche Spuren beseitigt, die man verursacht hat. Dies sollte zwar eigentlich eine Selbstverständlichkeit sein, aber in den letzten Jahren hat sich mit dem steigenden Wohnmobiltourismus auch die Zahl der schwarzen Schafe erhöht, die zwar einen sauberen Übernachtungsplatz für sich beanspruchen möchten, diesen aber anschließend nicht so zurücklassen, wie sie ihn vorgefunden haben. Außerdem beinhalten diese goldenen Regeln des sogenannten Scottish Outdoor Access Codes natürlich auch, dass man niemanden belästigt und im Zweifel den Grundstücksbesitzer fragt bzw. nicht in der Nähe eines Wohnhauses übernachtet.

Eine große Ausnahme beim freien Übernachten stellt die Ostseite des Loch Lomond nördlich von Glasgow dar. Hier ist es bei Strafe verboten, außerhalb der dort zahlreich vertretenen Campingplätze im Wohnmobil zu übernachten oder sein Zelt aufzuschlagen.

Wer seinen Schottlandurlaub mit einem Aufenthalt im restriktiveren England kombinieren möchte, der sollte sich mit der Möglichkeit auseinandersetzen, Mitglied in The Caravan Club oder im Camping and Caravanning Club zu werden. Für die gewöhnlichen Campingplätze der Clubs ist dies zwar nicht immer zwingend notwendig, doch die Clubs bieten eine Vielzahl von kleineren Plätzen an, die von Privatpersonen und Farmern zur Verfügung gestellt werden. Der Clou daran ist, dass diese zertifizierten Plätze nur fünf Wohnmobilstellflächen anbieten dürfen und sie daher viel Ruhe versprechen und man mit dem Eigentümer gut in Kontakt kommt. So manch ein Besitzer freut sich über abendliche Gespräche mit Kontinentaleuropäern. Allerdings gibt es solche Plätze in Schottland deutlich weniger als in England. Aufgrund dieser Tatsache und der verhältnismäßig wenigen Städte sucht man klassische Wohnmobilstellplätze in Schottland oft vergeblich.

Immer wieder wird man auf die Brochs der Steinzeit stoßen.

Und die Shetland-Ponys dürfen auf der gleichnamigen Inselgruppe natürlich nicht fehlen.

» DIE ROUTEN

Weit verstreute Ortschaften prägen das Bild des schottischen Hochlands.

GRENZÜBERSCHREITENDE EINSTIMMUNG AUF SCHOTTLAND

Von Newcastle upon Tyne in England nach Edinburgh

Eine Reise durch Schottland beginnt nicht erst an der schottischen Grenze, sondern schon in der Hafenstadt Newcastle upon Tyne, wo man in der Regel ankommt. Von dort fährt man entlang der Küste durch Nordengland und besichtigt mehrere Schlösser, die einen engen Bezug zur schottischen Geschichte haben, genauso wie die nördlichste englische Stadt Berwick-upon-Tweed. Nach Überquerung der Grenze hat man die Wahl zwischen dem Besuch weiterer Schlösser im Landesinneren oder einer Fahrt an der spektakulären Nordseeküste Schottlands. Nach Besuchen in Dunbar und North Berwick erreicht man schließlich das Etappenziel Edinburgh.

Die englischen Farne Islands sind ein guter Einstieg für eine Reise durch Schottland.

Neben Papageitauchern findet man auch Trottellummen auf den Farne Islands.

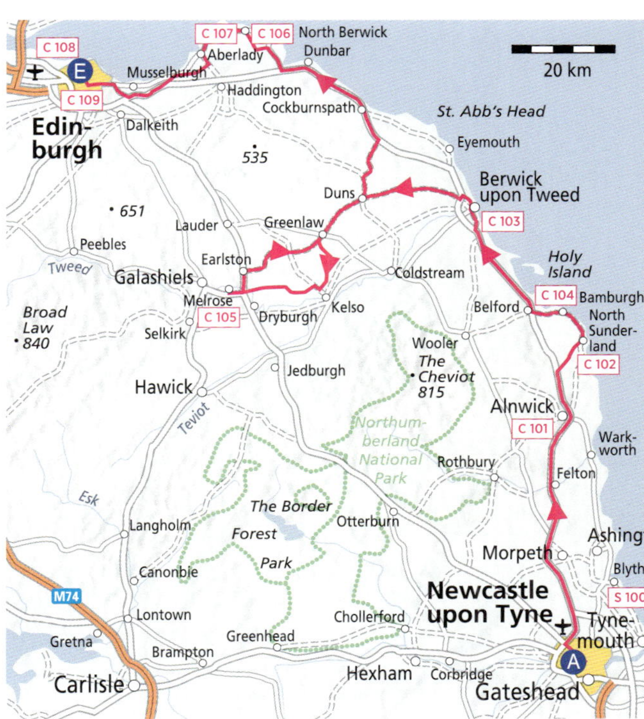

Wer mit dem Wohnmobil nach Schottland reist, wird entweder mit dem Schiff in Newcastle upon Tyne ankommen oder den längeren Landweg durch England nehmen. In beiden Fällen sollte man sich bereits ab Newcastle auf den Schottlandurlaub einstimmen. Es wäre schade, die Region nördlich der Stadt schnell zu durchqueren, nur weil sie zu England gehört. Denn die dortigen Sehenswürdigkeiten entstanden durch den Einfluss der Nachbarn aus dem Norden. Die spannendere Variante mit zahlreichen tollen Ausblicken verläuft in Küstennähe, also in gerader Linie nach Norden und wird hier überwiegend vorgestellt. Allerdings kann man ab Newcastle natürlich auch auf der A 696 und später der A 68 den direkten Weg nach Edinburgh wählen. Auf dieser Strecke wäre allerdings ein bloßes Kilometerfressen ebenfalls sehr schade, da man den englischen Northumberland Nationalpark durchquert und darin das **Whitelee Moor National Naturreservat** passiert. Geschichtlich interessant ist natürlich der Hadrianswall, der sich westlich von Newcastle durch die teilweise karge Landschaft schlängelt. Ein ebenfalls idealer Einstieg für einen späteren Besuch des schottischen Hochlandes.

Zugegeben, **Newcastle** ist nur mäßig attraktiv und man kann es getrost schnell verlassen bzw. links liegen lassen. Ganz interessant ist dort die Millennium-Brücke. Sie überspannt als Fußgängerbrücke den Fluss Tyne (54.969612, -1.599753) und wird aufgestellt, wenn ein Schiff die Stelle passieren möchte. Jedoch öffnet sie sich nicht wie eine gewöhnliche Klappbrücke, sondern wird mit dem Bogen, den sie bildet, in ihrer gesamten Länge flussaufwärts angehoben. Es erfordert jedoch ziemlich viel Mühe, mit dem Wohnmobil in die Nähe dieser Brücke zu gelangen oder gar zu parken. Und dann muss man noch damit rechnen, dass stundenlang nichts passiert, weil gerade kein Schiff unterwegs ist. Wem diese architektonische Sehenswürdigkeit also als Bild reicht, der sollte seine ersten britischen Banknoten ausgeben, um Kleingeld zu erhalten. Auf der Rückseite der Ein-Pfund-Münze ist die Brücke im geöffneten Zustand zu sehen.

ROUTE 1

START- UND ENDPUNKT
Newcastle upon Tyne (England) und Edinburgh

BESTE JAHRESZEIT
Frühjahr und Sommer

STRECKENLÄNGE
130 Meilen

FAHRZEIT
2 bis 3 Tage

MAUTSTRECKEN
Keine

Schon auf den Farne Islands trifft man kleinere Burgen und Ruinen.

HOLLYWOOD IN ENGLAND

Das erste bedeutende Ziel auf der Schottlandreise befindet sich auf halber Strecke zwischen Newcastle upon Tyne und der schottischen Grenze. Nach einer rund dreiviertelstündigen Fahrt und fast 40 Meilen auf der A12 und der A1 erreicht man **Alnwick**. Die hiesige Burganlage von Alnwick Castle (Parkmöglichkeit: 55.41387, -1.705027) erstreckt sich zwischen dem Ort und den Auen des Flusses Aln, der die Ortschaft im Norden begrenzt. Errichtet wurde das Schloss im 12. Jahrhundert zum Schutz gegen die schottischen Nachbarn im Norden und ist damit ein guter Einstieg in die Reise nach Schottland. Nach zwei Jahrhunderten kam es in den Besitz der Adelsfamilie Percy, die zur damaligen Zeit eine der mächtigsten Familien in Englands Norden war. Sie ließen die heute noch bewohnte Burg umfangreich erweitern, wodurch sie zum zweitgrößten Adelssitz Englands wurde. Nur Windsor Castle bei London ist als Wohnort der Queen noch umfangreicher.

Besonders erhebend ist der Anblick des Schlosses von der Ostseite, wenn man sich durch die Grünanlagen nähert und es in den Morgenstunden von der Sonne beleuchtet wird. Wenn man sich den Asphalt auf dem Zuweg und die wenigen Picknicktische wegdenkt, dann könnte man meinen, einen Zeitsprung durchgeführt zu haben und im Mittelalter gelandet zu sein. Die gesamte Landschaft ist dann frei von modernen Gebäuden und Einrichtungen. Kein Wunder also, dass Alnwick Castle nicht nur einmal Kulisse für eine Film- bzw. Fernsehproduktion wurde. Die aktuellsten Filme zeigen das Schloss als Zauberschule Hogwarts in den Harry-Potter-Streifen. In älteren Filmen spielte Kevin Costner den berühmten Robin Hood, wobei Alnwick Castle als Schloss in Nottingham zweckentfremdet wurde, und Cate Blanchett schlüpfte hier in die Rolle von Elizabeth. Selbst in Science-Fiction-Filmen wurde Alnwick Castle als das Schloss von Nottingham gezeigt, so zum Beispiel in

KULTUR

DUNSTANBURGH CASTLE

Auf dem weiteren Weg nach Schottland lohnt sich nordöstlich von Alnwick ein kleiner Abstecher zur Küste, wo sich eine ebenfalls geschichtsträchtige Burganlage befindet. Die Ruine von Dunstanburgh Castle entstand zwar deutlich später als Alnwick Castle, diente aber ebenfalls dem Schutz vor den angreifenden Schotten. Doch große Bedeutung erlangte es während der Rosenkriege zwischen den beiden Königshäusern York und Lancaster, als die Burg mehrfach erobert wurde und den Besitzer wechselte. Das war nicht förderlich für die Anlage, die dadurch immer weiter an Pracht verlor und zur heutigen Ruine verfiel. Aber die einsame Lage direkt an der Küste macht die Ruine trotzdem sehenswert.

einer Folge von »Star Trek: The Next Generation«, als Captain Picard und seine Mannschaft in die Vergangenheit entführt werden. Das eigentliche Alnwick Castle ist von einer weiten Burgmauer umgeben, die ihre Verteidigungsbereitschaft durch zahlreiche Wehrtürme zu erkennen gibt.

Über den bereits erwähnten Zuweg im Osten der Anlage erreicht man innerhalb weniger Minuten den Garten von Alnwick, der jedoch nicht Teil des Schlosses ist. Er entstand zunächst im 18. Jahrhundert und verfiel im Laufe der Zeit wieder. Erst zu Beginn dieses Jahrhunderts wurde die Gartenlandschaft auf Initiative der Herzogin von Northumberland, Jane Percy, wiederbelebt. Zu sehen oder besser zu riechen gibt es zahlreiche duftende Pflanzen, einen japanischen Garten und ein Café, das in einem Baumhaus untergebracht ist. Einer der Höhepunkte ist aber der Giftgarten, der nicht ohne Grund vom eigentlichen Garten abgeteilt ist und vor dem Hinweisschilder auf die Gefahren hinweisen. Fingerhut und Goldregen sind nur zwei der zahlreichen Giftpflanzen, die hier gedeihen, genauso wie die Gewöhnliche Brechnuss, die in ihrem Samen Strychnin enthält.

BESUCH BEI DEN PAPAGEITAUCHERN

Wer in Schottland seinen Urlaub verbringt, dürfte in aller Regel zu den Naturfreunden zählen. Daher lohnt sich auch noch der Hinweis auf die **Farne Islands**, die vom kleinen Hafenörtchen **Seahouses** mit einem Schiff zu erreichen sind. Der Ort (55.581013, -1.655676) liegt nur rund zehn Meilen nördlich von Dunstanburgh Castle und am Hafenkai findet man mehrere Anbieter, die um Fahrgäste buhlen. Die Inselgruppe der Farne Islands liegt einige Kilometer vor der englischen Küste und bietet Lebensraum für zahlreiche Vogelarten. Neben Trottellummen und Küstenseeschwalben sind besonders die Papageitaucher, auch Puffins genannt, das Wahrzeichen der Inseln. Auf einem kleinen Boot fährt man über die raue Nordsee dorthin und hat rund eine Stunde Zeit, die Hauptinsel auf einem Rundweg zu erkunden. Schon auf dem Wasserweg wird man einige der Vögel sehen, genauso wie manche Kegelrobbe, die ihren Kopf neugierig

Mit 50 Passagieren auf die Nordsee zu den Papageitauchern funktioniert mit diesem Boot.

SPECIAL

PAPAGEITAUCHER

Charakteristisch für die Papageitaucher ist ihr dreieckiger, farbenfroher Schnabel. Anders als die Vögel der Südhalbkugel können diese jedoch nicht nur watscheln, sondern auch fliegen. Eine halbe Million Paare dürften nach Schätzungen rund um Großbritannien leben. Ansonsten sind Puffins eher in Norwegen oder auf Island anzutreffen. Die meiste Zeit des Jahres leben Papageitaucher auf dem Meer, übrigens genauso wie die Magellanpinguine Argentiniens, doch von April bis August suchen sie zur Brutzeit Land auf und kommen wie hier zu den Farne Islands. Besonders sehenswert und ein beliebtes Fotomotiv sind die schwarz-weißen Vögel, wenn sie von der Nahrungssuche vom Meer zurückkehren. Dann haben sie meist mehrere kleine Fische quer im Schnabel, die sie bei ihrer Jagd bis zu 60 Meter tief im Meer erbeutet haben. Haben sie ihren ersten Fisch gefangen, wird dieser mit der Zunge gegen den oberen Schnabel gedrückt, wo er durch Haken festgeklemmt wird. So können die Papageitaucher weitere Fische fangen, ohne ihre vorherige Beute zu verlieren.

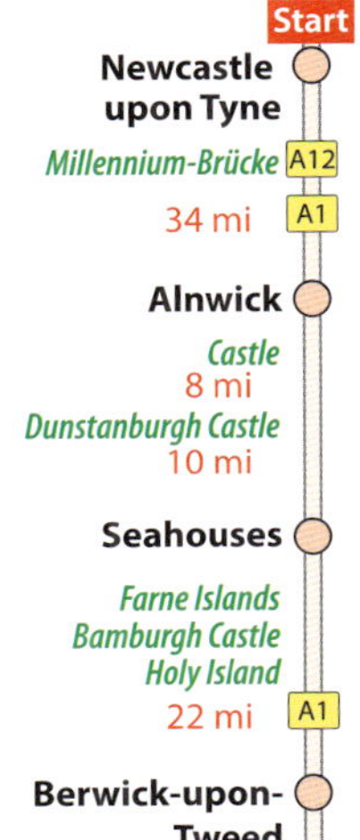

In den Sommermonaten ist die Chance, einer Puffin-Kolonie zu begegnen, sehr groß.

aus dem Wasser reckt. Das Highlight sind jedoch die niedlichen Papageitaucher, die auch gerne mit Pinguinen verglichen werden.

Ein ähnliches Bild wie die Papageitaucher geben die Küstenseeschwalben ab, die ebenfalls in großer Zahl anzutreffen sind. Diese sind bei der Suche nach einem Brutplatz jedoch wenig wählerisch und nehmen dafür schon mal den Rundweg, auf dem die Besucher die Insel erkunden. Dann werden zwar die Gelege abgesperrt, doch die Vögel betrachten die nahen Menschen natürlich als Gefahr und versuchen sie mit leichten Attacken zu vertreiben. Hier sind eine Mütze oder ein Hut empfehlenswert. Die Insel wird vom National Trust verwaltet und gepflegt.

Bei einer Fahrt zu den Farne Islands passiert man auch den dazugehörigen Leuchtturm.

Das bedeutet, dass man zusätzlich zu den Überfahrtskosten Eintritt zahlen muss, außer man ist bereits Mitglied im National Trust. Bei der Schifffahrt erlebt man zudem eine kleine Rundfahrt zwischen den Inseln, bei der die Geschichte erläutert wird, als die Inseln noch von Mönchen besiedelt waren, und die beiden Leuchttürme gezeigt werden, die wegen der Gefährlichkeit der hiesigen Seeregion notwendig wurden. Zahlreiche Schiffswracks liegen rund um die Farne Islands auf dem Meeresboden.

ABSTECHER ZU BAMBURGH CASTLE

Ab Seahouses nähern wir uns Schottland mit einer Fahrt entlang der Küste. Doch schon nach wenigen Augenblicken lohnt sich ein weiterer kurzer Zwischenstopp am **Bamburgh Castle** (55.607615, -1.710416). Die Burg wurde zunächst als Festung aus Holz errichtet und im 11. Jahrhundert durch die heutige Anlage ersetzt. Durch die Tatsache, dass Bamburgh Castle direkt am Strand auf einem Hügel gebaut wurde, wirkt die Festung noch massiver, als sie ohnehin schon ist. Empfehlenswert ist ein Spaziergang am Strand, von wo aus man einen wunderbaren Blick auf Bamburgh Castle genießen kann. Wie Alwnick wurde dieser Ort bereits mehrfach als Kulisse für verschiedene Spielfilmproduktionen genutzt. So kann sich wohl kaum eine andere Burg Englands damit rühmen, dass Robin Hood, Königin Elizabeth I., der Erzbischof von Canterbury Thomas Becket, Macbeth und König Arthur sich die Klinge in die Hand gaben, auch wenn es nur als Filmrolle war.

Bei Belford erreichen wir wieder die A1 und biegen nordwärts Richtung Schottland ab. Doch schon elf Meilen hinter Bamburgh Castle macht uns ein Verkehrsschild auf Holy Island aufmerksam. Auch diesen Abstecher sollte man sich nicht entgehen lassen. Bei Flut endet die kleine Stichstraße an einem Parkplatz (55.67791, -1.87549) direkt an der Küste. Bei Ebbe hingegen verläuft die Straße weiter geradeaus und wir können die Insel gut erreichen. Der Nordteil von **Holy Island** ist besonders bei Vogelkundlern beliebt, die hier die durchziehenden und brütenden Vögel beobachten können. Im südlichen Bereich befindet sich wiederum ein kleines Dorf, das den Autoverkehr außen vor lässt und vor dem Ort einen Großparkplatz zur Verfügung stellt. Lediglich Fahrer von Wohnmobilen mit einem Gewicht von über dreieinhalb Tonnen können ein kurzes Stück weiter geradeaus fahren und dürfen den Busparkplatz mit benutzen.

Zu guter Letzt erreichen wir auf der A1 die nördlichste Stadt Englands, die sich an der Mündung des Flusses Tweed erstreckt. **Berwick-upon-Tweed** ist durch seine Lage wohl die schottischste Stadt Englands. In den vielen Jahrhunderten der Stadtgeschichte gehörte Berwick-upon-Tweed entweder zu Schottland oder zu England.

Sehenswert sind in der Stadt die Brücken, die sich über den Tweed spannen. Die unspektakulärste ist die Royal Tweed-Brücke aus dem Jahr 1928. Bei ihrer Fertigstellung war sie die größte Stahlbetonbrücke des Landes. Heute fließt auf ihr fast der gesamte Individualverkehr innerhalb der Stadt. Als Fußgänger hat man aber von eben dieser mittleren von drei Brücken einen schönen Blick auf die beiden anderen Bauwerke. Im Norden ist die etwas weiter entfernte Royal Border Bridge zu erkennen. Diese Eisenbahnbrücke ist über 600 Meter lang und steht seit 1850 auf 28 hohen Bögen. Drehen wir uns nach Süden, sehen wir gleich nebenan eine deutlich kleinere Brücke mit 15 Bögen, die bereits in der ersten Hälfte des 17. Jahrhunderts gebaut wurde.

Bamburgh Castle liegt malerisch an einem breiten Sandstrand und war schon oft Filmkulisse.

KULTUR

HOLY ISLAND

Im 7. Jahrhundert wurde die Insel von Mönchen aus Schottland besiedelt, die hier ein Kloster gründeten. Es existierte bis zu seiner Auflösung durch Heinrich VIII. im Jahr 1536. Seither verfiel es zur heutigen Ruine am Südrand des Dorfes. Das Wahrzeichen der Insel erhebt sich jedoch ein kurzes Stück weiter östlich. Das dortige Castle wurde nach dem zweiten Namen der Insel, Lindisfarne, benannt und steht auf einem Felssporn, weshalb die Burg weithin sichtbar ist. Errichtet wurde sie nach der Auflösung des Klosters und diente demselben Zweck wie Dunstanburgh Castle und Alnwick Castle – dem Schutz vor den Schotten. Da die Übernachtung im Wohnmobil auf der gesamten Insel nicht erlaubt ist und kein Campingplatz existiert, sollte man die Gezeiten unbedingt im Auge behalten, um das Eiland noch vor der eintreffenden Flut wieder verlassen zu können.

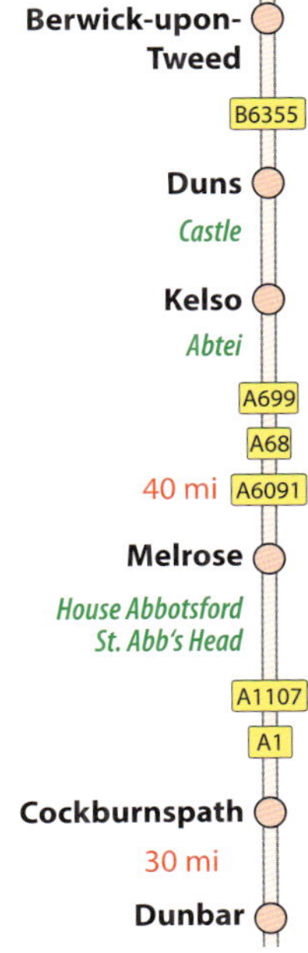

In Schottland wird man überall willkommen geheißen.

ANKUNFT IN SCHOTTLAND

Von der Brücke in der Stadtmitte sind es keine zehn Minuten Fahrt mit dem Wohnmobil, bis wir nun endgültig **Schottland** erreicht haben. Auf einem kleinen Rastplatz an der A1 begrüßt uns das lang ersehnte Willkommensschild (55.806244, -2.043448). Rechts und links der Straße erkennen wir einen kleinen Steinwall, der die Grenze zwischen den beiden britischen Regionen bildet. Würde man zwischen den Feldern auf der Ostseite in Richtung Nordsee gehen, käme man bald an eine Eisenbahntrasse, wo sich ebenfalls eine Grenzmarkierung befindet.

Mit Schottland haben wir dann natürlich auch eine der 32 sogenannten Council Areas des Landes erreicht. Passend zum Grenzverlauf trägt sie den Namen Scottish Borders und ist Teil der Southern Uplands. Die erste Ortschaft, die wir auf schottischem Boden besuchen können, ist das terrassenförmig angelegte Eyemouth an der Mündung des Flusses Eye in die Nordsee (55.873048, -2.091213). Bis auf eine schöne Aussicht auf das Meer sowie einige Klippen und kleinere Sandstrände hat der Ort jedoch nur wenig zu bieten. Lohnenswerter kann da ein Abstecher ins Landesinnere sein.

Auf der schmalen B6355 erreicht man **Duns**. Ab Berwick-upon-Tweed kann man ein wenig abkürzen und gleich die A6105 nutzen. Dabei überquert man die Grenze zu Schottland zwar weiter westlich und abseits der Schnellstraße, wird aber ebenfalls mit einem Hinweisschild begrüßt. Am Rande von Duns liegt das gleichnamige Castle, das sich seit Ende des 17. Jahrhunderts in Familienbesitz befindet. Damals handelte es sich noch um eine Burg, die in der ersten Hälfte des 19. Jahrhunderts zum heutigen neogotischen Schloss umgebaut wurde. Eines der Familienmitglieder, die auf Duns Castle geboren wurden, war der Ägyptologe Robert Hay. Er

SPECIAL

SONDERSTATUS VON BERWICK-UPON-TWEED

Im Jahr 1502 erhielt die Stadt einen staatsrechtlichen Sonderstatus, als die damaligen Könige Jakob IV. von Schottland und Heinrich VII. von England vertraglich vereinbarten, dass der Ort zwar zu England gehöre, aber nicht im Königreich England liege. Diese Situation wurde bis 1855 beibehalten und fortan war auf offiziellen Bekanntmachungen oftmals »England, Schottland und die Stadt Berwick-upon-Tweed« zu lesen, weshalb sich der verhältnismäßig kleine Ort damit rühmen kann, immer in einem Satz mit den beiden Ländern genannt zu werden. Daraus ergab sich jedoch eine urbane Legende zum Schmunzeln: 1854 erklärte Königin Victoria, Königin von Großbritannien, Irland, Berwick-upon-Tweed und allen britischen Besitzungen Russland den Krieg. Zwei Jahre später folgte der Friedensvertrag, auf dem Berwick nicht mehr erwähnt wurde. Rein rechtlich betrachtet stand Berwick-upon-Tweed also noch im Kriegszustand mit Russland – bis 1966. In der Hochphase des Kalten Kriegs kam ein sowjetischer Abgesandter in den Norden Englands und unterzeichnete mit dem damaligen Bürgermeister einen Friedensvertrag, der vom Stadtoberhaupt mit folgenden Worten kommentiert worden sei: »Das russische Volk soll wissen, dass es jetzt wieder beruhigt schlafen kann.« Auch heute gibt es noch ein Kuriosum in der Stadt, denn der örtliche Fußballverein spielt nicht in den englischen Fußballligen, sondern ist dem schottischen Fußballverband unterstellt und spielt ausschließlich gegen schottische Vereine. Das hat aber eher pragmatische Gründe, nämlich die hohen Kosten für die teilweise weiten Anfahrten zu Auswärtsspielen in England.

war einer der Ersten, der das Tal der Königinnen von Theben erkundete. Seine Aufzeichnungen von den Reisen auf dem afrikanischen Kontinent werden heute in der britischen Nationalbibliothek aufbewahrt, während seine Sammlung von ägyptischen Werken im British Museum gezeigt wird. Der weitläufige Garten von Duns Castle ist öffentlich zugänglich, während die Räumlichkeiten gerne an Brautpaare vermietet werden, die sich in stilvollem Ambiente das Ja-Wort geben wollen.

Über weitere kleine Landstraßen können wir wieder ein Stück in Richtung Süden fahren, wo sich die Ortschaft **Kelso** an der Mündung des Flusses Teviot in den Fluss Tweed erstreckt (Parken: 55.595819, -2.428967). Der aus Edinburgh stammende Dichter und Schriftsteller Sir Walter Scott beschrieb Kelso als das schönste, wenn nicht sogar das romantischste Dorf in ganz Schottland. Sicherlich mag er damit übertrieben haben, aber gemütlich wirkt der Ort auf jeden Fall. Sehenswert ist die Ruine einer Abtei des 12. Jahrhunderts. Die Mönche, die das Kloster gründeten, stammten vom Tironenser Orden ab, einer Abtei aus der Nähe des französischen Chartre. Sie wurden aufgrund ihrer grauen Gewänder als graue Mönche bezeichnet. Die Abtei von Kelso gehörte schon bald zu den reichsten Abteien Schottlands und selbst Jakob III. von Schottland ließ sich Mitte des 15. Jahrhunderts in der Abtei zum König krönen. Wobei man aber zugeben muss, dass er zum Zeitpunkt seiner Krönung gerade einmal neun Jahre alt war. Da sich Kelso im Grenzgebiet zu England befindet, kam es in den vielen Konflikten häufig zu Zerstörungen und Ende des 16. Jahrhunderts gab man die Abtei letztendlich auf. Heute sind noch das Querschiff und der Westturm als Ruine erhalten. Diese lassen aber die Größe und Bedeutung von Kelso Abbey erahnen. Von der ehemaligen Abtei sind es nur wenige Meter zu Fuß in das eigentliche Zentrum von Kelso. Ein kopfsteingepflasterter Platz erstreckt

Die letzte Stadt auf englischer Seite ist Berwick-upon-Tweed.

KULTUR

FLOORS CASTLE

Sehenswert ist das nordwestlich von Kelso und am Ortsrand gelegene Floors Castle. Dieses ebenfalls bedeutende Schloss wurde in den 1720er-Jahren für den ersten Duke of Roxburgh in ansprechender Lage erbaut. Es befindet sich im Norden einer grünen Auenlandschaft des Flusses Tweed und ist für die Öffentlichkeit zugänglich, obwohl es das größte bewohnte Schloss Schottlands ist. Filmfans werden es möglicherweise als Kulisse aus dem 1984 gedrehten Spielfilm »Greystoke – Die Legende von Tarzan« erkennen, in dem Andie MacDowell ihren ersten Auftritt hatte und Christopher Lambert mitspielte, der später als Connor MacLeod in »Highlander« berühmt wurde.

Die Kirche von Berwick-upon-Tweed markiert das Zentrum der kleinen Stadt.

sich vor dem Rathaus und wird von zahlreichen Geschäften umgeben und mehrere kleine Straßen zweigen von dort ab und laden zu kurzen Schaufensterbummeln ein.

Der Fluss Tweed, den wir auf der englischen Seite in Berwick zum ersten Mal kennengelernt haben, ist über 150 Kilometer lang und bildet östlich von Kelso für 27 Kilometer die Grenze zwischen Schottland und England. Erwähnenswert ist in dem Zusammenhang die Ortschaft **Coldstream**, die direkt am Grenzfluss liegt und wo der englische König Eduard I. im Jahr 1296 nach Schottland einmarschierte. Aber auch flussaufwärts kann sich eine weitere Reise entlang des Flusses lohnen. Denn bei **Melrose**, das von Kelso über die Straßen A 699, A 68 und A 6091 zu erreichen ist, befindet sich das Landhaus Abbotsford (55.598099, -2.783214). Es wurde im Auftrag des bereits erwähnten Dichters Sir Walter Scott errichtet und gewann im Jahr 2014 einen Preis des Denkmalschutzverbandes Europa Nostra. In einem Besucherzentrum werden die Geschichte des Hauses und das Leben von Walter Scott erzählt.

FAHRT ENTLANG DER KÜSTE

In Melrose sollte man sich überlegen, ob man wieder zurück zur attraktiven Küste fahren will oder ob man gleich den direkten Weg nach Norden in die Stadt Edinburgh absolviert. Diese Strecke ist sehr einfach auf der gut ausgebauten A 68 zu fahren. Dabei passiert man den kleinen Ort Lauder, der ein weiteres Schloss beherbergt. Die Zufahrt zum dortigen Thirlestane Castle (55.716928, -2.733999) ist sehr eng, weshalb man eventuell besser auf den benachbarten Campingplatz ausweichen sollte. Das prunkvolle Schloss ist seit 1587 im Besitz der Familie Maitland. Die Vorfahren der heutigen Bewohner kamen im Jahr 1066 zusammen mit Wilhelm dem Eroberer auf die britische Insel und ließen sich nach einer Phase in Northumberland hier nieder. Das Schloss kann heute für Übernachtungen oder Trauungen genutzt werden.

Wer sich gegen den zugegebenermaßen zeitaufwändigen Abstecher ins Landesinnere entscheidet oder von Melrose aus wieder ans Meer zurückkehren möchte, wird nördlich von **Eyemouth** einen wunderbaren Küstenabschnitt mit sehenswerten Steilabschnitten erleben.

Dazu zählt zunächst einmal die felsige Landzunge St. Abb's Head am gleichnamigen Dorf **St. Abbs** (55.899472, -2.130689). Der Ort schreibt sich kurioserweise ohne Apostroph und trägt diesen Namen erst seit dem Jahr 1890, zuvor wurde das Fischerdörfchen Coldingham Shore genannt. Allerdings ist die Ortschaft auch nicht viel älter als der Name, denn das älteste Haus der Gemeinde geht auf die Mitte des 18. Jahrhunderts zurück. Bis heute scheint der Ort vom Tourismus kaum wahrgenommen geworden zu sein, abgesehen vom St. Abbs' Besucherzentrum, das über den Ort und vor allen Dingen über das angrenzende Naturreservat berichtet.

Kurz vor St. Abbs zweigt ein Weg in das Naturreservat ab und man sollte den dortigen Parkplatz nutzen, um einen zwei Kilometer langen Spaziergang bis zur Küste zu machen (55.899637, -2.140694). Auf der schmalen Straße gibt es ansonsten keine Ausweichmöglichkeiten bei Gegenverkehr. Am Ende erwarten uns eine Signalstation, Leuchtturm wäre übertrieben gesagt, und ein wunderbarer Blick auf die schroffe Felsküste. Das Naturreservat wird vom National Trust for Scotland zusammen mit Scottish Natural Heritage unterhalten und gepflegt. Mit etwas Geduld und zur richtigen Jahreszeit kann man in den Felsen Tordalken, Eissturmvögel und Papageitaucher beobachten, während die hügelige Landschaft oberhalb der Steilküste aus Grünland besteht, das stellenweise mit zahlreichen Pflanzenarten aufwartet. Darüber hinaus gibt es noch kleine Süßwasserseen, wie zum Beispiel den lang gestreckten Mire Loch. Da es sich um ein relativ kleines Naturreservat handelt, wird man keine sehr weiten Wanderungen unternehmen, doch südöstlich vom Leuchtfeuer kann man in rund 500 Metern Entfernung den Kirk Hill genannten Hügel erreichen. Auf diesem sind noch Überreste einer alten Abtei aus dem 7. Jahrhundert zu erkennen.

Ein letzter Rundgang durch eine englische Stadt führt uns durch die Gassen zu den Brücken von Berwick.

COCKBURNSPATH: AUSGANGSPUNKT FÜR VIELE WANDERWEGE

Über die A1107 erreichen wir wieder die A1, aber Achtung: An einer Flussüberquerung befindet sich nur eine schmale Brücke, die keinen Gegenverkehr ermöglicht. Die Breite der Brücke reicht für normale Wohnmobile jedoch aus. Auf der A1 passieren wir bald **Cockburnspath**, das Co-Burnspath gesprochen wird und das im 19. Jahrhundert zahlreiche Künstler anlockte. Etwas ungewöhnlich ist der Rundturm an der Pfarrkirche, versteckt hinter einigen Wohnhäusern am ruhigen Hauptplatz des Dorfes. Cockburnspath ist zudem ein beliebter Ausgangspunkt für Fernwanderer. Einerseits beginnt hier mit 45 Kilometern Länge der verhältnismäßig kurze Berwickshire Coastal Path nach Berwick-upon-Tweed und durchquert die bereits besuchte Küstenlandschaft. Andererseits befindet sich hier einer der beiden Ausgangs-

KULTUR

SIR WALTER SCOTT

Sein Wirken als Autor begann er mit Übersetzungen anderer Werke, unter anderem einigen von Goethe. Später schrieb er eigene Romane und wurde zu einem der meistgelesenen Autoren seiner Zeit. Doch er engagierte sich auch politisch und organisierte den Besuch von König Georg IV. in Edinburgh, der in Schottland eher unbeliebt war. Dennoch hatte dieser Besuch große Bedeutung, da sich zum ersten Mal seit über 170 Jahren ein britischer Regent in Schottland aufhielt. Wenige Jahre vor seinem Tod setzte sich Scott zudem dafür ein, dass die schottischen Banknoten nicht wie geplant abgeschafft würden. Daraufhin ehrte ihn die Bank of Scotland damit, dass auf allen Geldscheinen dieser Bank sein Konterfei abgebildet wurde (nicht zu verwechseln mit den Banknoten der Royal Bank of Scotland).
In der Region rund um Melrose befindet sich zudem ein 150 Kilometer langer Fernwanderweg, der an den Wirkungsstätten von Scott vorbeiführt. Die Bedeutung seiner Werke wird auch im deutschsprachigen Raum geehrt. Der Autorenkreis »Historischer Roman Quo vadis« vergibt im zweijährigen Rhythmus einen nach dem schottischen Autor benannten Literaturpreis.

SPECIAL

TRAGÖDIE VON EYEMOUTH

Gegenüber vom Parkplatz in Cove (55.938238, -2.353526) erkennen wir einen Gedenkstein, von dem kleine menschliche Skulpturen auf das Wasser zu blicken scheinen. Das Bronzedenkmal ist eines von sechs Mahnmalen an der Küste zwischen Eyemouth und Cove. Sie befinden sich in Eyemouth, Coldingham, Burnmouth, St. Abbs, Musselburgh sowie hier in Cove und zeigen Angehörige von Fischern aus den entsprechenden Ortschaften, die bei einem schweren Unglück im Jahr 1881 ums Leben kamen. Diese Denkmäler machen zudem deutlich, wie schnell und todbringend das Wetter in Schottland umschlagen kann. Es war ein Herbsttag, der mit Sonnenschein, ruhiger See und wolkenlosem Himmel begann und in einer Tragödie endete. Gegen Mittag zog sich der Himmel plötzlich zu und es entstand binnen weniger Minuten ein starker Orkan, der zwei Tage anhalten sollte. 189 Fischer starben, viele von ihnen vor den Augen der Familie, da sie sich eigentlich nicht weit draußen auf dem Meer befanden. 129 von ihnen kamen aus Eyemouth, womit jeder dritte männliche Einwohner des Ortes ums Leben kam. Die anderen stammten aus den kleineren Ortschaften wie zum Beispiel Cove. Bei ruhiger See kann man sich dieses Unglück in dieser schönen Landschaft nur schwer vorstellen.

punkte des bereits erwähnten Sir Walter Scott Way, denn zum Gemeindegebiet gehört auch die Ruine von Fast Castle auf einem Felsvorsprung an der Küste zwischen St. Abb's Head und Cockburnspath. Fast Castle hat den Schriftsteller Scott zu einem seiner Werke inspiriert. Zu guter Letzt sei noch der Southern Upland Way erwähnt, bei dem es sich um den längsten schottischen Wanderweg handelt. Er verläuft fast 340 Kilometer von der Ostküste bei Cockburnspath bis zur Irischen See an die Westküste bei Portpatrick und ist mit einem schwarz-weißen Rechteck ausgeschildert.

Anders als Cockburnspath liegt das kleine Dorf Cove direkt an der Küste. Es besteht

Castle Dunbar ist eine Ruine in der gleichnamigen Stadt ...

im Wesentlichen aus einer Straße oberhalb der Steilküste und ist nur durch eine Landzunge von der Pease Bay abgeteilt. Bei dieser handelt es sich zwar um eine schöne Bucht mit einem herrlichen Sandstrand, doch wird sie von einem der klassischen Campingplätze unschön dominiert, die sich weniger an Touristen richten, sondern durch eine Vielzahl von sogenannten Mobilheimen auffallen.

Leider wird in Cove der Blick nach Norden ein wenig getrübt. Denn in der Ferne erkennt man deutlich den weißen Komplex der Kernkraftwerks Torness. Es besteht aus zwei Blöcken, die Ende der 1980er-Jahre ans Netz angeschlossen wurden und noch bis zum Jahr 2030 betrieben werden sollen.

Auf der A1 fahren wir am Kernkraftwerk vorbei und erreichen nur wenig später unsere erste größere Stadt in Schottland. **Dunbar** (Parkplatz: 56.000847, -2.519605) liegt ebenfalls an der Küste und besticht mit einem Seehafen, der einst von dem mächtigen Dunbar Castle geschützt wurde. Der Schutz ist noch heute an der engen Hafeneinfahrt deutlich erkennbar, auch wenn die Burg mittlerweile nur noch eine Ruine ist. Entstanden ist sie vermutlich in der zweiten Hälfte des 11. Jahrhunderts, ersetzte aber damals schon eine einfache Befestigungsanlage. In der Folge der Schlacht von Carberry Hill im Jahr 1567, bei der Maria Stuart verlor und in Loch Leven Castle eingesperrt wurde, gab man die Festung am Hafen von Dunbar auf. Dass Dunbar in den vergangenen Jahrhunderten mehrfach Ort verschiedener Kämpfe wurde, zeigt ein Blick in die Geschichtsbücher. Im Jahr 1296 fand zum Beispiel im Rahmen der schottischen Unabhängigkeitskriege eine Schlacht von Dunbar statt, nachdem der englische König Eduard I. in Schottland einfiel. Eine weitere bedeutende Schlacht gab es im September 1650 während der Dritten Englischen Bürgerkriege, bei der sich abermals englische und schottische Einheiten gegenüberstanden. Diese Schlacht fand südlich von Dunbar am Doon Hill statt und forderte vermutlich über 3000 Tote, beinahe alle waren schottische Kämpfer. Doon Hill besteht heute überwiegend aus landwirtschaftlichen Flächen, kann

... und prägt den Hafen des schottischen Küstenortes.

SPECIAL

JOHN MUIR

Dunbar ist aber auch als Geburtsort von John Muir bekannt, der hier im Jahr 1838 zur Welt kam. John Muir war einer der ersten bedeutenden Naturschützer und setzte sich als Naturwissenschaftler und Schriftsteller für die Natur ein. Große Bekanntheit hat er in den Vereinigten Staaten von Amerika, wohin er übersiedelte und in Kalifornien die älteste Naturschutzorganisation der USA gründete. Außerdem schaffte er etwas, was heute undenkbar wäre: Er ging mit dem damaligen US-Präsidenten Theodore Roosevelt im Jahr 1903 auf eine Campingtour und zeigte dem Staatsoberhaupt die Naturschönheiten. Dabei erklärte er ihm, dass der damalige Yosemite-State-Park durch Kalifornien nur unzureichenden Naturschutz betreiben würde. Dies war ausschlaggebend dafür, dass Roosevelt den Park auf Bundesebene verwalten ließ und ihn zum Nationalpark erhob. Muir war es auch, der den Yosemite bereits viele Jahrzehnte vorher als Schutzgebiet auswies. Kein Wunder also, dass es in den USA zwei Fernwanderwege, ein Schutzgebiet und einen Gletscher gibt, die nach ihm benannt wurden. Aber auch in seinem Geburtsort wird er geehrt, so wird eine weitläufige Strandbucht rund um die Mündung des Flusses Tyne nach ihm benannt und das kleine, weiße Geburtshaus an der breiten High Street als Museum genutzt, in dem sein Leben und Wirken vorgestellt werden (56.003041, -2.516851).

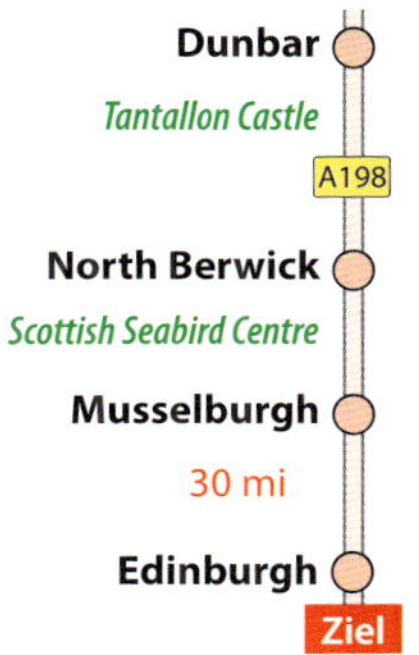

Die mächtigen Mauern von Tantallon Castle können bestiegen werden.

jedoch besichtigt werden. Hierfür muss man zwischen dem Kernkraftwerk und Dunbar nur der Ausschilderung folgen, allerdings sind die kleinen Single Track Roads für größere Wohnmobile nicht zu empfehlen.

VOGELBEOBACHTUNG AM FIRTH OF FORTH

Mit Dunbar haben wir auch den Firth of Forth erreicht. Dieser breite Meeresarm bildet die Mündung des Flusses Forth in die Nordsee und wirkt wie eine trichterförmige Bucht bei Edinburgh. Die schottische Bezeichnung Firth steht für einen Fjord, was geologisch zutrifft, denn der Firth of Forth wurde durch den einstigen Forth-Gletscher gestaltet, was für einen Fjord charakteristisch ist. Der Meeresarm wird stark industriell genutzt, doch auch der Naturschutz hat hier eine große Bedeutung. Auf den kleinen Inseln im Firth of Forth leben zahlreiche Vogelkolonien. Zu den markantesten Inseln gehört The Bass, richtigerweise auch Bass Rock genannt. Das kleine Eiland befindet sich gerade einmal zwei Kilometer vor der Küste und beherbergt eine enorme Population an Basstölpeln, was den Namen der Insel erklärt.

Tantallon Castle erhebt sich direkt an der steilen Felsküste und wurde Mitte des 14. Jahrhunderts erbaut. Im Rahmen der Schlacht von Dunbar im Jahr 1650 erlitt die Burg so starke Zerstörungen, dass sie nicht mehr aufgebaut wurde. Dennoch ist die Ruine immer noch mächtig und gibt mit der Küste und dem Bass Rock ein schönes Bild ab. Die Gestaltung der Festung ist zudem recht ungewöhnlich, denn zu drei Seiten war die Burg durch die steil abfallende Felsküste geschützt. Lediglich die zum Land gerichtete Seite wurde mit einer 15 Meter hohen und über drei Meter dicken Mauer geschützt, die noch heute einen wehrhaften Eindruck vermittelt. Hinter Bass Rock erkennen wir am Horizont übrigens die Isle of May, zu der wir bei Route 2 gelangen werden, wenn wir uns auf der Nordseite des Firth of Forth befinden.

Entlang der Küstenstraße A 198 erreichen wir nach einer kurzen Fahrt **North Berwick**. Schon während der Fahrt sehen wir zu unse-

KULTUR

EAST LINKS FAMILY PARK

In unmittelbarer Nachbarschaft zum John Muir Country Park befindet sich der überschaubare East Links Family Park, der bei den kleinen Passagieren im Wohnmobil Freude auslösen dürfte (55.99863, -2.564445). Er beherbergt unter anderem Kletterwände aus Heuballen, einen Streichelzoo sowie eine Gokartstrecke und ist daher eine Art Freizeitpark mit eher kleinen Attraktionen.

Zahlreiche Vögel besiedeln in großen Kolonien den Felsen ...

rer Rechten die nächste Insel im Firth of Forth. Das gerade mal 24 Meter hohe Eiland mit dem Namen Craigleith beherbergt ebenfalls zahlreiche Vogelkolonien. Überwiegend sind hier Kormorane und Trottellummen zu sehen. Bis Ende des letzten Jahrhunderts gab es hier auch eine der größten Kolonien von Papageitauchern mit fast 30 000 Paaren. Doch Samen der Strauchpappel fanden ihren Weg auf die Insel und verbreiteten sich dermaßen, dass die Puffins kaum noch Möglichkeiten besaßen, zu brüten. Seit 2007 wird vom Scottish Seabird Centre in North Berwick daran gearbeitet, die Insel in den Wintermonaten, wenn die Papageitaucher auf dem Meer sind, von den Pflanzen zu befreien. Diese danken es den Helfern, indem sie langsam wieder vermehrt nach Craigleith zurückkehren.

Halblinks vor uns sehen wir hingegen schon seit dem Besuch des Tantallon Castle eine einzelne Erhebung in der ansonsten flachen Landschaft. Es handelt sich um den 187 Meter hohen North Berwick Law, einen Vulkankegel. Auf seiner Westseite befindet sich ein kleiner Parkplatz (56.049231, -2.719097), von dem aus man den lohnenswerten Aufstieg starten kann. Selbstverständlich hat man vom Gipfel einen wunderbaren Ausblick auf die Ortschaft sowie über den Firth of Forth und erkennt noch deutlich den Bass Rock und das Tantallon Castle. Auf dem Vulkankegel befanden sich früher zwei Walknochen, die zu einem Torbogen zusammengestellt wurden. Nachdem sie verrotteten und zusammenfielen, hat man sie durch eine Replik ersetzt.

Wer bei dem Ortsnamen North Berwick auf den Gedanken kommt, dass es möglicherweise auch ein South Berwick geben könnte,

... Bass Rock, der sich direkt vor dem Tantallon Castle aus dem Meer erhebt.

KULTUR

BASS ROCK

Besonders gut kann man den kleinen Felsen mit seinem Leuchtturm von der Ruine des Tantallon Castle aus sehen. Dieses befindet sich an der A 198, östlich von North Berwick. Mit dem Wohnmobil sollten wir nicht versuchen, den nächstgelegenen Parkplatz zu erreichen, da dieser viel zu klein ist und kaum Wendemöglichkeiten bereithält. Sinnvoller ist die Nutzung des ausreichend großen Parkplatzes direkt an der Straße (56.054032, -2.658684).

Von den Mauern von Tantallon Castle hat man einen schönen Ausblick auf Bass Rock.

der liegt gar nicht mal so falsch. Denn das in England liegende, bereits besuchte Berwick-upon-Tweed trug im Mittelalter diesen Namen. North Berwick ist nur ein kleiner Ort, der vor allem wegen seiner weiten Sandstrände als Ferienort beliebt ist. Selbst mit einem Wohnmobil hat man ganz gute Chancen, einen Parkplatz an der Promenade zu erhalten (56.057758, -2.706899). Ansonsten bliebe der enge Parkplatz am kleinen Bahnhof (56.057337, -2.729546) oder direkt der Campingplatz am Ortsrand, der jedoch weit von der Küste entfernt ist.

SEHENSWERTES SCOTTISH SEABIRD CENTRE

Hauptsehenswürdigkeit von North Berwick ist das **Scottish Seabird Centre**, das sich auf einer Halbinsel neben dem Hafen befindet und im Jahr 2000 vom damaligen Prinz Charles feierlich eröffnet wurde. Seine Mutter folgte im Jahr 2009, um das Besucherzentrum mit einem Tourismuspreis zu ehren. Nicht der einzige, denn schon 2004 und auch später im Jahr 2013 wurde das Scottish Seabird Centre mit einem Preis für Umwelt und nachhaltigen Tourismus ausgezeichnet. Es handelt sich um keine klassische Vogelausstellung, sondern eher um ein Bildungszentrum mit zahlreichen ganzjährigen Veranstaltungen, Workshops und diversen Aquarien. Doch der Höhepunkt sind die zahlreichen Monitore, auf denen die Besucher einen Liveblick auf die Inseln im Firth of Forth werfen und damit die Vogelwelt aus der Entfernung beobachten können, ohne die Tiere zu stören. Die Kameras sind zudem interaktiv und können von den Besuchern selber gesteuert werden. Neben den Kameras auf Bass Rock und Craigleith existieren aber auch Kameras, die die Unterwasserwelt zeigen und so kann man mit etwas Glück Robben, Delfine oder gar Wale live im Besucherzentrum beobachten.

KULTUR

GLENKINCHIE DESTILLERIE

Bevor wir zum Abschluss dieser Route nach Edinburgh hineinfahren, sollten wir uns überlegen, vorher noch einen kleinen Abstecher einzulegen. Rund zehn Meilen von der A 1 bei Musselburgh entfernt, befindet sich südöstlich der Stadt die Glenkinchie Destillerie (55.890214, -2.893123), die zum Besuch einlädt. Es gibt zwar von Edinburgh aus auch Shuttlebusse, mit denen man geführte Touren unternehmen kann. Diese kosten jedoch 20 Pfund pro Person. Wer selber anreist, kann an einer von vier Touren teilnehmen, die ab 19 Pfund angeboten werden. In allen Preisen ist ein Gutschein im Wert von drei Pfund enthalten, der beim Kauf eines hier hergestellten Whiskys verrechnet wird.

Westlich von North Berwick staunen wir über die große Anzahl verschiedener Golfplätze und erreichen nach einer kurzen Fahrt Musselburgh. **Musselburgh** befindet sich bereits im Speckgürtel von Edinburgh und ist Ausgangspunkt für die autobahnähnliche A 720. Diese verläuft einmal südlich um die Stadt herum und wird nicht grundlos als Edinburgh City Bypass bezeichnet. Über die Vielzahl an Golfplätzen wundern wir uns nicht mehr, wenn wir wissen, dass Musselburgh einen der ältesten Golfplätze der Welt sein Eigen nennt. Die erste Erwähnung des Platzes fand bereits im Jahr 1672 statt.

Edinburgh besitzt wie die meisten Städte in Großbritannien keinen klassischen Wohnmobilstellplatz, sondern nur Campingplätze, die meistens weit außerhalb liegen und daher die Nutzung von öffentlichen Verkehrsmitteln erfordern. Wer gar nicht übernachten möchte, sondern nur einige Stunden durch die Altstadt flanieren will, sollte die London Road nördlich der Royal Terrace Gardens (55.957753, -3.178291) ansteuern. Idealerweise folgt man hier einfach der A1 in Richtung Edinburgh-Zentrum. Dabei sollte man aber nicht zu weit fahren, denn meistens sind schon zu Beginn der Grünanlage Parkplätze frei. Später kann es eher knapp werden und dann ist es kompliziert und anstrengend, den Beginn der Straße zu erreichen. Nach dem Lösen des Parktickets kann man die Altstadt in wenigen Gehminuten erreichen. Eine andere, bei Wohnmobilfahrern beliebte Parkmöglichkeit ist der optisch wenig attraktive Großparkplatz westlich der Altstadt (55.945416, -3.215594). Nach rund einer Viertelstunde Fußweg vom Parkplatz aus steht man gleich unterhalb von Edinburgh Castle.

Auf Kormorane trifft man oft an den schottischen Küsten.

Die Aussicht von der Ruine reicht aber auch bis zum Vulkankegel North Berwick Law.

PRAKTISCHE HINWEISE

Der Übergang von England nach Schottland ist deutlich markiert.

TOURISTINFORMATIONEN

Newcastle upon Tyne
8-9 Central Arcade
Tyne and Wear, NE1 5BQ
Tel. 0044/(0)191/277 80 00

Alnwick
2 The Shambles, NE66 1TN
Tel. 0044/(0)1670/62 21 52

Berwick-upon-Tweed
106 Marygate, TD15 1BN
Tel. 0044/(0)1670/62 21 55

North Berwick
Quality Street, EH39 4HJ
Tel. 0044/(0)1620/89 21 97

Edinburgh
3 Princes Street, EH2 2QP
Tel. 0044/(0)131/473 38 68

CAMPINGPLÄTZE

S 100 **Old Hartley Caravan Club Site**
(S. 169 F4) Whitley Bay, NE26 4RL
Tel. 0044/(0)191/237 02 56
www.caravanclub.co.uk
Koordinaten: 55.075460, -1.465439
Sehr schöne Lage an einer Steilküste nördlich von Newcastle upon Tyne. Ideal für den Einstieg in die Reise nach der Ankunft.

C 101 **Alnwick – The Shepherds Rest Inn**
(S. 169 F2) Alnwick Moor, NE66 2AH
Koordinaten: 55.407774, -1.721505
Kleiner, familiär geführter Campingplatz am Rand von Alnwick. Eine Viertelstunde Fußweg vom Schloss entfernt.

C 102 **Beadnell Bay Camping and Caravanning Club Site** (S. 169 F1)
Beadnell, Chathill, NE67 5BX
Tel. 0044/(0)1665/72 05 86

An einem dieser »Terminals« erhält man sein Ticket für die Fahrt zu den Farne Islands.

www.campingandcaravanningclub.co.uk
Koordinaten: 55.560886, -1.635527
Nur durch die Landstraße von der Küste getrennt. Der Hafen von Seahouses mit den Booten zu den Papageitauchern auf die Farne Islands ist gut zu Fuß erreichbar.

C 103 **Berwick Seaview Caravan Club Site**
(S. 174 B6) Billendean Rd, Spittal
Berwick-upon-Tweed, TD15 1QU
Tel. 0044/(0)1289/30 51 98
www.caravanclub.co.uk
Koordinaten: 55.758267, -1.997765
Am südlichen Ortsrand, nahe des Mündungsufers des Tweed gelegen. Letzter Campingplatz vor der Grenze zu Schottland, leider direkt neben einer Bahntrasse.

C 104 **Buddle Farm Campsite** (S. 174 B6)
B1342, Bamburgh NE69 7AL
www.budlebaycampsite.co.uk
Koordinaten: 55.609095, -1.755563
Kein Komfort, Sanitär oder Toiletten, dafür aber eine große Wiese vom freundlichen Bauern nebenan mit fantastischem Ausblick auf Flussmündung und Meer. Rund sieben Kilometer südlich von Holy Island.

C 105 **Melrose Gibson Park Caravan Club Site** (S. 173 F6)
High Street, Melrose, TD6 9RY
Tel. 0044/(0)1896/82 29 69
www.caravanclub.co.uk
Koordinaten: 55.597847, -2.724266
Kleiner Platz neben der Schnellstraße, die Abtei von Melrose ist zu Fuß zu erreichen.

C 106 **Dunbar Camping and Caravanning Club Site** (S. 173 G4)
Oxwellmains, Dunbar, EH42 1WG,
www.campingandcaravanningclub.co.uk
Koordinaten: 55.992081, -2.482642
Östlich von Dunbar in einsamer Küstenlage, in einer Richtung Blick auf Zementwerk.

C 107 **Yellowcraig Caravan Club Site**
(S. 173 F4) Dirleton, EH39 5DS
Tel. 0044/(0)1620/85 02 17
www.caravanclub.co.uk
Koordinaten: 56.058551, -2.778627
Großer, aber ruhig gelegener Campingplatz westlich von North Berwick. Schöner Fußweg bis zur Küste.

C 108 **Edinburgh Caravan Club Site**
(S. 173 E4) 35-37 Marine Drive, EH4 5EN
Tel. 0044/(0)131/312 68 74
www.caravanclub.co.uk
Koordinaten: 55.977608, -3.264701
Für die Besichtigung von Edinburgh unbedingt zu empfehlen, direkt am Firth of Forth. Mit dem Bus ist man in 40 Minuten am rund vier Meilen entfernten Edinburgh Castle.

C 109 **Mortonhall Caravan Park**
(S. 173 E4)
38 Frogston Road East, EH16 6TJ
www.meadowhead.co.uk
Koordinaten: 55.903207, -3.180543
Im Süden der Stadt, ebenfalls rund vier Meilen von Edinburgh Castle entfernt, günstig zur Ringstraße A 720 gelegen.

2 KURZE FAHRTEN MIT LANGEN BESICHTIGUNGEN

Von Edinburgh nach Stirling

Die Altstadt Edinburghs mit ihrer bedeutenden Geschichte gehört zum UNESCO-Weltkulturerbe.

Edinburgh ist nicht umsonst die Hauptstadt Schottlands, weshalb man für die Besichtigung der Stadt ein bisschen mehr Zeit einplanen sollte. Alleine das Schloss beeindruckt mit zahlreichen Sehenswürdigkeiten und Ausblicken auf die Stadt. Dort beginnt zudem die Royal Mile, die sich durch die von der UNESCO geschützte Altstadt zieht. Nicht weniger interessant ist die sogenannte New Town, die an die nördliche Altstadt grenzt. Auf dieser sehr kurzen Fahretappe besichtigen wir anschließend noch das äußerst ungewöhnliche Schiffshebewerk in Falkirk, bevor wir in Stirling die spannende Geschichte des schottischen Freiheitskampfes kennenlernen.

Dudelsackmusik hört man in der ganzen Altstadt.

AUF HISTORISCHEN SPUREN IN DER SCHOTTISCHEN HAUPTSTADT

Das Stadtgebiet des heutigen **Edinburgh** war bereits vor 10 000 Jahren besiedelt. Dort, wo sich heute das Edinburgh Castle auf dem Castle Rock befindet, wurden Spuren von Besiedelungen während der Bronze- und Eisenzeit gefunden. Sie tragen Ähnlichkeit mit keltischen Funden in der Nähe des österreichischen Hallstatt. Als die Römer im 1. Jahrhundert in die damalige schottische Region Lothian, südlich von Edinburgh, kamen, entdeckten sie einen keltischen Stamm, den sie als Votadini bezeichneten. Die Votadini waren vermutlich die Ahnen der Gododdin. Diese beherrschten ein Königreich, das sich möglicherweise von Northumberland bis Stirling erstreckte, wo es an das Land der Pikten grenzte. Ihre Könige regierten es unter anderem auch von der Befestigung von Eidyn aus, benannt nach ihrem König Clydno Eidyn. Hiervon wiederum leitet sich der heutige Name Edinburgh ab, wobei mit -burgh nicht zwangsläufig eine Burg gemeint ist. Vielmehr steht die Endung für Borough, das dem altenglischen Wort »burh« entnommen wurde und einen befestigten Ort meint. In England kennt man zum Beispiel Middelsborough oder im Süden des Landes auch Canterbury, was der gleichen Endung zuzuschreiben ist. Daher ist die oftmals vorgenommene Aussprache von Edinburgh als »Edinbörg« falsch, es muss eigentlich »Edinborough« heißen. Allerdings sprechen die Einwohner die Stadt noch einmal ganz anders aus. Mit etwas Mühe versteht man in der lokalen Aussprache dann ein »Edinbrra«.

Die Lage der Befestigung der Gododdin, Din Eydin, ist nicht ganz eindeutig geklärt, aber es wird vermutet, dass sie sich ebenfalls für den Castle Rock entschieden, nicht zuletzt deshalb, weil es in der näheren Umgebung der strategisch bedeutsamste Ort ist. Allerdings sind das nur Mutmaßungen der Historiker. Erst auf das Jahr 1093 kann eindeutig zurückgeblickt werden, als eine Burg schriftlich festgehalten wurde. Im Laufe der Jahrhunderte entwickelte sich Edinburgh zur Hauptstadt Schottlands, wurde jedoch als größte Stadt des Landes zu Beginn des 19. Jahrhunderts von Glasgow überholt. Ein wichtiges Jahr war für die Stadt 1707, als im schottischen Parlament der Act of Union unterzeichnet wurde und dieser zum 1. Mai des Jahres in Kraft trat. Von diesem Moment

ROUTE 2

START- UND ENDPUNKT
Edinburgh und Stirling

BESTE JAHRESZEIT
Frühjahr und Sommer

STRECKENLÄNGE
40 Meilen

FAHRZEIT
2 Tage

MAUTSTRECKEN
Keine

Natürlich kann man Schottlands Hauptstadt auch auf diesem Wege erkunden.

Die mächtige Festung von Edinburgh, im Vordergrund die Tribüne für das berühmte Military Tattoo

an waren England und Schottland vereint und das schottische Parlament aufgelöst. Gleichzeitig entstand eine Zoll- und Währungsunion und eine erste Version der heute bekannten britischen Flagge entwickelte sich aus den Flaggen Schottlands und Englands.

BERÜHMTES EDINBURGH CASTLE

Die bekannteste und am meisten besuchte Sehenswürdigkeit der schottischen Hauptstadt ist natürlich das bereits erwähnte **Edinburgh Castle** (55.948748, -3.198583). Es erhebt sich am westlichen Rand der Altstadt auf dem Castle Rock. Dieser ist ein steil aufragender Basaltkegel, der durch Vulkanismus entstand und an drei Seiten bis zu 80 Meter hohe Felswände beherbergt. Lediglich nach Osten hin geht es weniger steil zu, wo sich der Zugang zur Burg befindet und die Royal Mile als Prachtstraße durch Edinburgh beginnt.

Im Laufe der Stadtgeschichte wurde die Burg mehrfach belagert, eingenommen, zerstört und wieder aufgebaut. Heute muss man die Burganlage zwar nicht mehr belagern, um sie betreten zu können, doch sollte man mit einigen Wartezeiten rechnen. Zwischen der Royal Mile und dem Burgeingang überquert man die Esplanade und spaziert über eine kleine Brücke zum sogenannten Gatehouse. Hat man den Ticketschalter passiert, gelangt man durch eine schmale Gasse weiter bergauf und unterquert den Argyle Tower. Auf der rechten Seite sehen wir dann sechs historische Kanonen der Argyle Battery. Sie sind nach Norden, also auf den Firth of Forth, ausgerichtet.

Die Burganlage besteht aus mehreren militärischen Gebäuden, die im Laufe der Jahrhunderte errichtet wurden. Eines davon beherbergt das **Scottish National War Museum**, das im Eintrittspreis der Burg inbegriffen ist. Gleich daneben erstrecken sich die sogenannten New Barracks, in denen sich eine Ausstellung über die Royal Scots Dragoon Guards befindet. Sie sind das einzige schottische Kavallerie-Regiment der britischen Streitkräfte. Berühmt wurden sie in den 1970er-Jahren durch einen friedvollen Einsatz, als sie mit ihrer Dudelsackkapelle die Hitparaden stürmten und in England für über einen Monat Platz 1 belegten. In Deutschland erreichten sie immerhin Platz 11. Bei dem Titel handelte es sich um das berühmte Lied »Amazing Grace«. Deutlich komplizierter war übrigens der Bandname: »The Pipes and Drums and Military Band of the Royal Scots Dragoon Guards«. Im Jahr 2009 bekam die Band für ihr neues Album »Spirit of the Glen« die Auszeichnung »Album des Jahres«.

Gleich daneben geht es noch ein Stück weiter bergauf durch das aus dem 17. Jahrhundert stammende Foog's Gate zum höchsten Punkt der Burg und damit auch der Stadt. Kein Wunder also, dass man von hier einen wunderbaren Blick über Edinburgh genießen kann, der bis zum Nordufer des Firth of Forth reicht. Gleich neben einem kleinen Whiskyshop erhebt sich zudem die **St. Margaret's Chapel**. Das kleine, steinerne Bauwerk gilt als das älteste Gebäude der Stadt und wurde im 12. Jahrhundert errichtet. Sie wurde zu Ehren der aus Ungarn stammenden Königin Margareta von Schottland erbaut, die im Jahr 1093 auf Edinburgh Castle verstarb und im 13. Jahrhundert heiliggesprochen wurde.

Edinburgh Castle ist natürlich der Klassiker bei den Sehenswürdigkeiten in der Hauptstadt.

Hinter der Kapelle wird die sogenannte Mons Meg aufbewahrt, bei der es sich um ein Riesengeschütz handelt, die bei der Belagerung von Dumbarton Castle, westlich von Glasgow, zum ersten Mal zum Einsatz kam. Die im 15. Jahrhundert erschaffene Waffe wiegt über sechs Tonnen und konnte Kugeln mit einem Durchmesser von einem halben Meter abfeuern, die zwischen einem und zweieinhalb Kilometern Reichweite besaßen. Funktionstüchtig ist sie seit dem 17. Jahrhundert nicht mehr, als man bei einem Salutschuss zu viel Schießpulver nutzte. Eine ähnliche Kanone explodierte gar bei ihrem Einsatz in einem Feldzug und tötete dabei den damaligen König von Schottland, Jakob II.

SPECIAL

ONE O'CLOCK GUN

Eine siebte und deutlich modernere Kanone findet man in direkter Nachbarschaft auf der kleinen Terrasse Mills Mount Battery. Sie trägt den Namen One O'Clock Gun und wird noch heute von Montag bis Samstag um genau 13 Uhr und immer am Neujahrstag zur Begrüßung des neuen Jahres abgefeuert. Eingerichtet wurde die Tradition für die Seefahrer im Firth of Forth, die zur Navigation ihre Chronometer einstellen mussten und dadurch den Längengrad auf See bestimmen konnten. Zuvor gab es wie an 160 anderen Hafenstädten weltweit einen Zeitball, der an einer Fahnenstange pünktlich fallen gelassen wurde. Diese Tradition kennt man auch heute noch von den Silvesterfeierlichkeiten in New York, wo pünktlich um Mitternacht am Times Square ein Ball heruntergelassen wird. Die Problematik eines Zeitballes besteht jedoch darin, dass die Seefahrer genau zum richtigen Zeitpunkt zum Nelson Monument auf dem Calton-Hügel schauen mussten, wo sich der Zeitball befand, um die exakte Sekunde nicht zu verpassen. Daher entschied man sich dafür, gleichzeitig eine 18-Pfund-Vorderladerkanone abzufeuern. Diese wurde im letzten Jahrhundert zweimal durch eine modernere Kanone ersetzt. Abgefeuert wird das Zeitzeichen heute natürlich nur noch als Touristenattraktion, ist aber dennoch in drei Kilometern Entfernung zu hören. Die ehrenvolle Aufgabe wird seit 2012 von einer Soldatin durchgeführt.

Eine Flasche Whisky als Souvenir ist natürlich auch in Edinburgh erhältlich.

Auf der Half Moon Battery, die der gesamten Burganlage ihr charakteristisches Äußeres verleiht, gelangt man zum Royal Palace und zur Great Hall. Der königliche Palast entstand ebenfalls im 15. Jahrhundert und beherbergte die Gemächer der Regenten. Es ist allerdings auch einige Zeit her, als der letzte Herrscher im königlichen Palast übernachtete. Es war Karl I. aus dem Hause Stuart und elfter Prince of Wales, der hier die Nacht vor seiner Krönung verbrachte.

GESCHICHTE DES STONE OF SCONE

Normalerweise wäre er wie die anderen schottischen Könige am nächsten Morgen zum Stone of Scone geführt worden, der auch als Stone of Destiny bezeichnet wird. Es handelt sich hierbei um einen drei Zentner schweren roten Sandsteinblock mit der ungefähren Größe einer Sporttasche. Dieser Stein galt bei den Pikten als magisch und war ein wichtiges Element bei der Krönungszeremonie. In der Regel stand oder kniete der angehende König hierbei auf dem Stone of Scone, der deshalb auch heute noch ein wichtiges Symbol für die schottische Nation ist. Als Eduard I. in Schottland einfiel, nahm er den Stein jedoch im Jahr 1296 als Kriegsbeute mit nach England, wo er in der Westminster Abbey unter dem Krönungsthron der englischen Könige platziert wurde. Wenn diese also gekrönt wurden, so wie zuletzt die verstorbene Queen Elizabeth II.,

KULTUR

ROYAL EDINBURGH MILITARY TATTOO

Bei einem Besuch in den Sommermonaten sind uns schon beim Betreten von Edinburgh Castle oder genauer gesagt von der Esplanade vor dem Burgeingang die gewaltigen modernen Tribünen aufgefallen. Zugegebenermaßen stören sie am Tag ein wenig das Gesamtbild und wirken völlig deplatziert. Das vergeht jedoch in den Abendstunden, wenn man eines der begehrten Tickets für das Military Tattoo ergattert hat und auf den Rängen der Tribünen Platz nehmen kann. Schon seit 1950 findet es alljährlich vor dem Burgeingang statt und begeistert jeden Sommerabend außer sonntags mehrere Tausend Zuschauer. Beim Military Tattoo, das im Jahr 2010 von Queen Elizabeth II. den Titel Royal Edinburgh Military Tattoo verliehen bekam, handelt es sich um ein eineinhalbstündiges Musikfestival, das überwiegend von den britischen Streitkräften veranstaltet wird. Wenn dann weit über 100 Dudelsackspieler, Trommler und Tänzer aufmarschieren, herrscht eine tolle Stimmung vor der Burgkulisse, die an Samstagabenden in einem Feuerwerk gipfelt. Das Programm wechselt zwar jährlich, aber traditionell marschieren zum Abschluss noch einmal alle Teilnehmer auf und spielen neben der britischen Nationalhymne auch noch die legendäre und inoffizielle Hymne Schottlands – Scotland the Brave. Zwar ist der Abend mit 27 Pfund auf den billigsten Plätzen kein günstiges Vergnügen, doch vielleicht tröstet es darüber hinweg, dass die Erlöse der Veranstaltung an gemeinnützige Zwecke gespendet werden.

dann saßen sie auch auf dem Stone of Scone. Der britische Premierminister John Major ließ den Stein im Jahr 1996 nach exakt 700 Jahren wieder nach Edinburgh zurückbringen, wo er heute im Castle ausgestellt ist. Schon im Jahr 1950 war der Stone of Scone kurzzeitig wieder zurück in seiner Heimat, als Studenten den Felsblock stahlen und nach Schottland brachten. Bei dieser Entführung, die auch verfilmt wurde, zerbrach der Stein, der kurze Zeit darauf von der Polizei wieder nach London gebracht wurde.

In einer Ausstellung im Royal Palace befinden sich zudem die schottischen Kronjuwelen, bestehend aus einem Zepter, der schottischen Krone aus dem Jahr 1540 und einem in Italien gefertigten Reichsschwert. Zum letzten Mal wurde König Charles II. in Scone mit den schottischen Kronjuwelen gekrönt. Ab dem Jahr 1707, als der Act of Union vereinbart wurde, bewahrte man die Utensilien in einer Truhe im Schloss auf. Diese wurde 111 Jahre lang nicht bewegt oder gar geöffnet, bis der in Route 1 beschriebene Schriftsteller Sir Walter Scott um Erlaubnis bat, die Truhe öffnen zu dürfen.

Den südlichen Teil von Edinburgh Castle bildet die Great Hall. Dieser Große Saal gilt als Hauptort des schottischen Parlaments, obwohl bisher nicht nachgewiesen werden konnte, dass das Parlament hier wirklich zusammentraf. Dennoch ist der 29 Meter lange Saal beachtlich und wird von der mittelalterlichen Holzdecke dominiert, die sich wie ein Gewölbe über den Saal spannt. Die Holzpfeiler ruhen dabei auf steinernen Köpfen, die aus der Wand zu ragen scheinen.

Abseits der Royal Mile schlendert man auch durch enge Gassen.

AUF DER ROYAL MILE DURCH DAS WELTKULTURERBE

An der **Esplanade** beginnt die leicht bergab verlaufende Royal Mile als Teil der Edinburgher Innenstadt, die 1995 auf die Liste des Weltkulturerbes der UNESCO gesetzt wurde. Sie ist zwar wirklich exakt eine Meile lang, trägt diesen Namen jedoch nur inoffiziell. In Wahrheit handelt es sich um die Straßen Castlehill, Lawnmarket, High Street, Canongate und Abbey Strand, die die **Royal Mile** zwischen dem Edinburgh Castle und dem Holyrood Palace bilden. Nach Verlassen der Esplanade durchquert man zunächst die recht schmale Straße Castle Hill, auf deren nördlicher Seite sich ein sechsstöckiges Gebäude befindet. Es beherbergt eine Camera Obscura, die nicht nur mit optischen Täuschungen und Illusionen aufwartet, sondern von der Dachterrasse auch einen Rundblick über Edinburgh ermöglicht. Gleich gegenüber erhebt sich eine ehemalige Kirche. Die Highland Toolboth Church wird heute nur noch kurz als The Hub bezeichnet und stammt aus der Mitte des 19. Jahrhunderts. Sie wurde jedoch Ende der 1970er-Jahre geschlossen und wird mittlerweile als Veranstaltungsgebäude genutzt. Gleich hinter

Exakt eine schottische Meile ist die Royal Mile lang und bietet zahlreiche Shoppingmöglichkeiten.

HALFWAY HOUSE
Edinburgh's FAMOUS Smallest Pub
HALFWAY HOUSE
TODAY'S ALES
TODAY'S SPECIALS

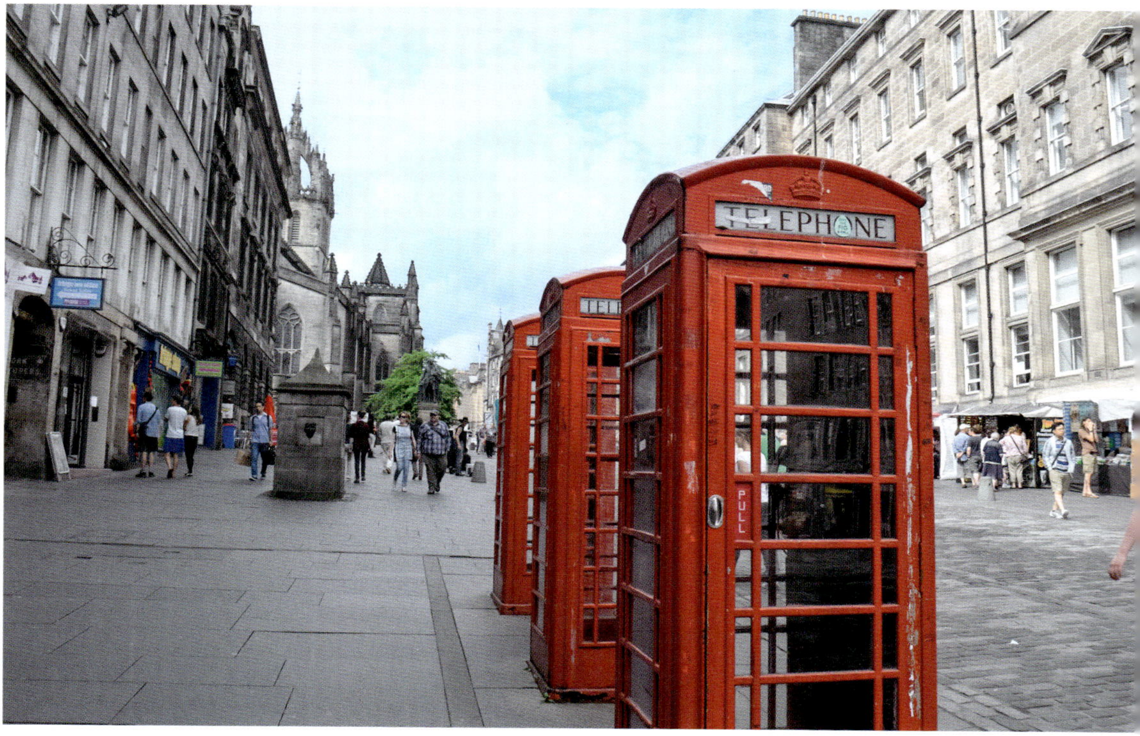

SPAZIERGANG DURCH EDINBURGH

Bilder Seite 46
Links oben: Blau leuchtet das Deckengewölbe der St. Giles-Kathedrale. Links Mitte: Die Kathedrale von Edinburgh ist mit zahlreichen Ornamenten verziert. Rechts: Für das abendliche Vergnügen ist in der Altstadt von Edinburgh gesorgt. Unten: Auch in Zeiten des Smartphones sind die britischen Klassiker nicht wegzudenken.

Bilder Seite 47
Oben: Für eine dieser Touren wendet man sich an die Tourismusinformation. Mitte: Zahlreiche Pubs prägen die Altstadt mit ihrem Welterbe-Status. Unten: Für die Besichtigung von Edinburgh Castle sollte man viel Zeit einplanen.

SPECIAL

HEART OF MIDLOTHIAN

Ein weiteres interessantes Detail zur Geschichte Edinburghs finden wir vor der Kirche und zwar auf dem Kopfsteinpflaster. Direkt neben der Fahrbahn ist das sogenannte Midlothian-Herz in das Kopfsteinpflaster gefertigt. Hier kann man gelegentlich beobachten, wie einheimische Passanten auf das eigentlich romantische Zeichen spucken. Denn an dieser Stelle befanden sich vom 16. Jahrhundert bis zum Jahr 1817 der Verwaltungssitz der Stadt sowie das Gefängnis und einer der Hinrichtungsorte Edinburghs. Schon kurz nach dem Abriss des Gebäudes pflasterte man stattdessen das Herz, das aus Verachtung vor dem Exekutionsplatz bespuckt wurde. Heute macht man das jedoch eher, weil es Glück bringen soll. Das sogenannte Heart of Midlothian war auch der Titel eines Romans von Sir Walter Scott und ist der Name eines Fußballvereins aus Edinburgh, der das Herz als Wappen benutzt.

The Hub beginnt der Lawnmarket, der im 15. Jahrhundert als Marktplatz für Leinen und Textilien genutzt wurde. Auffällig sind hier die Bordsteinkanten, die auf beiden Seiten als Treppe dienen. Heute ist Lawnmarket ein Eldorado für Souvenirjäger, denn auf beiden Seiten der Straßen reihen sich die Andenkenläden aneinander.

An der folgenden quer verlaufenden Bank Street werfen wir einen Blick nach links und sehen am Ende der Straße den Hauptsitz der Bank of Scotland. Finanzinteressierte können im Gebäude das **Museum on the Mound** besichtigen, das das schottische Bankenwesen anschaulich erläutert. Auf der Royal Mile folgt auf der linken Seite der höchste Strafgerichtshof Schottlands, während sich gleich gegenüber der Parliament Square ausbreitet. In den umliegenden Gebäuden tagte bis 1707 das schottische Parlament. Die Südseite des Platzes wird von der St. Giles' Cathedral beherrscht (55.949443, -3.191300). Schon im 9. Jahrhundert stand an dieser Stelle eine Kirche, doch das jetzige Gotteshaus wurde zu Beginn des 12. Jahrhunderts errichtet. Zwar stammt nicht mehr viel aus dieser Zeit, doch die Pfeiler sind noch im Original erhalten geblieben. Das Bauwerk ist Ordenskirche des Distelordens, einem Ritterorden, der im 17. Jahrhundert entstand und nach dem Hosenbandorden die zweithöchste Klasse an Ritterorden in Großbritannien ist. Im hinteren Bereich gelangt man zu einer sehenswerten Kapelle, die erst im Jahr 1911 gebaut wurde und mit einer tollen Decke beeindruckt. Aber hier sollte man lieber auf die Details achten, denn von den zahlreichen geschnitzten Holzfigürchen ist eines dabei, das auf einem Dudelsack spielt. Als Tipp: Es befindet sich gleich neben dem Eingang.

Das Heart of Midlothian findet man direkt vor der St. Giles-Kathedrale.

Auf der High Street geht es weiter bergab und an zahlreichen Souvenirläden und Pubs vorbei. An der Kreuzung zur St. Mary's Street sehen wir den Pub mit dem apokalyptisch klingenden Namen »The World's End« (55.950583, -3.184342). Die Erklärung dafür findet man auf dem Kopfsteinpflaster. An einigen Stellen befinden sich Messingtäfelchen, die den früheren Standort eines Stadttores markieren. Edinburgh hatte mehrere Stadtmauern, eine davon war die Flodden Wall mit einer Höhe von über sieben Metern und einer Dicke von 1,20 Meter. Sie wurde nach der Schlacht von Flodden im Jahr 1513 errichtet, als während der Kämpfe in Northumberland der schottische König Jakob IV. fiel und man eine Invasion der Engländer befürchtete. Netherbow Port war eines der Tore in der Flodden Wall und markierte

innerhalb Edinburghs das Ende der Welt, wovon sich eben der Name des Pubs auf der rechten Seite ableitet. In der Hausfassade schräg gegenüber des Pubs zeigt eine kleine Tafel, wie das Stadttor ausgesehen hat.

PARLAMENTSGEBÄUDE UND ARTHUR'S SEAT

Hinter dem nicht mehr vorhandenen Netherbow Port betreten wir die Canongate und folgen ihr weiter bergab. Zunächst erweckt die Canongate den Eindruck, dass die Royal Mile nun unspektakulärer wird. Immerhin nimmt die Anzahl der Souvenirläden ab und sie wirkt eher wie eine durchschnittliche Straße. Das Kopfsteinpflaster ist verschwunden und der Autoverkehr hat zugenommen. Doch kurz vor ihrem Ende an einem kleinen Kreisverkehr überrascht uns auf der rechten Seite ein Bauwerk mit einer ungewöhnlichen Architektur. Es handelt sich um das schottische Parlamentsgebäude, das im Jahr 2004 nach dreijähriger Verspätung von Queen Elizabeth II. feierlich eröffnet wurde. Das moderne Bauwerk erhielt zwar mittlerweile einige Auszeichnungen, ist und war jedoch von Anfang an umstritten, sowohl was die Lage als auch was die Optik betrifft. Das Gebäude soll zerklüftet wirken und damit an die schottische Landschaft erinnern. So ganz verkehrt liegt man damit nicht, wie man südlich des Parlamentsgebäudes sieht. Dort erhebt sich **Arthur's Seat** (55.944048, -3.161906), der Hausberg Edinburghs, entstanden durch Vulkanismus aus Basalt. Sein höchster Punkt ist 251 Meter hoch und bietet einen wunderbaren Blick, natürlich nicht nur auf das Parlament, sondern auf ganz Edinburgh und über die Bucht im Norden. Arthur's Seat besteht im Wesentlichen aus zwei Teilen. Die Salisbury Crags sind eine steil aufragende Felsformation im westlichen Abschnitt, während Samson's Ribs im Osten deutlich die Furchen des Berges aufzeigen. Dazwischen liegt ein kleines Tal, entstanden durch einen Gletscher in der Eiszeit, und ein leicht zu begehender Wanderweg zum markierten Gipfel von Arthur's Seat. Die genaue Herkunft des Na-

Links: Einen hölzernen Engel mit Dudelsack findet man vermutlich auch nur bei den liebenswerten Schotten.

Rechts: Blick in die St. Giles-Kathedrale an der Royal Mile

Klischeehaft, aber Dudelsackspieler gehören zum Stadtbild von Edinburgh.

Seit 2015 gehört die Forth Bridge nördlich von Edinburgh zum UNESCO-Weltkulturerbe.

mens ist nicht eindeutig gesichert. Es existieren Theorien, dass er sich vom gälischen Àrd-na-Said ableitet, was man mit Gipfel der Pfeile übersetzen könnte. Gerne wird aber natürlich die Legende herangezogen, dass sich auf dem Berg Camelot befand, der Hof von König Artus.

Der Berg ist Teil des Holyrood Parks, der zum **Holyrood Palace** gehört. Dieser markiert schließlich das Ende der Royal Mile und befindet sich gleich gegenüber dem modernen schottischen Parlament. Das oft als schottisches Versailles angepriesene Bauwerk steht die meiste Zeit des Jahres leer, denn es handelt sich um die schottische Residenz der britischen Königin. Diese bewohnt es jedoch nur rund eine Woche zu Beginn des Sommers und reist dann weiter zum Balmoral Castle. Gut für uns, denn während ihrer Abwesenheit kann Holyrood Palace selbstverständlich von der Öffentlichkeit besichtigt werden.

Abseits der Royal Mile gibt es natürlich auch noch zahlreiche weitere Sehenswürdigkeiten. Dazu zählen zum Beispiel die **Princes Street Gardens**, die sich nördlich der Burg befinden. Die Grünanlage konnte man bereits von den historischen Kanonen im Edinburgh Castle gut erkennen. Ursprünglich befand sich an der Stelle ein See, der zu Beginn des 19. Jahrhunderts trockengelegt wurde. Heute besteht er aus zwei großen Grünanlagen, die sich gleich westlich des Hauptbahnhofs erstrecken. Diese sind in einen westlichen und einen östlichen Teil getrennt, zwischen denen sich The Mound als künstlicher Hügel erhebt.

Im westlichen Garten befindet sich der **Ross-Brunnen** aus dem 19. Jahrhundert, der von Wassernixen und Frauen dominiert wird und zusammen mit Edinburgh Castle ein tolles Fotomotiv abgibt. Ganz im Westen werden die Gärten von der Pfarrkirche St. Cuthbert begrenzt. Der künstliche Hügel The Mound (55.951272, -3.196207) ist mittlerweile ein wichtiger Verbindungsweg zwischen der Altstadt rund um die Royal Mile und der nördlich davon gelegenen sogenannten New Town.

KULTUR

SIR WALTER SCOTT-MONUMENT

Der östliche Princes Street Garden ist zwar deutlich kleiner, beherbergt aber das markante Denkmal zu Ehren von Sir Walter Scott (55.952452, -3.193196). Das begehbare Denkmal wurde im viktorianischen Stil errichtet, ist satte 60 Meter hoch und beinhaltet mehrere Aussichtsplattformen, die durch Wendeltreppen und 287 Stufen miteinander verbunden sind. Im Denkmal findet man über 90 steinerne Figuren, von denen die meisten Protagonisten aus Scotts Romanen darstellen. So gehört zu den Figuren zum Beispiel ein Schweinehirt aus »Ivanhoe«, der an einem seiner Schweine zu erkennen ist.

ROYAL SCOTTISH ACADEMY UND NATIONAL GALLERY OF SCOTLAND

The Mound beherbergt neben der **Royal Scottish Academy** auch die **National Gallery of Scotland**. Letztere zeigt bedeutende Kunst aus Schottland, aber auch Werke vom englischen Künstler William Turner und vom niederländischen Barockmaler Jan Vermeer. Beide Gebäude sind durch einen unterirdischen Gang miteinander verbunden. Nördlich davon erstreckt sich die überwiegend rechtwinklig angelegte New Town, deren Prachtstraße die Princes Street ist. Im Zentrum steht jedoch die George Street als zentrale Achse zwischen zwei quadratischen Grünanlagen. Benannt ist sie nach George III. Im Norden verläuft parallel hierzu die Queen Street, die nach seiner Ehefrau benannt wurde. New Town entstand zwischen 1750 und 1850 und wird gerne als Gegenstück zur Old Town betrachtet. Beide Stadtviertel stehen auf der UNESCO-Welterbeliste.

Folgt man der Princes Street nach Osten, erreicht man an ihrem Ende den **Calton Hill**. Dieser Hügel zählt ebenfalls noch zum Weltkulturerbe und beherbergt verschiedene Monumente und Gebäude. Das bedeutendste hiervon ist zweifellos das **National Monument of Scotland** (55.954831, -3.181916). Es wurde in den 1820er-Jahren gestaltet und erinnert optisch an das Parthenon in Athen. Im Gegensatz zu dem griechischen Tempel handelt es sich aber – ganz realistisch betrachtet – eher um eine Bauruine, denn die nationale Gedenkstätte wurde aus finanziellen Gründen nie fertiggestellt. Daher wird das Monument gelegentlich auch als »der Stolz und die Armut Schottlands« bezeichnet. Gleich neben den Säulen des Nationaldenkmals erhebt sich das **Nelson Monument**, benannt nach Vizeadmiral Horatio Nelson. Es wurde ein Jahrzehnt vor dem Nationaldenkmal erbaut und dient gleichzeitig als Signal für die Schiffe im Firth of Forth bzw. im Hafen. Oben auf der Spitze des Turms befindet sich der bereits erwähnte Zeitball, der heute zwar keinen praktischen Nutzen mehr hat, aber das optische Gegenstück zur One O'Clock Gun vom Edinburgh Castle ist. Kurz vor 13 Uhr wird also die Kugel hochgezogen und pünktlich mit dem Schuss auf dem Schloss fallen gelassen.

Weitere Bauten auf dem Calton Hill sind das Dugald Stewart Monument, das an den

Auf Calton Hill befindet sich unter anderem das National Monument of Scotland …

… und das nach Horatio Nelson benannte Nelson Monument (rechts im Bild).

Mit den Narrow-Booten geht es im Kanal zum Falkirk Wheel.

gleichnamigen schottischen Philosophen erinnert und ein Obelisk für die sogenannten politischen Märtyrer. Gemeint sind die fünf Reformer Thomas Muir, Thomas Fyshe Palmer, William Skirving, Maurice Margarot und Joseph Gerrald, die sich im 18. Jahrhundert für die Freiheit Schottlands einsetzten. Außerdem findet man auf dem Hügel noch das Observatorium sowie die breite Fassade der Old Royal School.

Unterhalb des Calton Hill erreicht man inmitten von Geschäftshäusern und Einkaufszentren die Saint Mary's Cathedral (55.956314, -3.187617). Sie wirkt zwar recht unscheinbar, ist jedoch der Bischofssitz von Edinburgh.

VON SCHIFFEN UND KANÄLEN

Zum Abschluss eines Besuchs in Edinburgh kann man mit dem Wohnmobil noch nach Norden fahren. Rund dreieinhalb Kilometer nördlich des Hauptbahnhofs befindet sich der Hafen des Edinburgher Ortsteils **Leith**. Die einst eigenständige Stadt lebte bis Mitte des 20. Jahrhunderts vom Hafen, doch dieser verlor Mitte des letzten Jahrhunderts an Bedeutung, was zu einer Verarmung des Stadtteils mit all seinen negativen Begleiterscheinungen führte. In den letzten Jahren wurde jedoch viel investiert, sodass Leith wieder vorzeigbar ist. Erwähnenswert ist aber vielmehr die einstige Königliche Yacht Britannia (55.982128, -3.176990). Sie wurde 1954 durch Queen Elizabeth II. getauft und diente ihr in den nächsten 43 Jahren für fast 700 Auslandsbesuche. Kein Wunder also, dass die Königin sichtlich bewegt war, als in ihrem Beisein die Britannia im Jahr 1997 außer Dienst gestellt wurde und dabei sogar eine Träne vergoss, was bekanntlich sehr selten vorkam. Mit der Außerdienststellung der Britannia endete die Ära der königlichen Yachten, die seit 1660 bestand. Der damalige Prinz Charles und Lady Di verbrachten auf dem Schiff ihre Flitterwochen, weshalb eigens das einzige Doppelbett eingebaut wurde und im Falle einer nuklearen Bedrohung hätte das Schiff als Rückzugsort für die Königin dienen sollen.

Westlich von Edinburgh Castle beginnt die A8, auf der wir sehr leicht die schottische Hauptstadt verlassen können. Schon nach kurzer Zeit passieren wir den internationalen Flughafen und erreichen die Autobahnauffahrt zur M9. Gleich gegenüber, auf der anderen Seite der Autobahn, erkennen wir einen kleinen, grasigen Hügel. Es handelt sich um ein Hügelgrab, das im Jahr 1830 ausgegraben wurde und als Huly Hill Cairn bezeichnet wird (55.938297, -3.405021).

Auf der M9 und der folgenden M90 können wir nach **South Queensferry** gelangen, um den Firth of Forth zu überqueren. Von Leith aus ist die Ortschaft noch einfacher über die M90 zu erreichen. Der Name der Ortschaft leitet sich von Königin Margareta ab, die hier den Firth of Forth mehrmals überquerte. Heute pendelt hier keine Fähre mehr, vielmehr passiert man die Bucht mit einer Hängebrücke, der Forth Road Bridge, die im Jahr 1964 fertiggestellt wurde. Zum damaligen Zeitpunkt war sie mit ihren zweieinhalb Kilometern Länge eine der größten Hängebrücken Europas. Mittlerweile steht sie unter Denkmalschmutz und ist ein wenig in die Jahre gekommen, weshalb seit einigen Jahren eine neue Brücke in Planung ist. Über die Brücke erreicht man das Gegenstück zum südlichen Ort, die Stadt North Queensferry.

Für Wohnmobilreisende, die ein wenig Zeit mitbringen, empfiehlt es sich aber, einen Umweg einzulegen, um die Mündung in den Firth of Forth weiträumig zu umfahren.

Das Falkirk Wheel ist ein beeindruckendes Schiffshebewerk …

Wenn wir nämlich auf der M9 westwärts fahren und die Autobahn an der Ausfahrt 3 verlassen, gelangen wir nach **Linlithgow**, wo sich die gleichnamige Schlossruine befindet (Parkmöglichkeiten: 55.976619, -3.606340).

RUINE VON LINLITHGOW CASTLE

Das Schloss erhebt sich südlich des Sees Linlithgow Loch, der sich zwischen Schloss und Autobahn erstreckt. Unter Jakob I. wurden die ältesten Abschnitte des Bauwerks errichtet. Seine Nachkommen Jakob III., Jakob IV., Jakob V. und Jakob VI. ließen das Schloss jeweils erweitern. Mitte des 18. Jahrhunderts war das Ende von Linlithgow Castle besiegelt, als ein Feuer um sich griff und das Schloss zerstörte. Die Ruine, die auf einem Felsplateau errichtet wurde, wird von der Gesellschaft Historic Scotland verwaltet, die auch Ausgrabungen auf dem Areal durchführen. Markantes Wahrzeichen der Burg ist der Renaissancebrunnen im Innenhof, der auf Geheiß von Jakob V. erschaffen wurde. Dieser ist übrigens, genauso wie Maria Stuart, auf Linlithgow Castle zur Welt gekommen. Die einstige Pracht des beinahe quadratischen Bauwerks ist noch heute anhand einiger Wappen und dem Hofportal gut zu erkennen.

Die beiden folgenden Ortschaften Grangemouth und **Falkirk** kann man anschließend getrost ignorieren. Ein weiteres interessantes Bauwerk, bei dem es sich dieses Mal nicht um ein historisches Gebäude oder um ein Schloss handelt, ist das Falkirk Wheel (56.000302, -3.839790). Wer nämlich zwischen Edinburgh und Glasgow mit einem Boot auf dem Union Canal unterwegs ist, wird nicht umhin kommen, den Forth and Clyde Canal zu nutzen. Da dieser jedoch niedriger liegt, war es notwendig, ein Schiffshebewerk zu errichten. Ursprünglich wurde die 35 Meter hohe Differenz zwischen den beiden Kanälen durch elf Schleusen überwunden. Die Bedeutung dieses Kanalanschlusses war jedoch nicht besonders groß und so kappte man die Verbindung in den 1930er-Jahren. Erst gegen Ende des Jahrhunderts erinnerte man sich an die teilweise verfüllten Kanäle und beschloss, diese wieder zu eröffnen. Doch anstelle der einstigen Schleusen baute man ein Schiffshebewerk, das in dieser Form weltweit einmalig ist. Es wurde im Jahr 2002 von Queen

… und für die zahlreichen Besucher besteht die Möglichkeit, eine Bootstour zu buchen.

AUSFLUG

BOOTSTOUR

Beide Kanäle werden überwiegend für touristische Zwecke genutzt. Beliebt sind dabei die Fahrten mit den sogenannten Narrowboats. Diese wurden Mitte des 18. Jahrhunderts in England und Wales entwickelt und sind für ihre schmale Bauweise und einen flachen Rumpf bekannt. In der Regel sind sie kaum breiter als ein Wohnmobil und maximal 22 Meter lang. Damit stellen sie eine ideale Möglichkeit dar, sich auf den kleinen Kanälen in Großbritannien fortzubewegen.

Vom Falkirk Wheel kommt man über kurze Pfade zu den Überresten des Antoninuswalls.

Elizabeth II. feierlich eröffnet und besteht aus einer großen Radnabe mit zwei gegenüberliegenden Armen. An jedem Ende dieser Arme befindet sich eine 50 Tonnen schwere Gondel, in denen wiederum 150 Tonnen Wasser bzw. die Boote befördert werden können. Anschließend macht das Rad eine halbe Umdrehung, sodass die untere Gondel den höher gelegenen Union Kanal erreicht und die obere Gondel zum Becken des Forth and Clyde-Kanals hinabgelassen werden kann. Wenn man also mit einem der Boote auf dem Union Canal unterwegs ist, fährt man in den oberen Trog hinein, was bei dem einen oder anderen ein mulmiges Gefühl hinterlässt. Denn so ist plötzlich der vertraute Kanal zu Ende und man blickt lediglich in die Tiefe.

MIT ROBERT THE BRUCE DURCH SCHOTTLAND

Falkirk verlassen wir über die M9 in nordwestlicher Richung und nähern uns dabei dem klassischen Hochland Schottlands. Als Tor zu den Highlands wird oftmals die Ortschaft **Stirling** genannt, die noch auf dem Weg liegt. Stirling erstreckt sich am Ufer des Flusses Forth, der hier besonders deutlich

SPECIAL

ANTONINUSWALL

Am Falkirk Wheel läuft auch der John Muir-Fernwanderweg vorbei und trifft schon nach wenigen Metern auf den Antoninuswall. Dieser Wall wurde von Römern an der schmalsten Stelle Schottlands erbaut, also zwischen den Mündungen des Firth of Forth im Osten und dem Firth of Clyde bei Old Kilpatrick, nordwestlich von Glasgow. Der Antoninuswall wurde Mitte des 2. Jahrhunderts erschaffen, besaß jedoch keine Steinmauer wie der deutlich berühmtere Hadrianswall im Süden. Es wird ohnehin vermutet, dass es sich bei dem Wall nur um eine Art Prestigeobjekt des römischen Kaisers Antoninus Pius handelte, der mit einer Vergrößerung seines Imperiums Macht ausstrahlen wollte. Große militärische Bedeutung hatte der Antoninuswall nicht, da ja schon der Hadrianswall existierte. Der Wall bestand im Wesentlichen aus einem bis zu vier Meter hohen Erdwall, der allerdings mit mehreren Kastellen gut zu überwachen war. Vor dem Wall, also nördlich davon, wurde zusätzlich hierzu noch ein Graben ausgehoben. Durch die geringe Bedeutung hatte der Antoninuswall nur rund vier Jahrzehnte Bestand und wurde wenige Jahre nach dem Tod des Kaisers wieder aufgegeben. Heute ist er als Teil des Limes auf der UNESCO-Welterbeliste eingetragen und geschützt. Überreste des Walls sind stellenweise noch, so wie hier in der Nähe des Falkirk Wheels, deutlich erkennbar.

SPECIAL

SCHOTTISCHER FREIHEITSKAMPF

Eine wichtige Schlacht fand zum Beispiel im September 1297 statt. Die schottischen Freiheitskämpfer Andrew de Moray und William Wallace konnten die sogenannte Schlacht von Stirling Bridge gegen die Engländer deutlich für sich entscheiden. Allerdings starb de Moray in diesen Kämpfen und Wallace führte die Soldaten alleine gegen die Engländer an. Gleich im nächsten Sommer kämpfte er gegen die Truppen von Eduard I. in der Schlacht von Falkirk. Diese schottischen Unabhängigkeitskämpfe wurden im Hollywood-Streifen »Braveheart« mit Mel Gibson auf Leinwand gebannt. Dass es selten ruhig wurde, zeigt zudem der folgende Sommer 1314, als die Schlacht von Bannockburn in die Geschichtsbücher einging. Aus dieser gingen wiederum die Schotten unter König Robert I., auch bekannt als Robert the Bruce, als Sieger hervor.

Das einstige Schlachtfeld befindet sich nur drei Kilometer südlich der Burg im heutigen Ortsteil Bannockburn und beherbergt ein monumentales Denkmal sowie ein Besucherzentrum, in dem der Schlachtverlauf und die Geschichte Schottlands erläutert werden. Ein Reiterstandbild von Robert the Bruce am Schlachtfeld zeigt ihn genauso stolz wie eine Skulptur am Stirling Castle. Immerhin wird er oft als schottischer Nationalheld gezeigt, der sich mutig gegen die Mannen aus England stellte. Seine Kämpfe wurden mehrfach verfilmt und sein Name hielt Einzug in die Militärmusik und sogar in die Popkultur. Der Name des fiktiven Milliardärs Bruce Wayne, der besser bekannt ist als Superheld Batman, geht den Comicautoren zufolge auf den schottischen König Robert the Bruce zurück. Bei einem Blick in die Geldbörse kann man übrigens auch eine Darstellung des Königs finden. Hierfür benötigt man 20-Pfund-Banknoten der Clydesdale Bank.

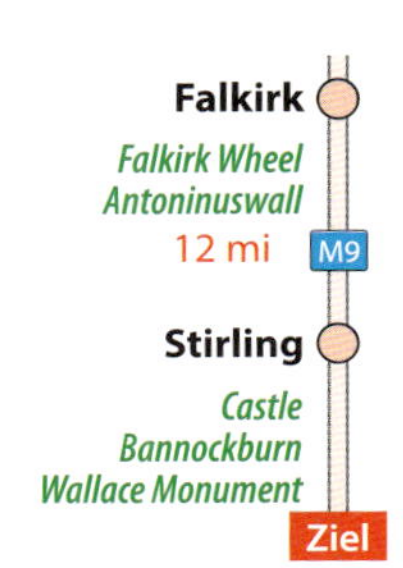

durch die Landschaft mäandert. Auffällig ist auch hier ein Vulkankegel, der schon früh besiedelt und von den Römern als Beobachtungspunkt genutzt wurde. Heute erhebt sich auf ihm das sehenswerte Stirling Castle (56.122578, -3.945560). Durch die strategisch günstige Lage am River Forth war Stirling im Mittelalter ein aufstrebender Ort, der sogar zum Burgbezirk, also zu Burgh, erhoben wurde. Heute ist es kaum vorstellbar, dass Stirling einst einen Hafen besaß, der mit dem Aufkommen der Eisenbahn an Bedeutung verlor und heute nicht mehr existiert. Angesichts der interessanten Stadtgeschichte scheint es kurios, dass Stirling erst im Jahr 2002 von Queen Elizabeth II. die Stadtrechte verliehen bekam. Immerhin war das Schloss ein halbes Jahrtausend lang Hauptresidenz der schottischen Könige. Und gleich nebenan erhebt sich die Kirche Church of the Holy Rude aus dem frühen 12. Jahrhundert. Sie ist nach dem Schloss das zweitälteste Gebäude Stirlings und neben Westminster Abbey in London das einzige noch erhaltene Gotteshaus, in dem ein König gekrönt wurde. Jakob VI., Sohn von Maria Stuart wurde im 16. Jahrhundert hier zum König von Schottland. Die Altstadt von Stirling ist nett, könnte man aber auch vernachlässigen, wenn da eben nicht Stirling Castle wäre, das sich oberhalb der Ortschaft erhebt. Die Geschichte vom Schloss reicht bis in das 12. Jahrhundert zurück, als König Alexander I. eine Schlosskapelle stiftete. Noch im selben Jahrhundert folgte die erste Eroberung durch die Engländer und es sollten noch zahlreiche Kämpfe und Belagerungen im Laufe der Jahrhunderte folgen.

Beim Ausblick von Stirling Castle erkennt man bereits die ersten Ausläufer der Highlands.

Am Ortsrand von Stirling erhebt sich oberhalb des Friedhofs das bedeutende Stirling Castle.

Das Wallace Monument befindet sich in Sichtweite von Stirling Castle und ist ebenfalls einen Besuch wert.

Rund um das Stirling Castle folgten bis ins 18. Jahrhundert zahlreiche weitere Schlachten, die immer wieder zu Besitzerwechseln führten. Später wurde das Schloss vom Militär genutzt, das die Anlage erst Mitte des letzten Jahrhunderts verließ. Nach dem Abzug des Militärs wurden die meisten Gebäude innerhalb der Festung restauriert oder in ihren ursprünglichen, mittelalterlichen Zustand zurückgebaut. Ähnlich wie das Edinburgh Castle ist auch das Schloss in Stirling nur von einer Seite aus erreichbar und auf den anderen drei Seiten von den natürlichen Erhebungen des Burgfelsens geschützt.

STIRLING CASTLE

Man betritt die Festung durch ein Tor und folgt dem kopfsteingepflasterten Weg an einem Café vorbei bergauf zu einem Torhaus, das ebenfalls durchquert wird. Anschließend steht man vor den vier bedeutenden Gebäuden der Festung, die zusammen einen Innenhof bilden. Dazu gehören The Great Hall im Osten, der königliche Palast aus dem 16. Jahrhundert im Süden und der alte Königspalast im Westen. Im Norden wird dieser sogenannte obere Innenhof von der Schlosskapelle begrenzt. Der alte Königspalast entstand Ende des 15. Jahrhunderts, wurde jedoch schon nach wenigen Jahrzehnten als Hauptresidenz vom neuen Königspalast abgelöst. Heute beherbergt es das Argyll and Sutherland Highlanders-Regiment-Museum. Hierbei handelt es sich um ein Regiment, das 1881 gegründet wurde und im Jahr 2006 mit anderen Regimenten fusionierte und in seiner bisherigen Form somit offiziell aufgelöst wurde.

Von den Aussichtsplattformen der Festung kann man bereits gut erkennen, dass sich hier das schottische Landschaftsbild deutlich verändert. Von der bisher eher flachen Landschaft, die von Landwirtschaft geprägt ist, steigen im Norden nun die Highlands an. Einen Blick sollte man außerdem nach Nordosten werfen. Auf der anderen Uferseite des Flusses Forth erhebt sich ein weiterer Vulkankegel, der von einem 67 Meter hohen Turm markiert wird (56.139935, -3.920369). Er wurde im Jahr 1869 errichtet und nach dem schottischen Freiheitskämpfer William Wallace benannt. Dieser war es, der die Engländer zunächst vertrieb und der den Hansestädten Lübeck und Hamburg freien Handel mit den Häfen in Schottland zusicherte. Er schrieb den deutschen Häfen im Oktober 1297, dass das Königreich Schottland nun von der englischen Macht befreit sei und man wieder Handel betreiben wolle. Das Schriftstück wurde als Lübecker Brief bekannt, war nach dem Zweiten Weltkrieg verschollen und tauchte nach Ende des Kalten Kriegs in einem sowjetischen Archiv wieder auf. Mittlerweile wird das wertvolle und in lateinischer Sprache verfasste Dokument im Stadtarchiv von Lübeck aufbewahrt. Wenige Jahre nachdem Wallace diese Zeilen verfasste, wurde er in Glasgow festgenommen und nach London gebracht, wo er wegen Hochverrats brutal hingerichtet wurde. Seine Innereien wurden ihm bei lebendigem Leib entnommen und vor seinen Augen verbrannt, nachdem er bereits vorher schon gequält worden war. Nach seinem Tod wurde sein Kopf auf die London Bridge im Zentrum der Stadt aufgespießt und seine Gliedmaßen wurden zur Abschreckung in nordenglische und schottische Städte verschickt.

Robert the Bruce ist am Stirling Castle allgegenwärtig.

KULTUR

WALLACE MONUMENT

Das Wallace Monument ist nicht nur ein einfacher Aussichtsturm, sondern beherbergt auf zwei Etagen eine Ausstellung über die schottischen Unabhängigkeitskriege und natürlich über William Wallace selbst. Zu sehen ist unter anderem sein Schwert, mit dem er der Legende nach 50 Gegner hintereinander tötete. Auch moderne Exponate werden im Turm ausgestellt, so unter anderem das Kostüm von Mel Gibson aus dem Film »Braveheart«.

PRAKTISCHE HINWEISE

Mit den Ochil Hills erreicht man die ersten Ausläufer der schottischen Highlands.

TOURISTINFORMATIONEN

Falkirk
Lime Road, Falkirk, FK1 4RS
Tel. 0044/(0)1324/62 02 44

Stirling
Old Town Jail, St John Street, FK8 1EA
Tel. 0044/(0)1786/47 50 19

CAMPINGPLÄTZE

C 200 **Edinburgh Caravan Club Site** (S. 173 E4) 35-37 Marine Drive, EH4 5EN
Tel. 0044/(0)131/312 68 74
www.caravanclub.co.uk
Koordinaten: 55.977608, -3.264701
Für die Besichtigung von Edinburgh unbedingt zu empfehlen, direkt am Firth of Forth. Mit dem Bus ist man in 40 Minuten am rund vier Meilen entfernten Edinburgh Castle.

C 201 **Edinburgh – Mortonhall Caravan Park** (S. 173 E4)
38 Frogston Road East, EH16 6TJ www.meadowhead.co.uk
Koordinaten: 55.903207, -3.180543
Ähnlich weit vom Edinburgh Castle entfernt wie der Caravan Club-Campingplatz, allerdings im Süden der Stadt. Günstig zur Ringstraße A 720 gelegen.

C 202 **Linlithgow – Loch House Farm Caravan Park** (S. 172 D4)
EH49 7RG
Koordinaten: 55.981447, -3.614704
Direkt an der Autobahn und durch diese von der Stadt abgetrennt, die aber zu Fuß dennoch sehr leicht zu erreichen ist.

C 203 **Falkirk Wheel** (S. 172 E4)
Rough Castle Farm, Falkirk FK1 4RX

Einen schönen Blick auf die Ochil Hills hat man vom Woods Caravan Park.

Koordinaten: 55.992486, -3.843011
Sehr einfacher Übernachtungsplatz mit kleinem Sanitärgebäude, nur 800 Meter südlich vom Falkirk Wheel entfernt.

C 204 **Blair Drummond Caravan Park Caravan Club Site** (S. 172 B3)
Cuthil Brae, Stirling, FK9 4UP
Tel. 0044/(0)1786/84 12 08
www.caravanclub.co.uk
Koordinaten: 56.167836, -4.051922
Westlich von Stirling, etwas abseits, dafür in direkter Nachbarschaft zu Safari- und Abenteuerpark.

C 205 **Stirling – Witches Craig Caravan & Camping Park** (S. 172 C3)
Blairlogie, Stirling, FK9 5PX
www.witchescraig.co.uk
Koordinaten: 56.148127, -3.898392
Kleiner Campingplatz an der A 91, östlich vom Wallace Monument.

C 206 **The Woods Caravan Park Caravan Club Site** (S. 172 C3)
Diverswell Farm, Fishcross, Alloa
Stirling, FK10 3AN
Tel. 0044/(0)1259/76 28 02
www.thewoodscaravanpark.co.uk
Koordinaten: 56.142020, -3.780839
Zwischen Stirling und Dollar gelegen, mit wunderbarem Blick auf die ersten Ausläufer der Highlands.

Oft wird auch unterhalb des Wallace Monuments übernachtet.

3 AUF DER SUCHE NACH DEM UNGEHEUER VON LOCH NESS

Von Stirling auf die Orkney-Inseln

Geradewegs verläuft die Fahrt nach Norden, wobei wir uns die Sehenswürdigkeiten rechts und links der M9 anschauen. Da wären zum Beispiel die prähistorischen Crannógs an verschiedenen Lochs im Tay Forest Park und der Cairngorms Nationalpark, der uns Wandermöglichkeiten oder eine Fahrt mit einer Standseilbahn bietet. Südlich von Inverness begeben wir uns auf die Suche nach Nessie, dem legendären Ungeheuer, bevor wir im Norden des Landes die offiziell kürzeste Straße der Welt besuchen, für die jedes Wohnmobil zu groß ist. Zum Abschluss der Tour nehmen wir die Fähre zu den Orkney-Inseln, wo wir die Gelegenheit haben, ein Ticket für den kürzesten Linienflug der Welt zu buchen.

Auf dem Weg nach Norden wird die Landschaft immer hügeliger und einsamer.

Farbenfrohe Häuser sind in Schottland eher eine Ausnahme.

Als wir auf Stirling Castle standen und nach Osten in Richtung Wallace Monument blickten, sahen wir in der Ferne die Ochil Hills. Diese rund 35 Kilometer lange Hügelkette passieren wir nun auf der M 91 an ihrer südlichen Flanke. Die Ochil Hills sind mit dem Fahrzeug nicht zugänglich, bieten aber einige Wandermöglichkeiten, unter anderem auf ihren höchsten Gipfel. Der Ben Cleuch ist 721 Meter hoch und bietet eine wunderbare Rundumsicht. Nach Norden erkennt man die südlichen Highlands, während der Blick nach Süden natürlich über den Firth of Forth hinweg reicht. Außerdem sind die Ochil Hills von mehreren Windkrafträdern und Stauseen zur Stromerzeugung geprägt.

Nach kurzer Zeit erreichen wir die Ortschaft **Dollar**, wo wir links zum Campbell Castle abbiegen können. Entlang eines kleinen Bachs und auf engen Straßen geht es leicht bergauf zum Schlossparkplatz (56.171933, -3.671238), doch Fahrer von größeren Wohnmobilen sollten sich lieber einen Abstellplatz im Ortskern suchen und sich auf einen längeren Fußweg einstellen. Man muss natürlich zugeben, dass Castle Campbell nur eine von vielen Burgen in Schottland ist, doch die Lage am Fuße der Ochil Hills macht es zu einem schönen Fotomotiv, wenn sich die Hügel hinter der Schlossruine sanft erheben. Gebaut wurde die Anlage im 16. Jahrhundert. Heute steht sie unter der Verwaltung von Historic Scotland und kann besichtigt werden.

KINROSS HOUSE UND GARTEN

Wir bleiben auf der M 91 und sollten wenig später bei Milnathort einen kleinen Abstecher nach Süden einlegen. Dort erwartet uns in **Kinross** (56.199008, -3.422554) das gleichnamige neoklassizistische Herrenhaus aus dem späten 17. Jahrhundert. Bauherr war ein gewisser Sir William Bruce, der mit Robert the Bruce nichts gemein hat, sondern vielmehr als Architekt tätig war und zum Beispiel auch für den Umbau des Holyrood Palace in Edinburgh verantwortlich zeichnet. Betritt man das Grundstück durch das einladende Tor, so erreicht man zunächst auf einem 400 Meter langen Zufahrtsweg eine gepflegte Rasenfläche, die so groß ist wie drei Fußballfelder und hinter der sich das Herrenhaus erhebt. Doch erst hinter dem

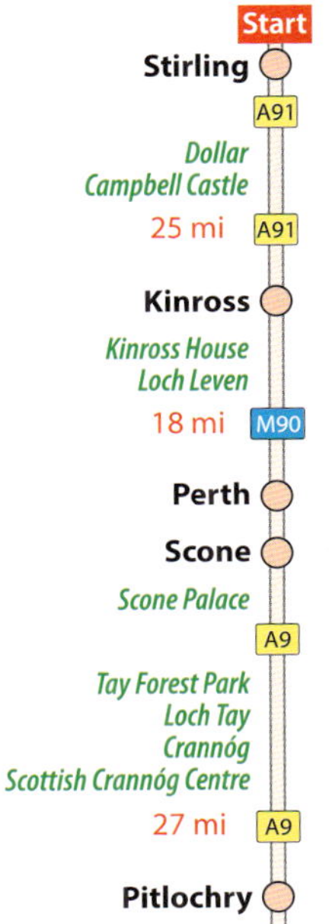

Diese Kunstgalerie lädt zum Besuch und Verweilen in Perth ein.

Gebäude, das ebenfalls von Historic Scotland verwaltet wird, ist der schönste Teil des Landschaftsgartens zu sehen. Das Besondere an dem Garten und Kinross House ist die Lage direkt am Ufer des Loch Leven und die Tatsache, dass William Bruce eine Sichtachse auf eine kleine Insel im See anlegen ließ. Diese Insel ist wiederum berühmt für die Burgruine von Loch Leven Castle. Die aus dem 13. Jahrhundert stammende Burg war zwischen den Engländern und Schotten immer wieder heiß umkämpft. Bekannt wurde die Anlage als Ort, wo Maria Stuart festgehalten wurde. Die im Jahr 1542 auf Linlithgow Castle geborene Maria wurde bereits im Alter von sechs Tagen im Stirling Castle zur Königin gekrönt. 25 Jahre und zahlreiche Ereignisse später, die mehrfach verfilmt wurden, wurde Maria Stuart festgenommen und verbrachte ein Jahr auf der Insel im Loch Leven, bis ihr die Flucht gelang. Besucher der Insel haben es heute deutlich einfacher und können die kleine Fähre nutzen, um zum Loch Leven Castle zu gelangen. Achtung: Wohnmobile dürfen die Straße zum Fähranleger nicht befahren.

ÜBER PERTH ZUM SCHOTTISCHEN KRÖNUNGSORT

Auf der gut ausgebauten Autobahn M 90 erreichen wir nach einer kurzen Fahrzeit von weniger als einer halben Stunde die Stadt **Perth**. Sie war Namensgeber für die deutlich bekanntere Stadt Perth im südlichen Australien und erstreckt sich am Fluss Tay. Direkt am Flussufer und mit nur wenigen Gehminuten in das kleine Zentrum der Altstadt kann man sein Wohnmobil auf einem Großparkplatz abstellen. Die Partnerstadt von Aschaffenburg hat zwar keine bedeutsamen Wahrzeichen, besitzt jedoch einige historische Bauwerke. Dazu zählt zum Beispiel die St. John's Kirche in der Fußgängerzone, die im 15. Jahrhundert entstand und auf Grundmauern einer 300 Jahre älteren Kirche erbaut wurde. Besonders stolz ist man auf das älteste nicht-sakrale Gebäude der Stadt, das Fair Maid House (56.398201, -3.430246), das gleich gegenüber der modernen Konzerthalle im Norden der Altstadt liegt. Das Haus hielt auch Einzug in dem Roman »Das schöne Mädchen von Perth« von Sir Walter Scott. Nur wenige Meter vom kleinen Steinhaus entfernt überspannt eine von vier Brücken den Fluss Tay. Die Bogenbrücke existiert nach fünf Jahren Bauzeit bereits seit dem Jahr 1771 und ist noch heute eine der wichtigsten Verkehrsverbindungen der Stadt. Auf dem Weg vom Fair Maid House zur Brücke passiert man noch die Kunstgalerie, die mit ihren vier ionischen Säulen schon von außen einen imposanten Eindruck erweckt.

Über die Brücke gelangt man nach einer weiteren kurzen Fahrt nach **Scone**. Der Ortsname hat nichts mit dem in Großbritannien weit verbreiteten, gleichnamigen Gebäck zu tun und wird mit »Skuhn« auch deutlich anders ausgesprochen. Das kleine Städtchen Scone hat in seiner heutigen Form keine Bedeutung mehr und entstand in der ersten Hälfte des 19. Jahrhunderts als New Scone. Das alte und ursprüngliche Scone existierte bis dahin weiter westlich und wurde abgetragen, um dem dortigen Schlosspark und dem Scone Palace (56.421980, -3.436244) Platz zu schaffen. Das dreistöckige neogo-

Kinross House ist ein stattliches Herrenhaus am Loch Leven.

tische Schlossgebäude wurde auf dem Moot Hill errichtet, der in den Jahrhunderten zuvor eine große Bedeutung in der schottischen Entwicklung hatte. Denn hierher wurde der Stone of Scone oder auch Stone of Destiny verbracht, der Ende des 13. Jahrhunderts von König Eduard I. als Kriegsbeute nach London entführt wurde und erst im Jahr 1996 wieder zurück nach Schottland kam. Das bedeutet, dass auf diesem Hügel, auf dem sich nun Scone Palace erhebt, fast alle schottischen Könige gekrönt wurden.

Der Fluss Tay, der sich zwischen Perth und Scone durch die Landschaft schlängelt, ist der längste Fluss Schottlands. Er entspringt nördlich des Sees Loch Lomond, den wir später noch kennenlernen werden, und mündet nach fast 200 Kilometern bei Dundee in die Nordsee. Auf der M9 folgen wir dem Fluss in Richtung Norden und lassen die größten Städte Schottlands langsam hinter uns. Rechts und links der Straße erheben sich sanft die bewaldeten Hügel des Tay Forest Parks. Besonders westlich der M9 besticht er durch mehrere Seen, die sich überwiegend von Ost nach West erstrecken – eine Erscheinungsform, die durch die Rückbildung von eiszeitlichen Gletschern oft zu sehen ist. So ist zum Beispiel der Loch Tay nur eineinhalb Kilometer breit, bringt es aber in der Länge auf satte 26 Kilometer. Er wird vom gleichnamigen Fluss mit Wasser gespeist bzw. durchquert, ist aber leider mit dem Wohnmobil kaum einen Abstecher wert. Die einzige Straße, die man als Hauptstraße bezeichnen könnte, ist die A827 am Nordufer des Sees. Dennoch ist sie nicht besonders breit und bietet darüber hinaus kaum Haltemöglichkeiten. Überdies ist der gesamte Loch Tay nur schwer zugänglich. Besuchenswert ist das Scottisch Crannóg Centre (56.578924, -4.004018) am Südufer, gleich in der Nähe

SPECIAL

CRANNÓG

Bei einem Crannóg handelt es sich um eine frühzeitliche Insel, die durch Baumstämme und Steine künstlich errichtet wurde. Die meist runden Inseln sind vor allem in Schottland und in Irland verbreitet gewesen, woher auch der Name stammt, denn als Crann wird im Irisch-Gälischen ein Baumstamm bezeichnet. Die meisten Inseln haben einen Durchmesser von maximal 30 Metern. Ausgiebig erforscht wurden sie ab dem 19. Jahrhundert, als zahlreiche Feuchtgebiete trockengelegt wurden und die einstigen Inseln zutage kamen. Mittlerweile geht man davon aus, dass rund 3000 Crannógs existieren. Das Scottish Crannóg Centre wurde vom Scottish Trust for Underwater Archaeology eingerichtet und präsentiert einige Rekonstruktionen dieser zum Teil 2500 Jahre alten Inseln.

Weite Landschaften prägen den Norden Schottlands.

der Ortschaft Kenmore, die sich am östlichen Ende des Sees befindet.

Nördlich des Abzweigs zum Loch Tay gelangen wir auf der M 9 durch das Tal des Flusses Tummel in die Ortschaft **Pitlochry**. Gleich zu Beginn der Ortschaft sehen wir auf der rechten Seite die Whiskybrennerei Blair Atholl (56.697912, -3.721823). Sie wurde Ende des 18. Jahrhunderts gegründet und beherbergt heute neben dem obligatorischen Whiskyshop auch ein Besucherzentrum. In zwei der drei angebotenen Führungen der Destillerie darf von einem zwölf Jahre alten Single Malt-Whisky probiert werden. Nur vier Minuten Fahrzeit von der Whiskybrennerei, aber etwas außerhalb von Pitlochry befindet sich mit Edradour eine weitere Destillerie (56.701177, -3.702278). Sie ist die kleinste in ganz Schottland und stellt pro Woche gerade einmal zwölf Fässer her. Damit kommt Edradour auf rund 90 000 Liter pro Jahr. Zum Vergleich: Die Brennerei Loch Lomond in der Kleinstadt Alexandria produziert jährlich zwölf Millionen Liter. Auch in Edradour gibt es ein Besucherzentrum, das im Verhältnis zur Größe der Brennerei sehr gut besucht wird. Würde jeder Besucher einen Liter des Edradour-Whiskys erwerben, würde dieser nicht ausreichen. Im Anschluss an die rund einstündige Führung darf man natürlich noch in einer Bar einkehren und sich mit dem sogenannten »Wasser des Lebens« eindecken.

Um den nächsten See zu erreichen, muss man am nördlichen Ortsausgang die M 9 meiden und der kleineren B 8019 folgen. Doch noch bevor wir auf der kleinen Straße das Ufer vom Loch Tummel erreichen, bietet sich am sogenannten Queen's View (56.716800, -3.856778) ein wunderbarer Ausblick auf das ebenfalls lang gestreckte Gewässer mit seinen kleinen Inseln. Auch Loch Tummel ist gerade einmal einen Kilometer breit, bietet dafür aber das Elffache an Länge. Leider ist hier ebenfalls die Anzahl der Halteplätze überschaubar und so kann es schnell passieren, dass man den See auf seiner Nordseite bereist und sein Ende erreicht hat. Weiter geradeaus würde man durch das Tal des Flusses Tummel fahren und mit dem Loch Rannoch gleich noch auf einen ähnlich gearteten See stoßen. Die Landschaft rund um die Gewässer gehört immer noch zum Tay Forest Park und bietet auf den Höhen rund um die Seen zahlreiche Wandermöglichkeiten. Gleiches gilt auch für den Loch Ericht, der ebenfalls über die M 9 in nördlicher Richtung zu erreichen ist. Dieses Gewässer erstreckt sich von Südwest nach Nordost und bringt es auf eine Länge von 23 Kilometern bei einer überschaubaren Breite von knapp 1000 Metern.

Am nördlichen Ende des Sees befindet sich die kleine Ortschaft **Dalwhinnie**, die immerhin über einen kleinen Bahnhof verfügt. Bekannter dürfte der Ort bei Whiskykennern sein. Die Brennerei am Ortsrand (56.940070, -4.238593) wurde 1897 gegründet und bezeichnet sich gerne als eine der am höchsten gelegenen Destillerien Schottlands, immerhin sind wir hier auf über 300 Metern. Auch diese Brennerei lädt mit einem Besucherzentrum zu Rundgängen und Verkostungen ein.

Wir bleiben auf der M 9 und erreichen das Tal des 173 Kilometer langen Flusses Spey. Er entspringt in den Highlands und mündet im Nordosten in die Nordsee. Er ist Namensgeber für die Region Speyside. Allerdings handelt es sich hier weder um eine geografische noch um eine politische Region. Vielmehr wird damit eine der vier Whiskyregionen Schottlands bezeichnet (siehe Route 4). Kurioserweise existiert jedoch eine Brennerei namens Speyside, die eben nicht in dieser Region, sondern gleich hier in der Nähe des Flusslaufs steht (57.069601, -3.988945), allerdings besitzt sie kein Besucherzentrum und kann daher nicht besichtigt werden.

IM GEOGRAFISCHEN ZENTRUM SCHOTTLANDS

Auf dem Weg nach Norden passieren wir nach kurzer Zeit die Zufahrt zum Campingplatz **Invernahavon**. Hier besteht die Möglichkeit, den geografischen Mittelpunkt Schottlands aufzusuchen. In der Regel haben viele Regionen, Länder oder Verwaltungseinheiten eine Markierung in Form einer Stele, eines Denkmals oder eines Findlings für ihren geografischen Mittelpunkt aufgestellt. Der englische Mittelpunkt befindet sich beispielsweise in einem kleinen Dorf namens Meriden, das östlich von Birmingham liegt. Auch Großbritannien hat in Haltwhistle am Rande des Northumberland Nationalparks eine Markierung für den Mittelpunkt der Insel gesetzt. Nur in Schottland ist wieder alles ein wenig anders. Wenn man nämlich der Straße am Campingplatz für rund 1300 Meter folgt, erreicht man zwar ein Denkmal inklusive kleiner Parkmöglichkeit und einer tollen Aussicht in das Flusstal, doch hierbei handelt es sich um ein Denkmal zu Ehren des Clan-Chefs Ewen MacPherson of Cluny. Der geografische Mittelpunkt ist weniger deutlich markiert und erfordert ein wenig Geduld bei der Suche. Vor dem MacPherson-Denkmal befindet sich nämlich eine typische Steinmauer. Folgt man dieser Steinmauer zu Fuß rund 50 Meter zurück, dann wird man ungefähr gegenüber der kleinen Einfahrt einen einzelnen Stein in der Mauer finden, in den ein Kreuz eingeritzt wurde. (57.020021, -4.178285) Gefunden? Von hier aus ist es zu den vier entferntesten Punkten Schottlands gleich weit entfernt.

Mit dem geografischen Mittelpunkt haben wir zudem auch den **Cairngorms Nationalpark** erreicht. Allerdings befinden wir uns damit gerade einmal am Rande des 3800 Quadratkilometer großen Areals. Der Nationalpark ist der größte in Großbritannien und noch relativ jung. Erst im Jahr 2003 wurde er vom schottischen Parlament ins Leben gerufen. Weite Teile des Parks, der sich nach Osten hin erstreckt, sind sehr schwer zugänglich. Das bergige Gelände ist von Heide bewachsen, besitzt zahlreiche Moore und viele tiefe Seen. Kein Wunder also, dass Wildkatzen, Rehe, Otter, Dachse, Steinadler und Auerhühner sich hier prächtig ausbreiten können. Benannt ist der Nationalpark nach der Berggruppe Cairngorms, die bis zu 1309 Meter in die Höhe ragt. Der höchste Punkt ist der **Ben Macdhui**, zugleich zweithöchster Berg Großbritanniens bzw. Schottlands.

Dieses unscheinbare Kreuz in einer Steinmauer markiert den geografischen Mittelpunkt von Schottland.

WANDERUNG

CAIRN GORM

Wer den Cairn Gorm bezwingen möchte, muss bereits an der Talstation auf eigene Faust losziehen. Wer dabei genug Zeit, Ausdauer und die richtige Kleidung mitbringt, der kann eine tolle Rundwanderung mit einer Länge von 17,5 Kilometern erleben. Westlich vom Cairn Gorm steigt ein einfach zu gehender Wanderweg relativ flach an und bringt uns geradewegs in südlicher Richtung bis zum Ben Macdhui. Ein wenig aufpassen sollte man hier auf den großen, grauen Mann, der rund um den Ben Macdhui sein Unwesen treiben soll. Die Rede ist von Am Fear Liath Mòr, einem sechs Meter großen Wesen, das mit Yeti oder Bigfoot zu vergleichen wäre. Einige Bergwanderer berichten von einem unguten Gefühl bei ihren Wanderungen und von Schritten in ihrer Nähe, ohne jemanden gesehen zu haben, und schrieben dies einem Wesen zu, das hier Angst und Schrecken verbreitet. Entgegen dem Uhrzeigersinn geht die Wanderung dann weiter zum Cairn Gorm und von dort wieder hinab zum Parkplatz. Bei guter Sicht kann man unterwegs sogar den höchsten Berg Großbritanniens sehen. Der Ben Nevis befindet sich rund 85 Kilometer Luftlinie westlich des Ben Macdhui. Allerdings sollte man nicht darauf hoffen, denn statistisch gesehen ist der Ben Nevis nur an zehn Tagen im Jahr nicht von Wolken umhüllt. Das Wetter sollte ohnehin nicht unterschätzt werden, zu keiner Jahreszeit. Im November 1971 kam es am Cairn Gorm zu einem Unglück, als eine Schülergruppe mit ihrem Begleiter in einen Blizzard geriet. Alle sechs Personen starben. Im Winter ist diese vorgeschlagene Wanderung sowieso nur mit entsprechender Ausrüstung, wie zum Beispiel Eispickeln, machbar.

Um den Berg bzw. den zentralen Teil des Nationalparks zu erreichen, sollten wir südlich von Aviemore die M9 verlassen und uns in Richtung des sechs Meilen entfernten Glenmore halten. Hinter Glenmore steigt die Straße in weiten Kurven an und hält bereits tolle Ausblicke für uns bereit. Es folgen zwei Großparkplätze, von denen aus wir interessante Erkundungen in den Nationalpark machen können (57.134127, -3.670798). Beginnen wir mit der einfachsten Möglichkeit und zwar mit einer Fahrt in der höchstgelegenen Standseilbahn Großbritanniens. Diese wurde 2001 eingeweiht und ersetzte einen 40 Jahre alten Sessellift, der hier in der teilweise stürmischen Region problematisch war. Nun können die 460 Höhenmeter auf einer Strecke von zwei Kilometern ganz bequem auf einem zwei Meter breiten Gleis überwunden werden. Die Bahn fährt mit elf Meilen pro Stunde ganz gemächlich und durchquert zum Abschluss noch einen 250 Meter langen Tunnel, der gerne als höchstgelegener U-Bahn-Tunnel Großbritanniens bezeichnet wird. Als Ergebnis befindet man sich in der Bergstation Ptarmigan, was nichts anderes bedeutet als Schneehuhn. Die Bergstation beherbergt eine Aussichtsterrasse und ein Restaurant – natürlich das höchstgelegene Großbritanniens – und befindet sich an der Nordflanke des 1245 Meter hohen Gipfels Cairn Gorm. 150 Höhenmeter fehlen noch, um diesen Berg zu erreichen. Nachteil dieser nicht gerade günstigen Bergfahrt ist aber die Tatsache, dass es sich für die Passagiere um eine Sackgasse handelt. Zum Schutz der Landschaft und Wildnis vor den Besucherströmen hat man sich nämlich dazu entschlossen, dass die Fahrgäste die Bergstation nur verlassen dürfen, wenn sie sich einer geführten Gruppe anschließen.

Am Loch Ness ist alles auf die Suche nach dem legendären Nessie ausgerichtet.

Der Cairngorms Nationalpark ist überdies aber auch Standort des berühmten Balmoral Castle. Dieses befindet sich in beinahe gerader Linie östlich des Ben Macdhui im Tal des Flusses Dee und wird in Route 4 näher vorgestellt. Für weitere Informationen zum Nationalpark stehen die zahlreichen Besucherzentren bzw. Tourismusinformationen zur Verfügung. In Aviemore befindet es sich zum Beispiel in der Grampian Road (57.189150, -3.829379).

Nördlich von Aviemore bleiben wir der M 9 weiterhin treu, durchqueren ein enges Tal und erreichen das Tal des 100 Kilometer langen Flusses Findhorn. Der schnelle und reißende Fluss ist weniger für das Schwimmen geeignet, zieht aber zahlreiche Lachse und Forellen und somit natürlich auch Angler an.

INVERNESS: TOR ZU LOCH NESS

Wir überqueren den Fluss und erreichen nach rund einer halben Stunde Fahrt ab Aviemore die Stadt **Inverness** (57.477337, -4.222671) an der Bucht namens Moray Firth. Inverness blickt zwar auf eine spannende Geschichte zurück, ist aber kein Ort, an dem man länger als nötig verweilen möchte. Das gilt insbesondere, da die Stadt als Tor zum Loch Ness gilt und der weltberühmte See mit Nessie lockt. Die Stadt, die sich auf beiden Seiten des Flusses Ness erstreckt, ist aber auch bekannt für Macbeth. Der schottische König lebte im 11. Jahrhundert in Inverness und war mit seinem Cousin Duncan I. zerstritten und tötete diesen in einer Schlacht im 60 Kilometer entfernten Elgin. William Shakespeare nahm diese tragische Geschichte auf und schrieb im 17. Jahrhundert die Tragödie »Macbeth«, wobei er jedoch viele historische Tatsachen ignorierte und die Geschichte anders erzählte. So fand bei ihm der Mord an Duncan I. beispielsweise auf Inverness Castle statt.

Ein Schloss gibt es in Inverness auch heute noch. Es erhebt sich am östlichen Ufer des Flusses auf einem kleinen Hügel, wurde jedoch erst in der ersten Hälfte des 19. Jahrhunderts im viktorianischen Stil gebaut. Es ersetzte die mittelalterliche Verteidigungsanlage aus dem 11. Jahrhundert an gleicher Stelle und beherbergt heute das Gericht. Schräg gegenüber befindet sich am anderen Flussufer die St. Andrew's Cathedral, ebenfalls aus dem 19. Jahrhundert stammend. Das Zentrum von Inverness ist jedoch schnell zu Fuß durchquert und ist mit seinen Geschäften ziemlich austauschbar. Hübsch anzusehen ist noch die kleine Fußgängerbrücke, die den Fluss Ness überspannt, doch die eigentliche Sehenswürdigkeit in der näheren Umgebung ist zweifellos das südlich der Stadt gelegene Loch Ness, das in weniger als einer halben Stunde auf der A 82 erreicht wird.

In Drumnadrochit kommt man nicht daran vorbei, sich mit Nessies Geschichte zu befassen.

MIT DER KAMERA IM ANSCHLAG AUF NESSIE-SUCHE

Rein optisch unterscheidet sich **Loch Ness** kaum von den anderen Seen, die wir bisher auf dieser Route kennengelernt haben. Auch Loch Ness ist ein lang gestreckter See, der

Drumnadrochit
Loch Ness
A82
A9
Dunrobin Castle
120 mi
Wick
Ebenezer Place
John o'Groats
19 mi
Gills

SPECIAL

NESSIE

Schon im Mittelalter gab es Beschreibungen eines unbekannten Wesens, das sich im Loch Ness aufhalten soll. Doch berühmt wurde Nessie erst im Jahr 1933, als es nicht nur im See, sondern auch in Pressemeldungen in den örtlichen Zeitungen erschien. Schon bald sprangen überregionale Zeitungen darauf an und schickten ihre besten Reporter nach Schottland, um über das Ungeheuer zu berichten. Herausgekommen sind Artikel, die auf Gerüchten basieren und Fotos, bei denen die Echtheit bis heute nicht erwiesen werden konnte. Für die Region ist Nessie natürlich ein Glücksgriff, denn kaum ein anderes Loch zieht die Touristen so in seinen Bann wie Loch Ness. Auch zahlreiche Wissenschaftler nahmen sich der Sache an und erforschten mehrfach den See – ohne Ergebnis. Aber Erklärungen für die angeblichen Nessie-Sichtungen hat man gefunden und zwar ganz viele. Mal sollen es Robben gewesen sein, ein anderes Mal Holzstämme, Vögel, schwimmende Hirsche, fliegende Fische, Störe, Luftspiegelungen oder sogar Wellenbewegungen. Tatsächlich ist Nessie zu einem Massenphänomen geworden und ist hier nicht mehr wegzudenken. Selbst der amerikanische Suchmaschinenkonzern Google macht sich bei seinem Kartendienst Google Maps einen Spaß daraus, das für Streetview bekannte Männchen im Umfeld von Loch Ness als grünes Nessie mit Schottenmütze darzustellen.

durch Gletscherbewegungen entstand. Er ist rund 1500 Meter breit, dafür jedoch bis zu 37 Kilometer lang. Seine Besonderheit ist aber die Tiefe von immerhin 230 Metern, was ihn zum zweittiefsten See Großbritanniens macht. Teilweise fällt der See schon wenige Meter vom Ufer entfernt extrem steil ab. Bekannt und beliebt ist er vor allem auch wegen seines Fischreichtums, nicht zuletzt deshalb, weil Lachse aus dem Atlantik den See als Laichgrund nutzen. Loch Ness kann zwar theoretisch umrundet werden, doch ist die Straße auf der Ostseite recht schmal und für Wohnmobile weniger geeignet. Der touristisch interessantere Teil befindet sich mit der Ortschaft **Drumnadrochit** und dem Urquhart Castle ohnehin am westlichen Ufer, ungefähr auf halber Strecke zwischen Nord- und Südzipfel von Loch Ness.

Während wir also auf der A 82 südwärts fahren, können wir zugleich auf der linken Seite Ausschau nach Nessie, dem Ungeheuer von Loch Ness, halten.

Auch oder gerade Drumnadrochit, wo wir mittlerweile angekommen sind, und das noch nicht einmal direkt um Ufer liegt, lebt natürlich vom Nessie-Tourismus und bietet gleich mit zwei Besucherzentren Informationen zum Ungeheuer (57.337331, -4.477596). In den benachbarten Andenkenläden ist es schwer, ein Souvenir zu finden, auf dem Nessie nicht skizziert oder erwähnt wird. Aber gerade das macht den Ort und den See aus, denn ohne Nessie wäre Loch Ness nur einer von vielen anderen Seen.

Auch mit diesem U-Boot ging man bereits auf Tauchstation und suchte nach dem Seeungeheuer.

URQUHART CASTLE UND SEINE BEWEGTE GESCHICHTE

Wenn wir Drumnadrochit durchqueren, kommen wir schnell wieder zum Ufer von Loch Ness zurück und erreichen eine der besucherstärksten Burgruinen des Landes. Urquhart Castle (57.324176, -4.444675) entstand im 13. Jahrhundert und entwickelte sich zu einer der größten Burgen Schottlands. Sie wurde direkt am westlichen Ufer des Lochs errichtet und bestand aus einer Ringmauer, die ein hölzernes Wohngebäude umschloss. Noch an der Wende zum 13. Jahrhundert gab es immer wieder Kämpfe um die Burg, die zwischenzeitlich von den Engländern erobert werden konnte. Robert the Bruce war es jedoch, der die Burg schließlich endgültig für die Schotten zurückeroberte. Anschließend wurde Urquhart Castle zwar befestigt und erweitert, doch ab dem 17. Jahrhundert diente es keinem Zweck mehr und verfiel, während die lokale Bevölkerung die Ruine als Steinbruch nutzte. Die am besten erhaltenen Teile der Burg liegen im nördlichen Bereich, wo sich der sogenannte untere Burghof befindet. Verwaltet wird die Burganlage heute von Historic Scotland und schon bei der Anreise auf dem Großparkplatz erahnt man das Besucheraufkommen.

Wie eingangs erwähnt, ist eine Umrundung von Loch Ness möglich, aber wenig empfehlenswert, weswegen wir nach dem Besuch von Schloss und den Nessie-Besucherzentren wieder in Richtung Inverness zurückfahren und erneut der bekannten M9 nach Norden folgen.

Mehrfach überqueren wir auf Brücken und Dämmen verschiedene Firths, bis wir nördlich der kleinen Ortschaft Golspie auf das Dunrobin Castle aufmerksam werden. Wir biegen rechts ab, durchqueren einen kleinen Wald und freuen uns über die ausreichenden Parkmöglichkeiten direkt vor dem stolzen Schloss, das nur wenige Meter von der schottischen Küste entfernt erbaut wurde (57.982269, -3.945822). Der einstige mittelalterliche Wohnturm aus dem 13. Jahrhundert wurde im Laufe der Zeit mehrfach zum heutigen Gebäudekomplex erweitert, der wiederum im 19. Jahrhundert zum heutigen Schloss ausgebaut wurde. Es soll mit seiner Optik an die klassischen Schlösser Frankreichs erinnern. Auffällig sind die zahlreichen Türmchen, wobei der schönste wohl der Uhrenturm an der Frontseite sein dürfte. Zwi-

Die Häuserfront mit der Tür ist die kürzeste Straße der Welt.

KULTUR

DIE KÜRZESTE STRASSE DER WELT

Wick ist kein klassischer Urlaubsort und bietet auch keine nennenswerten Sehenswürdigkeiten. Dennoch lohnt sich ein kurzer Stopp, im wahrsten Sinne des Wortes, vor der Brücke über den Wick River (58.441276, -3.094318). Dort trifft die M99 an einem Kreisverkehr auf die Station Road, die Bridge Street und auf die River Street. So weit ist das erst mal nichts Ungewöhnliches, doch auf der rechten Seite erhebt sich ein Gebäude mit einer schmalen Fassade. Es reicht gerade mal der Platz für eine Tür im Erdgeschoss sowie jeweils ein Fenster in den beiden darüberliegenden Etagen. Ganz oben prangt schließlich die Inschrift Ebenezer Place in der Hauswand. Der Ebenezer Place gilt laut Guinnessbuch der Rekorde als kürzeste Straße der Welt und ist gerade einmal zwei Meter lang, exakt die Breite der Hausfassade. Im Gebäude mit der Hausnummer 1 befindet sich ein Hotel.

Ankunft in John o'Groats, weiter nach Nordosten geht es nur per Schiff.

Der nördlichste Punkt auf dem britischen Festland heißt Dunnet Head und liegt oft im Nebel.

schen dem Schloss und dem Strand erstreckt sich ein gepflegter Garten, der zusammen mit dem Schloss ein tolles Fotomotiv abgibt.

Ein letztes Mal fahren wir auf der M9 nach Norden, die hier zur Küstenstraße wird und uns während der Fahrt gelegentlich Ausblicke auf das Meer ermöglicht. Sie ist mit über 250 Meilen übrigens die längste Fernstraße Schottlands und verbindet Stirling mit dem kleinen Hafenort Scrabster. In einem kleinen Weiler namens Latheron zweigt die M9 mit der Ausschilderung Scrabster nach links ab, doch wir bleiben geradeaus und genießen die Fahrt auf der M99 weiterhin in Küstennähe bis zur Ortschaft **Wick**.

VON LANDS END NACH JOHN O'GROATS – VOM ERSTEN BIS ZUM LETZTEN HAUS

Auf der M99 verlassen wir Wick, passieren den kleinen Flughafen und erreichen nach einer halben Stunde Fahrzeit die Ortschaft

SPECIAL

JOHN O'GROATS

Hier befinden wir uns am nordöstlichsten Punkt der britischen Hauptinsel und keine zwei Orte auf der Insel sind weiter entfernt als diese beiden. Daher gibt es in Großbritannien auch die Redewendung »From Land's End to John o'Groats«, wenn man eine sehr weit entfernte Strecke meint. Während sich in Land's End ein großes Besucherzentrum mit zahlreichen Einkehrmöglichkeiten befindet, ist man hier im Nordosten etwas verhaltener, was vermutlich auch an dem geringeren Besucheraufkommen liegt, doch sind auch hier einige touristische Angebote vorhanden. An beiden Orten gibt es zum Beispiel die Möglichkeit, sich an einem entsprechenden Hinweisschild fotografieren zu lassen und beide Gemeinden beanspruchen das »First and last house« für sich. Außerdem existiert der Land's End and John o'Groats Club, der eine Urkunde ausstellt, wenn man nachweist, dass man auf einer Reise sowohl Land's End als auch John o'Groats besucht hat. Die Strecke wird gerne für Radreisen oder Wanderungen gewählt. Wanderer legen in der Regel 1200 Meilen zurück, während Radreisende auf öffentlichen Straßen nur 814 Meilen zu fahren brauchen. Gerne werden diese Fahrten für einen guten Zweck durchgeführt oder um sich gegenseitig mit Rekorden zu übertrumpfen. So liegt der derzeitige Geschwindigkeitsrekord für das Zurücklegen der Strecke mit dem Fahrrad bei einem Tag, 19 Stunden und 25 Minuten für eine Fahrt von 1387 Kilometern. Der Rekord, die Distanz joggend zu überwinden, war nach neun Tagen und zwei Stunden gebrochen. Die älteste Person, die in Land's End mit dem Fahrrad startete, war ein zum Zeitpunkt der Reise 81 Jahre alter Mann, der 162 Tage brauchte, bis er im Mai 2014 in John o'Groats ankam.

John o'Groats. John o'Groats ist nur ein Weiler mit ein paar Häusern, einem Campingplatz, einem Hotel und einem kleinen Hafen. Dennoch ist der Ortsname in ganz Großbritannien bekannt, denn John o'Groats ist das geografische Gegenstück zu Land's End in Cornwall ganz im Südwesten Englands.

Wer allerdings den wirklich nordöstlichsten Punkt der britischen Hauptinsel aufsuchen möchte, muss auf der kleinen Straße noch ein kurzes Stück weiter nach Osten. Dort gelangt man nach Duncansby Head. Auf der Steilküste erhebt sich ein Leuchtturm aus dem Jahr 1924, während in den Klippen mit etwas Glück Papageitaucher in ihren Nestern zu sehen sein können.

John o'Groats ist aber nicht nur bekannt für die Redewendung oder für Langstreckenrekorde, sondern auch für seinen kleinen Hafen, von dem aus man auf die Orkney-Inseln gelangt. Jedoch ist hier die Fahrt nur als Fußpassagier möglich. Nach rund 40 Minuten hat man in Burwick, einem Weiler auf der Insel South Ronaldsay, übergesetzt. Von dort geht es dann mit einem Shuttlebus weiter nach Kirkwall. Im Juni, Juli und August verkehrt die Fähre dreimal täglich, im Mai und September nur morgens und abends. In den anderen Monaten existiert hier kein Fährverkehr.

Für einen Tagesausflug zu den Orkneys kauft man hier seine Tickets.

Da wir aber ohnehin mit dem Wohnmobil auf die Orkney-Inseln übersetzen möchten, bieten sich zwei andere Häfen weiter westlich an. Da wäre zum einen der Hafen von Gills (58.638832, -3.161621), nur fünf Kilometer von John o'Groats entfernt, und das bereits erwähnte Scrabster bei Thurso (58.612258, -3.547920).

Von **Gills** aus gelangt man nach gut einer Stunde Fahrzeit mit der Fähre nach **St. Margaret's Hope**, ebenfalls auf der Insel South Ronaldsay. Im Juli und August fährt das Schiff der Gesellschaft Pentland Ferrys drei- bis viermal täglich, ansonsten nur dreimal. In den Sommermonaten legt das Schiff morgens

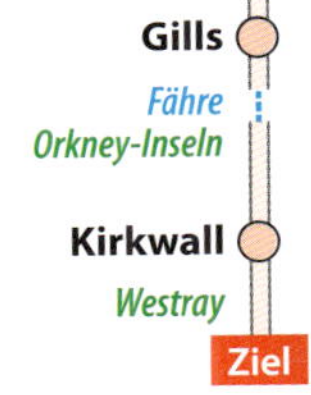

Von John o'Groats kommt man überall hin, die Frage ist nur, wie.

Die Churchill-Barrieren verbinden einige der Orkney-Inseln miteinander.

um 9:30 Uhr zum ersten Mal und abends um 18:45 Uhr zum letzten Mal ab.

Von Scrabster aus gelangt man nach rund 90 Minuten mit Northlink Ferries in die Ortschaft Stromness auf der größten Insel Orkneys, die als Mainland bezeichnet wird. Die Verbindung wird zwischen Mitte Juni und Ende August dreimal täglich durchgeführt. Morgens um 8:45 Uhr verlässt das Schiff zum ersten Mal den Hafen von Scrabster und abends um 19 Uhr zum letzten Mal. An Sonntagen und in der übrigen Zeit des Jahres gibt es nur diese beiden Abfahrten.

DIE ORKNEYS – MIT FÄHREN, DÄMMEN UND EINEM FLUGZEUG

Die Orkney-Inseln bilden ein Archipel aus rund 70 Inseln, von denen **Mainland** nicht nur die größte ist, sondern sogar rund die Hälfte der gesamten Inselfläche ausmacht. 20 von ihnen sind bewohnt. Trotz der Nähe der Inseln zum britischen Festland ist die einfache Überfahrt keine Selbstverständlichkeit. Die Schiffe überqueren auf ihrer Fahrt den mehrere Seemeilen breiten Pentland Firth, der für seinen enormen Gezeitenstrom bekannt ist.

SPECIAL

CHURCHILL-BARRIEREN

Diese Dämme wurden nicht für den besseren Individualverkehr gebaut, sondern um die südlich von Mainland gelegene Bucht Scapa Flow vor deutschen U-Booten im Zweiten Weltkrieg zu schützen. Die Bucht diente nämlich in beiden Weltkriegen als Marinestützpunkt und wurde bereits im Oktober 1939, kurz nach Ausbruch des Zweiten Weltkriegs, von den Deutschen torpediert. U 47 versenkte hier die HMS Royal Oak und tötete damit 833 Besatzungsmitglieder. Das Wrack liegt in rund 30 Metern Tiefe und ist heute wegen eines dortigen Tauchverbots mit einer Boje markiert, die vom Ufer aus gut erkennbar ist. Anschließend wurde daher damit begonnen, die Dämme zu bauen, die jedoch erst vier Tage nach der deutschen Kapitulation im Mai 1945 eingeweiht werden konnten. Noch heute werden die insgesamt 2,3 Kilometer langen Dämme als Churchill Barriers bezeichnet.

Angesichts der Tatsache, dass man bei guter Sicht vom Festland aus die Insel Hoy deutlich erkennen kann, ist es kaum vorstellbar, dass dieser scheinbar kurze Seeweg als einer der schwierigsten zwischen Nordsee und Nordatlantik gilt. Stellenweise fließt das Wasser mit bis zu 30 km/h durch die Engstelle, weshalb im Jahr 2015 damit begonnen wurde, ein Gezeitenkraftwerk zu bauen, das 400 Megawatt Strom erzeugt, womit 175.000 Haushalte versorgt werden können.

Die Hauptinsel Mainland teilt die anderen Inseln in eine nördliche und eine südliche Inselgruppe auf. Bei den Südinseln folgt Hoy als zweitgrößtes Eiland, während South Ronaldsay den vierten Platz belegt. Die drittgrößte Insel ist Sanday, die zur nördlichen Inselgruppe gehört. Rousay, Westray, Stronsay, Shapinsay und Eday folgen als Nächstes. Sämtliche Inseln sind mit Fähren untereinander erreichbar. Lediglich South Ronaldsay hat über Dämme Anbindung zu kleineren Inseln und Mainland.

Die Geschichte der Orkneys ist eng mit Norwegen verbunden. Im ersten Jahrtausend landeten die Wikinger und griffen die hier lebenden Pikten an und vertrieben sie nicht nur, sondern verbreiteten ihre nordische Sprache. Der skandinavische Einfluss schwand nur ganz langsam und war noch bis in das 15. Jahrhundert zu spüren. Noch heute kann man bei Ortsnamen auf den Orkneys den Bezug zu Skandinavien erkennen. So leitet sich der Name der zweitgrößten Ortschaft Stromness von der altnordischen Bezeichnung Straumsnes ab und selbst die Flagge

Die Insel Hoy ist das erste Eiland, das man bei der Fahrt zu den Orkney-Inseln passiert.

Mit Northlink Ferries erreicht man die Orkney-Inseln.

Der Old Man of Hoy ist eine markante Felsnadel, die man bei der Überfahrt in voller Größe genießen kann.

der Orkney-Inseln beinhaltet das skandinavische Kreuz, das in den Flaggen Norwegens, Schwedens und Dänemarks sowie in den Flaggen ihrer Regionen zu finden ist.

ST. MARGARET'S HOPE AUF DER INSEL SOUTH RONALDSAY

Ab Gills fahren wir in die Bucht Scapa Flow hinein und landen am kleinen Hafen von St. Margaret's Hope auf der Insel South Ronaldsay an. Obwohl in dem kleinen Ort nur rund 550 Einwohner leben, ist es die drittgrößte Ortschaft der Orkney-Inseln. Die Herkunft des Namens ist nicht ganz eindeutig belegt. Entweder stammt er von der schottischen Königin Margaret, Gattin von

Die Italienische Kapelle wurde von italienischen Zwangsarbeitern gebaut.

KULTUR

ITALIENISCHE KAPELLE

Hier lohnt sich ein kurzer Halt an der reich verzierten italienischen Kapelle (58.889803, -2.890129). Sie wurde von italienischen Kriegsgefangenen gebaut, die für den Bau der Dämme eingesetzt wurden. Das erklärt auch die ungewöhnliche Form der Kapelle. Von vorne wirkt sie noch wie eine klassische Kapelle und besticht durch einen Dreiecksgiebel, der von dorischen Säulen getragen wird. Geht man aber ein Stück zur Seite, so erkennt man, dass sich dahinter ein halbrundes Bauwerk erstreckt. Es handelt sich um zwei hintereinander aufgestellte sogenannte Nissenhütten. Im Ersten Weltkrieg dienten diese schnell aufzubauenden Wellblechhütten ursprünglich als Unterkunft. Beim Betreten der Kapelle steht man in einem halbrunden Bauwerk, das von innen umfangreich verziert wurde und beinahe wie ein Gewölbe wirkt.

Malcolm III., die im 11. Jahrhundert lebte, oder von Margarete, der Jungfrau von Norwegen, ebenfalls schottische Königin, jedoch 200 Jahre später. Diese galt als Hoffnung für die schottische Unabhängigkeit, starb jedoch bei ihrer Ankunft auf den Orkney-Inseln im Alter von sieben Jahren.

Die Insel beherbergt vor allem im Süden einige frühzeitliche Megalithanlagen, zu denen ein Privatmann auch ein kleines Museum in seinem Hof eingerichtet hat. Ansonsten ist die flache Insel **South Ronaldsay** beinahe baumlos und wie weite Teile der Orkneys von Landwirtschaft geprägt. Im Norden ist die Insel über die erste der vier Churchill-Barrieren mit der Insel Burray verbunden. Am nördlichen Ende des Damms lockt ein kleiner Parkplatz mit einem Toilettenhäuschen, den angrenzenden Strand zu besuchen, der im Laufe der Jahrzehnte durch den Bau des Damms entstanden ist (58.843159, -2.901967). Hauptsehenswürdigkeit der Insel ist ein kleines Fossilienmuseum. Nach Norden verläuft die M 961 über zwei weitere Dämme zunächst auf die unbewohnte Insel Glims Holm und wenig später auf das Eiland Lamb Holm.

Über den letzten der vier Dämme erreichen wir schließlich Mainland, wo wir gleich nach unserer Ankunft nach rechts auf die M 960 in Richtung Deerness abbiegen können. Dort gelangen wir zur Dingyshowe Bay und zur Taracliff Bay, wo ebenfalls ein ruhiger Strandparkplatz mit kleinem Toilettenhäuschen in wunderbarer Umgebung auf uns wartet (58.915746, -2.783794).

Sowohl von dort als auch von dem Abzweig am Damm erreichen wir bei einer Fahrt an landwirtschaftlich genutzten Flächen vorbei die Hauptstadt der Orkney-Inseln **Kirkwall**.

Skara Brae gehört als steinzeitliche Siedlung ...

... mit dem Ring of Brodgar zum Weltkulturerbe Neolithic Heart of Orkney.

VIEL NATUR UND KULTUR AUF DEN ORKNEY-INSELN

Links oben: Der Watch Stone erhebt sich direkt neben der Straße. Rechts oben: Wie die Metropolen dieser Welt kann man auch die Orkney-Inseln bei einer Rundfahrt besichtigen.

Links unten: Die Stones of Stennes stehen in malerischer Landschaft auf Mainland. Rechts unten: Die Gezeiteninsel Birsay erreicht man trockenen Fußes nur bei Ebbe.

Die St. Magnus-Kathedrale dominiert die Inselhauptstadt Kirkwall.

Wäre die Insel Mainland mit einem Gürtel eng umschlossen, so wäre Kirkwall vermutlich die Gürtelschnalle, denn die Stadt mit ihren über 6000 Einwohnern befindet sich an der engsten Stelle der Insel und teilt sie in West-Mainland und Ost-Mainland auf. Auch dieser Ortsname leitet sich von der altnordischen Sprache ab. Die Endung -wall steht nämlich nicht für die englische Bezeichnung einer Mauer, sondern für Bucht, während mit Kirk eine Kirche gemeint ist. Parkmöglichkeiten bieten sich in Kirkwall direkt am über-

Für die Geschichte der Orkneys bietet sich das Museum in der Stadt Stromness an.

Diese Steine sind nur ein kleiner Teil des UNESCO-Welterbes Ring of Brodgar.

schaubaren Hafen (58.984759, -2.961957). Die Kirche ist in Kirkwall zugleich die Hauptsehenswürdigkeit (58.981502, -2.960325). Die Kathedrale ist dem Grafen Magnus Erlendsson geweiht, der im 12. Jahrhundert auf der Orkney-Insel Egilsay zur Welt kam und mit den vorher lebenden norwegischen Königen Olaf II. und Harald II. entfernt verwandt war. Seine Gebeine werden in der Kathedrale aufbewahrt, die wenige Jahre nach dem Tode von Magnus gebaut wurde. Auch einige andere populäre Bewohner der Orkney-Inseln wurden in der Kirche mit einer Grabstätte oder einem Denkmal gewürdigt. Gleich gegenüber dem Gotteshaus befinden sich das Rathaus sowie direkt daneben das Orkney-Museum, das in einer umfangreichen und interessanten Ausstellung über die Geschichte der Orkney-Inseln informiert.

In Kirkwall legen die zahlreichen Fähren ab, die zu den nördlichen Orkney-Inseln verkehren. Etwas außerhalb der Stadt befindet sich zudem ein zweiter Hafen, von dem aus man nach Aberdeen oder zu den Shetland-Inseln mit der Hauptstadt Lerwick gelangen kann.

KULTUR

KÜRZESTER LINIENFLUG DER WELT

Ein besonderes Auge sollte man auf die Insel Westray und ihren Nachbarn Papa Westray legen. Diese beiden Inseln sind untereinander mit einer Personenfähre verbunden. Das kleinere Papa Westray ist dabei kaum der Rede wert, bietet aber mit dem dortigen Flugplatz eine Kuriosität. Die Fluggesellschaft Loganair dreht nämlich über den Orkney- und Shetland-Inseln ihre regelmäßigen Runden und fliegt auch zwischen Westray und Papa Westray mit einem planmäßigen Linienflug. Dieser dauert bei normaler Witterung jedoch nur zwei Minuten und ist der kürzeste Linienflug der Welt. So besteht die Möglichkeit, auf dem Campingplatz in Westray zu übernachten, morgens zum Flugplatz zu wandern, mit der kleinen Propellermaschine nach Papa Westray überzusetzen, um nach einem weiteren Fußmarsch zum Hafen wieder mit dem Schiff zum Ausgangspunkt zurückzugelangen. Der Preis für den Flug ist zwar überschaubar, aber auf die Flugminute betrachtet wohl einer der teuersten Flüge der Welt.

PRAKTISCHE HINWEISE

In Stromness übernachtet man auf dem Campingplatz in bester Lage.

TOURISTINFORMATIONEN

Perth, 45 High Street, PH1 5TJ
Tel. 0044/(0)1738/45 06 00

Pitlochry, 22 Atholl Road, PH16 5BX
Tel. 0044/(0)1796/47 22 15

Aviemore, Grampian Road, PH22 1RH
Tel. 0044/(0)1479/81 09 30

Inverness, Castle Wynd, IV2 2BJ
Tel. 0044/(0)1463/25 24 01

Drumnadrochit, The Car Park, IV63 6TX
Tel. 0044/(0)1456/45 90 86

Kirkwall, Orkney-Inseln, West Castle Street
Tel. 0044/(0)1856/87 28 56

CAMPINGPLÄTZE

C 300 **The Woods Caravan Park** (S. 172 C3)
Diverswell Farm, Fishcross, Alloa, Stirling FK10 3AN, Tel. 0044/(0)1259/76 28 02
www.thewoodscaravanpark.co.uk
Koordinaten: 56.142020, -3.780839
Zwischen Stirling und Dollar gelegen, mit wunderbarem Blick auf die ersten Ausläufer der Highlands.

C 301 **Kinross – Gallowhill Camping & Caravan Park** (S. 172 D3)
Gallowhill Road, KY13 ORD
Einsamer Campingplatz hinter einem Bauernhof, allerdings zwischen einem Flugfeld und der Autobahn gelegen.

C 302 **Scone Camping and Caravanning Club Site** (S. 172 D2)
Scone Palace Caravan Park, Scone,
www.campingandcaravanningclub.co.uk,
Koordinaten: 56.429578, -3.444701
Tayside, PH2 6BB
Großer, von Bäumen umgebener Campingplatz in fußläufiger Entfernung zu Scone Palace. Nördlich von Perth, jedoch auf der anderen Seite des Flusses Tay. Mit dem Fahrrad ist die Ortschaft gut erreichbar.

C 303 **Invernahavon Caravan Site** (S. 177 H4)
Glentruim, Newtonmore, PH20 1BE
Tel. 0044/(0)1540/67 35 34
www.caravanclub.co.uk
Koordinaten: 57.027026, -4.163076
Großer und sehr ruhiger Campingplatz mit großen Wiesenarealen. Rund 20 Minuten Fußweg vom geografischen Mittelpunkt Schottlands entfernt.

C 304 **Rothiemurchus Camp & Caravan Park** (S. 178 A3)
Coylumbridge, PH22 1QU
www.campandcaravan.com
Koordinaten: 57.174315, -3.795431
Der baumreiche Platz ist Teil eines Outdoor-Freizeit-Geländes und liegt auf direktem Weg zwischen Aviemore und den Großparkplätzen am Cairn Gorm.

C 305 **Culloden Moor Caravan Club Site** (S. 177 H1) Newlands, Culloden Moor Inverness, IV2 5EF
Tel. 0044/(0)1463/79 06 25
www.caravanclub.co.uk
Koordinaten: 57.485992, -4.057796
Östlich von Inverness gelegener Campingplatz, ganz in der Nähe des vom National Trust for Scotland verwalteten Cullodden Monuments und Schlachtfelds, das an die bedeutende Schlacht vom 16. April 1746

zwischen den Jakobiten und den englischen Regierungstruppen erinnert.

C 306 **Loch Ness Bay Camp** (S. 177 G2)
Drumnadrochit, Inverness, IV63 6XN
Koordinaten: 57.328922, -4.466882
Überschaubarer Platz als Teil eines Pferdehofs. Am Rande von Drumnadrochit, jedoch nicht direkt am Loch Ness.

C 307 **Loch Ness Shores Camping and Caravanning Club Site** (S. 177 G2)
Monument Park, Lower Foyers
Inverness, IV26YH
Koordinaten: 57.254930, -4.500120
99 Stellflächen direkt am Ostufer des Sees, daher etwas aufwändiger zu erreichen.

C 308 **Brora Caravan Club Site** (S. 183 E3)
Balchalm, Brora, KW9 6LP
Tel. 0044/(0)1408/621479
www.caravanclub.co.uk
Koordinaten: 58.028360, -3.845124
Überschaubarer Campingplatz mit einzeln geschotterten Stellflächen rund um eine große Wiese und nur durch einen Golfplatz von der Küste abgetrennt. Gut gelegen für einen Zwischenstopp auf dem Weg von Loch Ness zu den Orkney-Inseln.

C 309 **Wick River Campsite**
(S. 183 F1) Riverside Drive, Janetstown, KW1 5SP, www.wickcampsite.co.uk
Koordinaten: 58.443078, -3.106151
Ruhig gelegener Campingplatz am Südufer des Flusses Wick.

C 310 **John O'Groats Caravan & Camping Site** (S. 188 B5)
KW1 4YR
Koordinaten: 58.643778, -3.067261
Einfacher Campingplatz neben dem kleinen Hafen. Bei gutem Wetter besteht freier Blick hinüber zu den Orkney-Inseln.

C 311 **Ayre's Rock Hostel und Camping**
(S. 188 C2) Ayre's Rock, Sanday, KW17 2AY
Tel. 0044/(0)1857/600410
www.ayres-rock-hostel-orkney.com
Koordinaten: 59.255730, -2.611546
Sehr ruhiges Hostel eines freundlichen Betreiberpärchens mit einer Rasenfläche für Wohnmobile, direkt an der Küste.

C 312 **Point of Ness Campsite** (S. 188 A4)
Stromness, Orkney, KW16 1NY
Koordinaten: 58.952691, -3.295334
Kleiner Campingplatz südlich von Stromness mit schönem Blick auf die Bucht. Nur von April bis September geöffnet.

C 313 **Orkney Caravan Park at The Pickaquoy Centre** (S. 188 B3)
Muddisdale Road, Kirkwall
Orkney, KW15 1LR
www.orkneycaravanpark.co.uk
Koordinaten: 58.983832, -2.972150
Überschaubarer und gepflegter Campingplatz an einem Sportzentrum am Rande der Hauptstadt Kirkwall.

C 314 **Wheems** (S. 188 B4)
South Ronaldsay, Orkney, KW17 2TJ
Tel. 0044/(0)1856/831556
www.wheemsorganic.co.uk
Koordinaten: 58.807318, -2.926059
Als Campingplatz auf South Ronaldsay kaum erkennbar, sondern eher Teil eines Bauernhofs. Dadurch aber sehr schöne und ruhige Lage mit Blick auf das Meer.

Manche britischen Wohnmobiltouristen bringen ihre eigene Flagge mit.

MIT DEM WHISKY IM GEPÄCK AUF DIE SHETLAND-INSELN

Von Stirling nach Lerwick (Shetland-Inseln)

Dieser Tombolo auf den Shetland-Inseln verbindet St. Ninian's Isle mit der Insel Mainland.

Zu Beginn der Route begeben wir uns auf eine kleine Schlössertour, wobei Balmoral Castle das wohl berühmteste in der Region ist – auch wenn es aus royalen Gründen nicht jeden Tag besichtigt werden kann. Anschließend machen wir eine schöne Runde durch Speyside, wo der Whisky allgegenwärtig ist. Liebhaber und Kenner des edlen Tropfens sind hier genau richtig und kommen ganz auf ihre Kosten. Nach einer Stadtbesichtigung in Aberdeen nehmen wir schließlich die Nachtfähre und setzen auf die abseits gelegenen Shetland-Inseln über, die uns mit einer einsamen und faszinierenden Landschaft begrüßen.

Die nordische Geschichte ist auf den Shetland-Inseln allgegenwärtig.

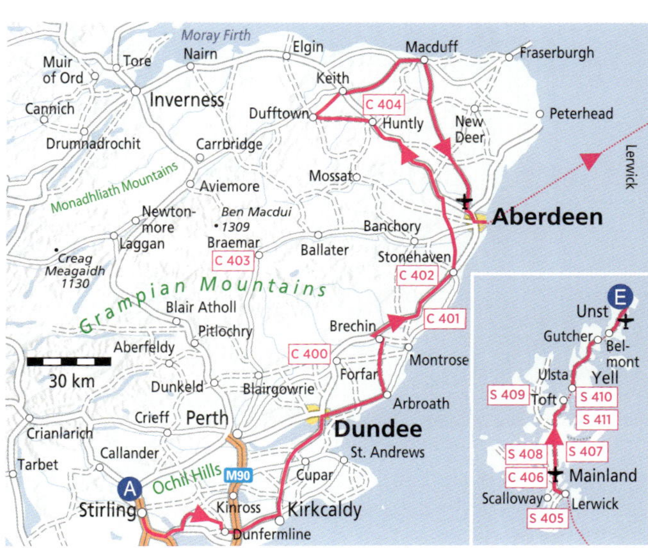

Über die M905 gelangen wir südöstlich von Stirling zur A876, auf der wir die Kincardine Bridge und damit die Mündung des Flusses Forth überqueren. In der Mitte der flachen Brücke sehen wir das Stahlskelett, das es ermöglicht, die Brücke zur Seite zu drehen, um den Schiffsverkehr passieren zu lassen. Am anderen Flussufer erreichen wir die Ortschaft Kincardine, die jedoch kaum der Rede wert ist, und folgen daher der Straße nach rechts auf die M985.

Nach kurzer Fahrt erreichen wir die bedeutendere Stadt **Dunfermline**, die in Schottland für ihre Abtei berühmt ist. Die Parkplätze an der Abtei (56.069193, -3.462029) sind klein und eng und außerdem wird, wie an allen anderen Parkplätzen der Stadt, mit einem Bußgeld von 30 Pfund gedroht, wenn man nicht innerhalb der Markierung parkt. Fahrer von großen Wohnmobilen sollten daher in Betracht ziehen, ihren Besuch der Stadt mit einem Einkauf in einem der Shoppingcenter zu kombinieren (56.073617, -3.462054).

HISTORISCHE HAUPTSTADT DUNFERMLINE

In Dunfermline heirateten in der zweiten Hälfte des 11. Jahrhunderts der König Malcolm III. und Königin Margareta, nach der südlich der Ortschaft die beiden Orte North Queensferry und South Queensferry (siehe Route 2) benannt wurden. Die Königin war es auch, die den Anstoß für die Gründung eines Benediktinerklosters gab. Doch erst einige Jahrzehnte später hat der sechste Sohn von Malcolm III., David I., das Kloster zu einer Abtei erhoben. In seiner Hochzeit herrschte die Abtei über vier Burghs und zahlreiche Ländereien, die bis Berwick im Süden reichten. Nicht umsonst wird Dunfermline als eine der historischen Hauptstädte Schottlands bezeichnet. Zahlreiche schottische Persönlichkeiten des Mittelalters wurden in der Abtei zu Grabe getragen, so unter anderem Duncan II. im Jahr 1094, Alexander I., David I. und Malcom IV. im 12. Jahrhundert. Darüber hinaus wurde direkt neben der Abtei, im einstigen Dunfermline Palace, der heute als Ruine zu besichtigen ist, König Charles I. im Jahr 1600 geboren, der später den Englischen Bürgerkrieg auslöste und hingerichtet wurde. Doch die berühmteste Persönlichkeit, die in der Abtei von Dunfermline begraben wurde, ist Robert the Bruce (siehe Route 2). Der Anführer der Schotten, der im Jahr 1329 starb, wurde zusammen mit seiner Frau in der Abtei bestattet, wie man sogar schon von Weitem erahnen kann, denn der Vierungsturm der Abteikirche ist oben am Dach mit großen Lettern versehen, die jeweils ein Wort in jede Himmelsrichtung zeigen: King

ROUTE 4

START- UND ENDPUNKT
Stirling und Lerwick (Shetland-Inseln)

BESTE JAHRESZEIT
Sommer

STRECKENLÄNGE
280 Meilen

FAHRZEIT
3 bis 4 Tage

MAUTSTRECKEN
Keine Mautstrecken, jedoch eine Nachtfähre zu den Shetland-Inseln

Vom Dundee Law hat man einen wunderbaren Ausblick auf die Stadt und auf den River Tay.

Robert the Bruce, womit an den einstigen schottischen König erinnert wird.

Westlich der Abtei erstreckt sich mit dem Pittencrieff Park eine hübsche Grünanlage, die zu Beginn des letzten Jahrhunderts für die Einwohner von Andrew Carnegie angelegt wurde. Jedes Jahr wird hier das Bruce Festival abgehalten, das als eine Art Mittelaltermarkt an Robert the Bruce erinnert. Im Norden grenzt dahingegen die kleine und gemütliche Altstadt von Dunfermline an.

Im Süden von Dunfermline fahren wir westwärts auf der M 921 und passieren die Ortschaft Dalgety Bay, um nach **Aberdour** zu gelangen, das sich am Nordufer des Firth of Forth befindet und bei guter Sicht von seinen Sandstränden einen Ausblick auf die Hügel von Edinburgh ermöglicht. Historisch bedeutsam ist hier das Aberdour Castle (56.054468, -3.300806), das zu Beginn des 13. Jahrhunderts erbaut wurde und damit zu den ältesten Schlössern des Landes zählt. Im 14. Jahrhundert gelangte die Burg in den Besitz des Douglas-Geschlechts, dessen weitreichende Familienzweige sogar bis nach Deutschland reichten. Bis in das 20. Jahrhundert gehörte Aberdour Castle der Familie, verfiel aber im Laufe der Jahrhunderte zu einer Ruine und wird heute von Historic Scotland unterhalten.

Gleich neben den stolzen Überresten der Burganlage befindet sich die kleine St. Filians Church, die sich sehr bescheiden zeigt, aber in ihren Grundmauern ein ähnlich hohes Alter wie die Burg besitzt.

Wir folgen auf der M 921 der Küstenlinie, die ab Kincardine, unserem nächsten Ort, mit einem Fernwanderweg ausgestattet ist. Der Fife Coastal Path ist 190 Kilometer lang und verbindet die beiden Städte Kincardine und Newburgh, wobei er zahlreiche kleine Küstenorte durchquert. Ausgelegt ist er für eine rund einwöchige Wanderung, doch im Jahr 2013 hat es eine Gruppe von Läufern geschafft, den Wanderweg in 15 Stunden zu absolvieren.

Auch wir können mit dem Wohnmobil der Küstenstraße folgen, um die breite Halbinsel Fife zu umrunden. In den kleinen Ortschaften Anstruther (56.221490, -2.697569) und Crail (56.257657, -2.627455) hätten wir Gelegenheit, mit einem Schiff auf die Isle of May überzusetzen. Die fast zwei Kilometer lange, aber nur einen halben Kilometer breite Insel steht unter Naturschutz und ist im Westen von steilen Klippen geprägt, in denen zahlreiche Seevogelarten brüten. Rund um ein Besucherzentrum, das vom Scottish Natural Heritage betrieben wird, wurden einige Wege angelegt, von denen aus man die Vogelwelt

SPECIAL

ÄLTESTER GOLFPLATZ DER WELT

Im Norden der Halbinsel befindet sich mit St. Andrews eine Ortschaft, die für den wohl ältesten noch existierenden Golfplatz der Welt bekannt ist. Die Old Course genannte 18-Loch-Anlage geht mindestens auf das Jahr 1552 zurück, als eine schriftliche Erlaubnis erteilt wurde, an der Küste unter anderem Golf zu spielen. Heute sind rund um St. Andrews mehrere Golfclubs vertreten, in denen man den Sport betreiben kann.

SPECIAL

ZUGUNGLÜCK VON DUNDEE

Wenn wir auf der Brücke unterwegs sind und nach links blicken, sehen wir in der Ferne eine Eisenbahnbrücke, die den Fluss ebenfalls überquert. Sie ist drei Kilometer lang und entstand in den 1880er-Jahren, nachdem eine Vorgängerbrücke während eines Orkans eingestürzt und ein Zug mit sechs Waggons in die Tiefe gestürzt war. Keiner der Zuginsassen überlebte das Unglück am 28. Dezember 1879, doch es konnte nie endgültig geklärt werden, wie viele Todesopfer es gab. 46 Personen wurden zwar geborgen, 60 Personen wurden jedoch als vermisst gemeldet und 72 Fahrkarten wurden für diesen Zug verkauft. Erst zwei Tage nach dem Unglück konnte man wegen des starken Sturms mit der Bergung beginnen. Die damals eingesetzte Lokomotive wurde sogar vom Grund des Flusses hochgeholt und versah danach noch fast 40 Jahre ihren Dienst. Als Grund für den Einsturz der Brücke wurden Konstruktionsfehler genannt. Das Bauwerk konnte den gleichzeitigen Belastungen des Orkans und der Überfahrt mit dem Zug nicht standhalten.

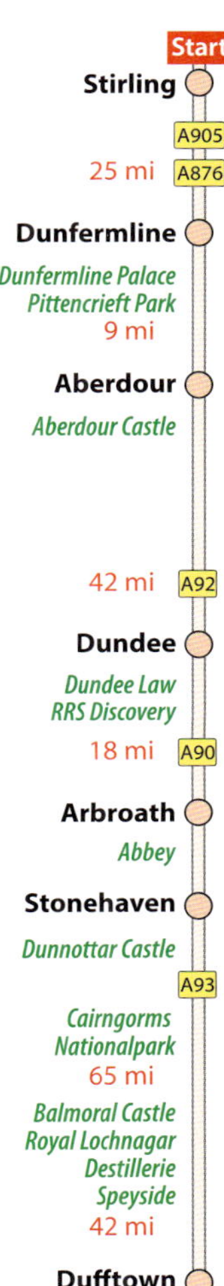

beobachten kann. Ebenso beherbergt das Eiland die Ruinen eines ehemaligen Klosters sowie den ältesten Leuchtturm Schottlands.

Die Halbinsel wird im Norden vom River Tay begrenzt, den wir auf der M 92 überqueren können. Sie ist über zwei Kilometer lang und ersetzt seit 1966 einen damaligen Fährbetrieb. Ein 15 Meter hoher Obelisk im Kreisverkehr auf der Südseite erinnert an fünf Arbeiter, die beim dreijährigen Bau der Brücke ums Leben kamen. Ursprünglich war die Brücke in beide Richtungen mautpflichtig, später nur in südlicher Richtung. Im Mai 2007 beschloss das schottische Parlament, die Mautpflicht auf allen Brücken aufzuheben, was im Februar 2008 auf der Tay Road Bridge umgesetzt wurde.

Am Ende der Brückenfahrt erreichen wir mit **Dundee** die viertgrößte Stadt Schottlands. Wie schon in Dunfermline bezieht sich die erste Silbe des Ortsnamens im Gälischen auf eine Befestigungsanlage. Dundee kann zwar auf eine lange Geschichte zurückblicken, immerhin wurde der Ort bereits Ende des 12. Jahrhundert zur Stadt erhoben, doch durch zahlreiche kriegerische Zerstörungen ist von dem einstigen Dundee nicht viel übrig geblieben. So präsentiert sich die Stadt heute modern und aufgeräumt und bietet kaum historische Sehenswürdigkeiten. Kein Wunder also, dass das Wahrzeichen der Stadt natürlichen Ursprungs ist. Der Dundee Law (56.469565, -2.986795) ist ein erloschener Vulkankegel, den man bereits bei der Anreise von der Brücke aus gut sehen kann, da man direkt auf ihn zufährt. Er ragt bis zu 170 Meter über den Dächern der Stadt hoch und bietet daher eine wunderbare Rundumsicht. Sein Gipfel wird von einem Denkmal markiert, das an die Opfer der beiden Weltkriege erinnert.

AUF SCHLÖSSERTOUR IM NORDOSTEN

Um von Dundee aus nordwärts zu fahren, kann man die besser ausgebaute M 90 landeinwärts nutzen oder in Küstennähe auf kleinen Landstraßen fahren. Bei letzterer Variante durchquert man den Ort **Arbroath**, der mit der sehenswerten Ruine einer Abtei aufwartet (Parken: 56.561292, -2.581958 oder 56.562359, -2.578990). Die Abtei wurde unter dem schottischen König Wilhelm der Löwe aus rot leuchtendem Sandstein im 12. Jahrhundert erbaut. Auch wenn heute nur noch einige Mauern von der einstigen Anlage stehen, ist deren frühere Dimension noch gut erkennbar. Zur Ruine verfiel es bereits Ende

KULTUR

DREIMASTSCHIFF RRS DISCOVERY

Sehenswert ist die RRS Discovery (56.456335, -2.969662) unweit des nördlichen Brückenkopfs. Das Dreimastschiff wurde 1901 komplett aus Holz gebaut und war damit das letzte seiner Art in Großbritannien. Es wurde als Forschungsschiff konzipiert, hatte aber noch im selben Jahr das Problem, dass es bei einer Polarreise einfror und erst nach Jahren durch Sprengungen aus dem Eis befreit werden konnte. Mit dem Schiff war auch Robert Falcon Scott in der Antarktis unterwegs, allerdings nicht während der Expedition, bei der er versuchte, den Südpol zu erreichen und am Norweger Roald Amundsen scheiterte.

Die mächtigen Sandsteinmauern lassen noch heute die Größe von Arbroath Abbey erahnen.

des 16. Jahrhunderts. Von da an wurde das mächtige Bauwerk als Steinbruch von den Einwohnern von Arbroath genutzt. Nachdem der Stone of Scone (siehe Route 1) im letzten Jahrhundert in London gestohlen wurde, fand man ihn hier am Altar wieder.

Sowohl die M 92 in der Nähe der Küste als auch die M 90 weiter landeinwärts treffen später bei **Stonehaven** wieder aufeinander. Dort befindet sich gleichzeitig der Parkplatz für das an der Küste gelegene Dunnottar Castle (56.945338, -2.205882). Die Ruinen dieser Burganlage befinden sich auf einem Felsen, der in das Meer hineinragt und vermutlich schon von den Pikten bewohnt war. Bereits im 5. Jahrhundert soll hier eine Kapelle gestanden haben und noch im selben Jahrtausend gab es Angriffe der Wikinger, die vom ersten König Schottlands, Donald II., erfolglos abgewehrt wurden. Die Skandinavier errichteten eine erste Burgbefestigung, die als Vorläufer von Dunnottar Castle bezeichnet wird. In den folgenden Jahrhunderten gab es zahlreiche Kämpfe rund um das Schloss, das oftmals von der jeweils angreifenden Seite erobert und eingenommen werden konnte. Seinen Höhepunkt hatte Dunnottar Castle Mitte des 17. Jahrhunderts, als Charles II. im Palast von Scone zum König gekrönt wurde und die Kronjuwelen nicht nach Edinburgh zurückgebracht werden konnten, weil der englische Feldherr Oliver Cromwell mit seinen Truppen in der Nähe war. Daher versteckte man die schottischen Kronjuwelen in Wolle und brachte sie sicher nach Dunnottar Castle, wo sie zunächst aufbewahrt, aber später etwas weiter südlich in der Kirche von Kinneff versteckt wurden.

Im Altar der Abteiruine versteckte man den Stone of Scone, nachdem er gestohlen wurde.

Dunnottar Castle liegt in traumhafter Lage an der schottischen Küste.

Heute geben die Ruinen des Schlosses ein stimmungsvolles Bild auf dem Felsen ab und sind ein beliebtes Fotomotiv. Dahingegen kann man die nahe gelegene Ortschaft Stonehaven eher links liegen lassen. Wer in der Zeit von April bis Ende Juli hier in der Region unterwegs ist, kann noch einen Ausflug in den Cairngorms Nationalpark wagen (siehe Route 3). Doch anstatt Berge zu besteigen, besteht hier die Möglichkeit, das Tal des Flusses Dee kennenzulernen und die Sommerresidenz der britischen Adelsfamilie zu besichtigen. **Balmoral Castle** (57.039859, -3.216482) wurde im 14. Jahrhundert gebaut. Prinz Albert und Königin Victoria mieteten sich Mitte des 19. Jahrhunderts hier zum ersten Mal ein, waren aber so begeistert, dass sie das Schloss kauften. Viele Besucher sind angesichts des hohen Preises am Ende enttäuscht, da sie nur durch den Ballsaal geführt wurden. Aber es ist natürlich auch verständlich, dass die privaten Gemächer des Königshauses nicht präsentiert werden. Sehenswert sind aber die weitläufigen Parklandschaften rund um Balmoral Castle, in denen man sich während der Besuchszeiten frei bewegen darf. Trotz der langen Anwesenheit der Königin und der Tatsache, dass auch andere Mitglieder der Königsfamilie immer wieder auf Balmoral Castle nächtigen, galt offiziell der Holyrood Palace in Edinburgh als Sommerresidenz der Queen. Folgt man der M 93 durch das Dee-Tal zum Balmoral Castle, so passiert man zuvor noch die kleine Pfarrkirche von Crathie, in der an den Sonntagen hin und wieder Mitglieder der Königsfamilie zu sehen sein sollen. Ganz in der Nähe, allerdings auf der Südseite des Flusses, befindet sich zudem noch die Royal Lochnagar Destillerie. Die Whiskybrennerei wurde 1845 gegründet, drei Jahre, bevor das benachbarte Balmoral Castle in den Privatbesitz von Königin Victoria gelangte. Dies dürfte für den Gründer einer der wichtigsten Momente gewesen sein, denn Queen Victoria stattete ihm nicht nur einen Besuch ab, sondern ernannte ihn auch noch zum Hoflieferanten, weshalb die Brennerei seitdem die Bezeichnung »Royal« tragen darf. Heute muss man nicht zum Adel gehören, um die Brennerei zu besuchen, denn ein umfangreiches Besucherzentrum lädt zur Einkehr ein (57.030203, -3.207932). Etwas weiter flussabwärts befindet sich die Ortschaft **Ballater**, die in ihrem kleinen

WANDERUNG

SPEYSIDE PATH

Nördlich von Dufftown beginnt ein Zuweg für den Speyside Path, einen Fernwanderweg, der in Aviemore beginnt und durch das Tal des Spey bis zur Mündung bei Spey Bay verläuft. Ergänzt wird dieser 135 Kilometer lange Wanderweg durch diesen und einen weiteren Zuweg ab Tomintoul. Gut ein Dutzend Whiskybrennereien kann man während der Wanderung kennenlernen.

Bahnhof ein Museum eingerichtet hat, weil Queen Victoria bei ihren Besuchen auf Balmoral Castle hier regelmäßig den Wartesaal aufsuchte.

Der Fluss Dee schlängelt sich rund 140 Kilometer durch die schottischen Highlands und entspringt auf dem Braeriach, dem dritthöchsten Berg Schottlands, womit diese Quelle als höchstgelegene Großbritanniens gilt. Nach einigen Kaskaden im Nationalpark mündet der Fluss schließlich in Aberdeen in die Nordsee. Bevor wir Aberdeen besichtigen und von hier mit dem Schiff zu den Shetland-Inseln übersetzen, können wir noch einen Ausflug in den Norden machen.

EIN EDLER TROPFEN SINGLE-MALT

Besonders Liebhaber des Whiskys werden ihre Freude an der Region nördlich des Cairngorms Nationalpark haben. Diese wird als **Speyside** bezeichnet und ist nach dem Fluss benannt, der bei Fochabers ins Meer mündet. Auf relativ engem Raum befindet sich mit knapp 50 Destillerien rund die Hälfte der schottischen Whiskybrennereien alleine in Speyside. Speyside ist zwar keine einheitliche Region mit Verwaltungsgrenzen, doch als Hauptort kann man **Dufftown** bezeichnen. Weniger wegen der Größe oder der Lage, sondern wegen der Tatsache, dass in Dufftown im 19. Jahrhundert sieben Whiskybrennereien entstanden. Einige von ihnen sind heute nicht mehr existent, dafür entstanden aber wiederum andere. So gibt es rund um den kleinen Platz mit seinem Uhrenturm (57.444812, -3.128667) ein Whiskymuseum und ein Whiskygeschäft. Außerdem werden im Ort regelmäßig zweimal im Jahr zwei Festivals veranstaltet, bei denen sich natürlich alles um den Whisky dreht. Am Nordrand von Dufftown befindet sich die Destillerie Glenfiddich, die zu den bekanntesten Whiskymarken der Welt zählen dürfte. Natürlich hat diese Brennerei ein Besucherzentrum (57.453247, -3.128862) und bietet verschiedene Touren durch die Anlage an.

Gleich neben der Destillerie ragen die Überreste der Burgmauern von Balvenie Castle in die Höhe. Die Ringmauer um die Anlage stammt aus dem 12. Jahrhundert und ist damit der älteste Teil der Burg. Von Robert the Bruce erhielt die Douglas-Familie das Anwesen, die es später wiederum an König Jakob II. abtreten musste. Es folgten zahlreiche weitere Besitzerwechsel, bis die Burg im 18. Jahrhundert verlassen wurde und zur heutigen Ruine verfiel. In direkter Nachbarschaft zur Burgruine und zur Glenfiddich-Brennerei befindet sich noch eine Destillierie, die den Namen der Burg trägt. Weitere Brennereien in Dufftown sind Glendullan, Mortlach und die Dufftown-Destillerie.

Zwei Brennereien befinden sich gleich im nächsten Ort, wenn wir der M 941 nach Craigellachie folgen. Doch der größte Ort von Speyside ist Elgin (57.652173, -3.317314), wo sich rund um die Stadt zahlreiche weitere Destillerien befinden. Elgin lohnt aber auch einen kleinen Zwischenstopp, wenn man sich nicht für Whisky interessiert. Macbeth soll am heutigen Stadtrand im Jahr 1040 den König Duncan I. getötet haben, womit Elgin zum ersten Mal schriftlich festgehal-

St. Machar's Cathedral befindet sich im sogenannten Old Aberdeen im Norden der Stadt.

ten wurde. Im 13. Jahrhundert wurde die Kathedrale erbaut, von der heute noch die mächtigen Ruinen zu sehen sind (57.650486, -3.305604). Immerhin war sie eine Zeit lang die größte Kathedrale Schottlands. Von dieser gelangt man in wenigen Gehminuten zur High Street, wo sich das Leben der Stadt abspielt. Die Straße führt an beiden Seiten eines lang gestreckten Platzes vorbei, auf dem sich neben einem Brunnen noch die kleine St. Giles Church erhebt. Am westlichen Ende der High Street erreicht man einen kleinen Kreisverkehr, von dem aus man den sogenannten Lady Hill erblickt. Zu erkennen ist der Hügel an einer 24 Meter hohen Säule, die an den Duke of Gordon erinnert. Auf dem Lady Hill sind auch noch einige wenige Überreste eines Schlosses zu sehen.

BURGRUINE SPYNIE CASTLE

Deutlich mehr Schloss erhält man außerhalb von Elgin mit der Burgruine von Spynie Palace in der Nähe des gleichnamigen Loch Spynie (57.675892, -3.291967). Mächtigster Teil der Burg ist heute noch der fast quadratische und 22 Meter hohe David's Tower, der von einer bis zu sieben Meter hohen Ringmauer umgeben war. Das Besondere an dieser Burg ist, dass sie fast ein halbes Jahrtausend als Bischofssitz genutzt wurde. Spynie Castle ist eine der Burgen, an denen es relativ ruhig zugeht. Zwar wird die Ruine von Historic Scotland verwaltet, doch der Besucheransturm hält sich in Grenzen, weshalb keine Führungen angeboten werden. Umso erfreulicher, dass man auf einem gut ausgeschilderten Rundweg in Ruhe die Überreste der Burg kennenlernen kann.

Noch weiter nördlich gelangen wir zur Küste, wo sich die Ortschaft **Lossiemouth** mit einem weiten Sandstrand präsentiert. Er ist über eine schmale hölzerne Fußgängerbrücke zu erreichen, die sich über die Mündung des Flusses Lossie spannt. Folgt man dem Küstenstreifen zu Fuß, wird man in den Dünen und den dahinterliegenden Wäldern immer wieder auf Spuren des Zweiten Weltkriegs stoßen. Geschützstellungen wurden hier errichtet, um den nahe gelegenen und ehemaligen Militärstützpunkt Militown sowie den noch aktiven Militärflugplatz Lossiemouth zu schützen. Letzterer befindet sich westlich der Stadt und wurde im Zweiten Weltkrieg bekannt, weil hier im November 1944 die Flugzeuge nach Norwegen abhoben, um das bis heute größte Schlachtschiff Europas, die Tirpitz, erfolgreich zu versenken. Auf dem Küstenabschnitt ließe es sich rund elf Kilometer bis zur Mündung des Spey wandern.

Mit dem Wohnmobil können wir auf Nebenstraßen die kleinen Küstenorte von Speyside und natürlich weitere Whiskybrennereien besichtigen. Dazu gehören die Ortschaften Macduff, Fraserburgh und Peterhead. Aber die bedeutendste Stadt in der Region ist natürlich **Aberdeen**.

STADTRUNDGANG DURCH ABERDEEN

Der Ortsname steht für nichts anderes als für die Lage an der Mündung des Flusses Dee. Mittlerweile ist Aberdeen aber so angewach-

Aberdeen besitzt zahlreiche historische Gebäude, wie zum Beispiel das Marischal College aus dem Jahr 1837.

Dufftown
Whiskymuseum
Destillerie Glenfiddich
52 mi
Aberdeen
Saint Machar's Kathedrale
Nachtfähre
Shetland Inseln
Lerwick

Erinnerung an die Gordon Highlanders, ein Infanterieregiment des 19. Jahrhunderts

sen, dass die Stadt auch an die Mündung des Don heranreicht, der weiter nördlich in die Nordsee mündet. Vermutlich gab es im heutigen Aberdeen bereits im 6. Jahrhundert eine Kapelle der Kelten. Ihren Aufschwung hatte die Stadt aber ab dem 12. Jahrhundert, als die Bürger unter Wilhelm dem Löwen frei handeln und Geschäfte betreiben durften. Die Stadt war in der Folgezeit mehrfach Schauplatz diverser Kampfhandlungen und Belagerungen, so unter anderem durch Robert the Bruce und später durch Eduard III. Heute ist Aberdeen unter anderem eine der florierendsten Städte Großbritanniens, was nicht zuletzt auch an der Erschließung einiger Ölfelder in der Nordsee liegt, die sich vor den Toren der Stadt erstrecken. Leider hat auch die drittgrößte Stadt Schottlands keinen speziellen Parkplatz für Wohnmobile oder gar einen Wohnmobilstellplatz, den man auch zur Übernachtung nutzen könnte. Aber immerhin lässt es sich an der Esplanade, also direkt an der Küste, verhältnismäßig gut parken (57.154067, -2.079500). Über den Beach Boulevard gelangt man nach einer guten Viertelstunde zu Fuß in das Zentrum von Aberdeen.

Ein spezielles Wahrzeichen besitzt die Stadt nicht, daher wird man vielmehr einen gemütlichen Stadtbummel durch die modernen Straßen rund um den Castlegate-Platz machen. Auf diesem befindet sich das Mercat Cross, das 1686 erschaffen wurde und an das mittelalterliche Marktrecht erinnert. Rund um den Platz erheben sich einige architektonisch interessante Bauten, die die Haupteinkaufsstraße, Union Street, säumen.

In unmittelbarer Nähe befindet sich das Meeresmuseum, das sich mit der maritimen Geschichte Aberdeens befasst. Dazu zählen natürlich die Fischerei sowie die wenige Jahrzehnte alte Förderung von Erdöl vor der Küste.

Etwas gemütlicher geht es im Norden von Aberdeen zu, wo in Old Aberdeen, am Ufer des Flusses Don, die Saint Machar's Kathedrale (57.169200, -2.103084) steht und die Straßen der kleinen Altstadt noch mit Kopfsteinpflaster ausgestattet sind. Die Kirche befindet sich an der Stelle, wo im 6. Jahrhundert die bereits erwähnte keltische Kapelle gestanden haben soll. Die beiden Westtürme der Kathedrale sind mit ihren Sandsteinspitzen sehr markant, doch auch ein Blick in das Innere lohnt sich, um die Holzdecke zu betrachten, an der 48 Wappen in drei Reihen angebracht sind. Es handelt sich unter anderem um die Wappen von Papst Leo X., Heinrich VIII., Margareta von Schottland und der Universität von Aberdeen. Diese wurde

Auch bei einer Einkehr in Aberdeen kann man in den Genuss von Whisky kommen.

im Jahr 1495 gegründet und ist die drittälteste Universität Schottlands und die fünftälteste in Großbritannien. Die Universität erstreckt sich mit zahlreichen historischen, aber auch modernen Bauten im Süden von Old Aberdeen.

Aberdeen hat aber trotzdem nicht den Charme eines Edinburgh, weswegen es nicht weiter verwunderlich ist, wenn man die Stadt nur aufsucht, um die Fähre nach Lerwick zu befahren (57.144694, -2.091384). Die Fährgesellschaft Northlink Ferries legt jeden Abend ab, um die Shetland-Inseln zu erreichen. Montags, mittwochs und freitags fährt das Schiff um 19 Uhr los und erreicht Lerwick am nächsten Morgen um 7:30 Uhr. An den anderen Tagen findet die Abfahrt bereits zwei Stunden früher statt, doch wird dann noch um 23 Uhr ein dreiviertelstündiger Zwischenstopp in Kirkwall auf den Orkney-Inseln eingelegt. Die Ankunftszeit in Lerwick bleibt gleich.

Das Mercat Cross aus dem 17. Jahrhundert kann als das Wahrzeichen von Aberdeen betrachtet werden.

ANKUNFT AUF DEN SHETLAND-INSELN

Die Shetland-Inseln sind der nördlichste Teil Großbritanniens. Sie befinden sich in einem gedachten Dreieck zwischen den Faröer-Inseln, der norwegischen Küste und den ebenfalls zu Schottland gehörenden Orkney-Inseln. Dabei liegen sie ungefähr auf gleicher Höhe wie die norwegische Stadt Bergen.

Die wichtigsten Inseln sind durch Fähren, manche auch durch Brücken miteinander verbunden. Fast alle Inseln befinden sich in unmittelbarer Nachbarschaft zur Hauptinsel, die schlicht als Mainland bezeichnet wird. Lediglich das kleine Eiland Foula befindet sich im Westen etwas abseits sowie die Insel Fair Isle, die ungefähr auf halber Strecke zwischen den Orkney- und Shetland-Inseln liegt. Eine Fährverbindung nach Norwegen existiert nicht mehr, ebenso werden die Shetland-Inseln nicht mehr von der Smyril Line angefahren, die zwischen Dänemark, den Faröer-Inseln und Island pendelt.

Lerwick befindet sich im südöstlichen Teil von Mainland. Wer sich gleich zu Beginn mit der Geschichte der Inseln befassen möchte, der ist im Shetland-Museum (60.158031, -1.148807) genau richtig. Ab dem Fähranleger

SPECIAL

SHETLAND-INSELN

Bewohnt waren die Inseln vermutlich schon vor rund 5000 Jahren. Wie im übrigen Schottland siedelten sich hier die Pikten an, die jedoch von den Wikingern überfallen wurden. Bis ins 15. Jahrhundert gehörten die Shetland-Inseln zu Norwegen, wurden dann aber vom Königreich Schottland annektiert. Heute leben rund 24 000 Einwohner auf den Shetland-Inseln, über 7000 von ihnen haben sich in der Hauptstadt Lerwick angesiedelt, in der wir unsere Shetland-Rundreise beginnen.

Lerwick
Böd of Gremista
Fort Charlotte
Bressay
A970
Sandwick
St. Ninian's Isle
24 mi
Jarlshof
25 mi
Scalloway

Die Hauptstadt der Shetland-Inseln besticht durch eine kleine, idyllische Innenstadt.

braucht man weniger als fünf Minuten, um das Museum zu erreichen. In dem zweigeschossigen Gebäude, in dem auch ein Café untergebracht ist, wird die vollständige Geschichte der Inselgruppe erläutert. Neben der Folklore wird auf die Politik, die Geologie, den Walfang und das Erdöl eingegangen. Dass die Geschichte Shetlands untrennbar mit Norwegen verbunden ist, zeigte sich auch bei der Neueröffnung des Museums im Jahr 2007. Sowohl der damalige Prinz Charles und seine Frau Camilla als auch Königin Sonja von Norwegen reisten an. Zum Museum gehört außerdem das Böd of Gremista, das sich etwas nördlich vom Fähranleger befindet. Bemerkenswert ist das Wort Böd mit seinem Umlaut, der in der englischen Sprache sonst unbekannt ist.

Sehenswert und zu Fuß nur fünf Minuten vom Museum entfernt ist das **Fort Charlotte**. In der Mitte des 17. Jahrhunderts gab es in einer relativ kurzen Zeitspanne von zwei Jahrzehnten drei englisch-niederländische Seekriege. Um sich vor den Niederländern zu schützen, ließ König Karl II. das Fort errichten, um Lerwick zu schützen. Erst im dritten Krieg konnte es von den Niederländern eingenommen werden. Über ein Jahrhundert später brach im Jahr 1780 der vierte Seekrieg zwischen den beiden Nationen aus. Grund war hierfür übrigens der amerikanische Unabhängigkeitskrieg, bei dem die Niederländer mit den aufständischen Amerikanern sympathisierten und sie im Kampf gegen die Briten unterstützten. Im Rahmen dieser Seekämpfe wurde das mittlerweile heruntergekommene Fort unter dem nun amtierenden König Georg III. wieder aufgebaut. Benannt wurde das Fort nach einer Frau, die im mecklenburgischen Mirow geboren wurde – Sophie Charlotte von Mecklenburg-Strelitz, der Gattin des Königs. Ungefähr zur gleichen Zeit entstand auch das nahe gelegene Rathaus, das auf dem höchstgelegenen Punkt Lerwicks erbaut wurde.

KULTUR

BÖD OF GREMISTA

Bei einem Böd handelt es sich um ein typisches Fischerhaus, das in der Fischereisaison von den Seeleuten zur Übernachtung genutzt wurde. Das Böd of Gremista entstand im Jahr 1780 und ist das einzige, das restauriert und der Öffentlichkeit zugänglich gemacht wurde. Unterstützt wurde die Restaurierung von der Fährgesellschaft P&O. Nicht ganz ohne Grund, denn im Böd of Gremista kam am 17. Februar 1791 Arthur Anderson zur Welt. Zusammen mit dem in Belgien geborenen Brodie McGhie Willcox gründete er die Peninsula Steam Navigation Company, einen Vorläufer der Peninsula and Oriental Steam Navigation Company, die heute besser als P&O bekannt ist.

SPECIAL

BROCHS AUS DER EISENZEIT

Brochs sind runde Bauwerke, die in der Eisenzeit entstanden sind, also wenige Jahrhunderte vor bis zwei Jahrhunderte nach Christi Geburt. Von den meisten Brochs in Großbritannien sind heute keine Spuren mehr zu finden, da sie aus Holz gebaut waren und verrotteten. Doch Holz war im Norden Schottlands und vor allen Dingen auf den Orkney-Inseln, den Hebriden und den Shetland-Inseln ein eher seltenes Baumaterial, weshalb sie aus Stein gefertigt wurden und teilweise bis heute erhalten werden konnten. Um die 500 Brochs konnten bisher nachgewiesen werden, unter anderem auch der gut erhaltene Broch von Clickimin (60.147576, -1.164952), der gleich gegenüber einer Tankstelle liegt.

Das Böd of Gremista ist heute ein kleines Textilmuseum und war einst Geburtsort eines der P&O-Gründer.

Im Südwesten von Lerwick können wir den Broch von **Clickimin** besichtigen. Vermutlich wurde schon im 7. Jahrhundert v. Chr. damit begonnen, diesen Broch zu bauen. Zum damaligen Zeitpunkt war dieser Ort noch eine kleine Insel, die nur über einen von Menschenhand geschaffenen Damm erreicht werden konnte. Es folgten einige strohbedeckte Holzhäuser und eine Steinmauer, die den Broch und die Häuser vor Gefahren schützen sollte. Noch bevor die Wikinger auf den Shetland-Inseln ankamen, war der Broch vermutlich schon aufgegeben und sich selbst überlassen. Er wuchs im Laufe der Jahrhunderte zu und wurde zu einem einfachen Erdhügel. Erst Mitte des 19. Jahrhunderts begann man mit ersten Ausgrabungen, die im letzten Jahrhundert von Archäologen fortgeführt wurden.

Östlich von Lerwick befindet sich der **Bressay-Sund**, durch den wir von Aberdeen kommend die Shetland-Inseln auf dem Schiff erreicht haben. Die Meerenge ist benannt nach der Insel Bressay, die sich an der engsten Stelle des Sunds nur 240 Meter von Mainland entfernt befindet. Gleich unterhalb von Fort Charlotte gelangen wir auf einer Fähre in rund zehn Minuten auf die fast baumlose Insel. In Nord-Süd-Ausdehnung ist die Insel fast neun Kilometer lang und hat eine Breite von rund fünf Kilometern. Am südlichen Ende fällt die Insel mit ihren Klippen steil ab, während man stellenweise oberhalb der Klippen einem kleinen Wanderweg folgen kann. Als Ausgangspunkt dient der Bressay-Leuchtturm, der zwischen 1858 und 2012 in Betrieb war (60.120434, -1.121272). Im Norden hingegen besteht die Möglichkeit, zu einem Symbolstein der Pikten zu wandern (60.161774, -1.062762). Er ist einer von mittlerweile 350 gefundenen Steinen dieser Art, die von den Pikten bearbeitet und verziert wurden. Die-

Der Broch of Clickimin befindet sich am Ortsrand der Inselhauptstadt Lerwick.

Stimmungsvoll ist der Tombolo an St. Ninian's Isle besonders bei Sonnenuntergang.

ser als Bressay Stone bezeichnete Stein ist etwas über einen Meter hoch und steht auf dem Friedhof einer ehemaligen Kirche. Im oberen Teil ist er mit reich verzierten und kreisförmigen Ornamenten versehen, während darunter tierische und menschliche Abbildungen zu erkennen sind. Auf der Vorderseite werden zum Beispiel zwei Mönche an der Seite eines Reiters gezeigt.

MIT DEM SCHLAUCHBOOT ZUR ISLE OF NOSS

In Scalloway wird man an die sogenannten Shetland-Busse erinnert, die heimlich zwischen Norwegen und der Inselgruppe pendelten.

Wiederum östlich von Bressay folgt die nächste Insel, die Isle of Noss. Es ist etwas aufwändiger, diese zu erreichen. Zunächst muss man mit dem Wohnmobil auf der schmalen Straße durch die Heidelandschaft von Bressay fahren, um zu dem kleinen Parkplatz oberhalb des Bootsablegers zu gelangen (60.149060, -1.055748). Allerdings ist Bootsableger wörtlich zu verstehen, da nur ein Schlauchboot zur Verfügung steht und das auch nur in der Zeit zwischen Mai und August, wenn die Vogelschutzwarte auf Noss besetzt ist, denn die Insel steht bereits seit 1955 unter Naturschutz. Ein kleines Besucherzentrum informiert über die Tier- und Pflanzenwelt der Insel.

Zurück auf Mainland folgen wir zunächst einmal der M 970 in Richtung Süden. Bis zum südlichsten Punkt der Shetland-Inseln ist man auf der 26 Meilen langen Strecke etwas weniger als eine Stunde unterwegs. Auf dem Weg dorthin reisen wir durch eine grüne, hügelige und baumlose Landschaft, immer das Meer im Blick und an kleinen Siedlungen vorbei. Klassische Sehenswürdigkeiten sucht man hier beinahe vergebens, dafür ist die Fahrt auf der Halbinsel von Mainland ein Genuss. Ungefähr auf halber Strecke gelangen wir zum Abzweig nach **Sandwick**, wo wir zum Greifen nahe die Insel Mousa sehen. Diese ist unbewohnt und ebenfalls der Vogelwelt vorbehalten, doch das war sie nicht immer, wie ein weiterer Broch beweist. Der Broch von Mousa ist 13 Meter hoch und komplett aus Stein gefertigt. Im Inneren befinden sich drei Kammern, die über eine kleine Steintreppe zu erreichen sind. Eine kleine, unregelmäßig verkehrende Fähre bringt Fußpassagiere in rund 15 Minuten nach Mousa. Vom Anleger

Auf weiten und einsamen Straßen kann man die Shetland-Inseln ausgiebig erkunden.

Das kleine Leuchtfeuer an der Südspitze von Mainland ist Teil eines interessanten Museums.

sind es dann noch einmal gut 20 Minuten über einen kleinen Wanderweg zum Broch. Der gesamte Ausflug dauert rund drei Stunden, man kann aber auch eine zweistündige Bootstour unternehmen, um zu den Brutplätzen von Sturmschwalben zu fahren. Hunde sind auf der Insel nicht erlaubt und für die Überfahrt ist Bargeld notwendig.

Auf der M 970 folgt wenig später ein weiterer Abzweig, dieses Mal nach rechts. Der Ausschilderung folgend durchqueren wir die Siedlung Bigton und blicken am Ende der Straße auf die Insel St. Ninian's Isle (59.971432, -1.330127). Diese ist weder mit einem Boot noch über einen Damm oder eine Brücke erreichbar und dennoch können wir im Sommer auf ihr spazieren gehen, denn zwischen Mainland und St. Ninian's Isle befindet sich ein sogenannter Tombolo. Damit wird ein natürlicher Dünenstreifen bezeichnet, der eine Insel mit dem Festland verbindet. Die Anzahl von Tombolos ist weltweit verhältnismäßig überschaubar, aber alleine vier davon gibt es auf den Shetland-Inseln. Die Begehung des schmalen Streifens kann jedoch im Winter bei rauer See ein durchaus gefährliches Unterfangen sein, da die Wellen den schmalen Streifen überspülen. Die St. Ninian's Isle als Insel zu bezeichnen, ist je nach Definition nicht richtig, da es sich durch den Tombolo eigentlich um eine Halbinsel handelt. Dass sich über eine sehr lange Zeit durch solche Sanddünen auch Süßwasserseen bilden können, beweist der nahe gelegene Spiggie Loch (59.944799, -1.337342). Während sich im Norden ein feiner Sandstrand befindet, beginnt 300 Meter weiter südlich der See. Nach einer weiteren kurzen Fahrt auf der kleinen Nebenstraße gelangt man sogar zu einer noch schmaleren Engstelle zwischen See und Meer.

AM SUMBURGH-AIRPORT VORBEI

Bevor wir den südlichsten Punkt von Mainland erreichen, überrascht uns die Straße mit einer Besonderheit und einer Ampel, die wir auf keinen Fall ignorieren sollten. Denn gleich dahinter kreuzt eine der Start- und Landebahnen des Sumburgh-Airports unseren Weg. Auf diesem Flughafen landen die Maschinen von Loganair, die zwischen dem

SPECIAL

ANDREW CARNEGIE

Ansonsten ist Sandwick stolz auf eine Bäckerei und auf die Carnegie Hall. Letztere ist natürlich nicht mit der legendären Carnegie Hall in Manhattan zu vergleichen, sondern ein kleines Gemeindehaus. Aber mit dem Namen will man an den Schotten Andrew Carnegie erinnern, der in Dumfermline geboren wurde und nach seiner Auswanderung zum drittreichsten Menschen seiner Zeit wurde – nach Rockefeller und Vanderbilt. Das Besondere an ihm war, dass er einen Großteil seines Vermögens spendete. So finanzierte er unter anderem den bereits erwähnten Pittencrieff Park in seiner Geburtsstadt, aber auch die berühmte Theaterbühne in New York, die bis heute seinen Namen trägt.

Über einen Wanderweg entlang dieser faszinierenden Küste erreicht man den südlichsten Punkt der Shetland-Inseln.

britischen Festland und den Orkney- sowie Shetland-Inseln pendeln und die Helikopter, die zu den Erdölplattformen in der Nordsee unterwegs sind.

Während der Fahrt entlang der Landebahnen gelangen wir noch zum Jarlshof (59.871692, -1.287360), einer archäologischen Stätte aus der Bronzezeit. Sie besteht aus einem Broch und einem Wheelhouse, bei dem es sich ebenfalls um einen runden Steinbau handelt. Wheelhäuser gibt es deutlich weniger als Brochs, dieses hier ist das am besten erhaltene, weshalb Jarlshof auch als bedeutendste archäologische Stätte auf

Der Jarlshof zeugt von gleich drei Epochen und ist eine der bedeutendsten Stätten der Inselgruppe.

den Shetland-Inseln gilt. Am Ende der Straße wartet schließlich noch der Parkplatz des ältesten Leuchtturmes der Shetland-Inseln auf uns, der den Seefahrern bereits seit 1821 von den Steilklippen aus den Weg leuchtet.

Westlich von Lerwick sind es nur wenige Minuten mit dem Wohnmobil, bis wir mit **Scalloway** die zweitgrößte Siedlung der Shetland-Inseln erreichen. Heute hat man den Hafenort schnell durchquert, doch bis zum 18. Jahrhundert war Scalloway Hauptstadt der Shetland-Inseln. Sehenswert ist das gleichnamige Castle (60.135438, -1.274364), das als vierstöckiges Herrenhaus zu Beginn des 17. Jahrhunderts gebaut wurde. Nach dem Wechsel der Hauptstadt verfiel das Gebäude und wurde teilweise als Steinbruch genutzt, doch noch bis heute sind zumindest die Außenwände und einige Kellergewölbe erhalten geblieben.

Südlich von Scalloway gelangt man über Brücken zu den Inseln Tondra, West Burra und schließlich East Burra, die jedoch keinerlei Sehenswürdigkeiten bieten. Auf West Burra befindet sich mit Hamnavoe und ihren 750 Einwohnern die drittgrößte Siedlung der Shetlands.

ARCHÄOLOGISCHE STÄTTE STANYDALE

Eine weitere archäologische Stätte findet man im Westen von Mainland. Diese ist über die M 971 zu erreichen. Stanydale ist ein kleiner ovaler Bau, der zu den ältesten auf den

Schon bei der Anfahrt auf Scalloway erkennt man den Hafen und das Castle.

WANDERUNG

RONAS HILL

Um den höchsten Berg der Shetland-Inseln zu besteigen, fährt man auf der M 970 in den Norden von Mainland. Bei North Collafirth zweigt eine kleine Stichstraße zu einem höher gelegenen Sendemast ab (60.533797, -1.391780), wo man ein wenig Platz zum Parken findet. Rund drei Kilometer geht es dann durch die karge und felsige Landschaft zum 450 Meter hohen Ronas Hill, der mit einem Steinhügel markiert ist. An klaren Tagen kann man über weite Teile der Shetland-Inseln hinwegblicken und ganz im Süden sogar die abseits gelegene Fair Isle erkennen.

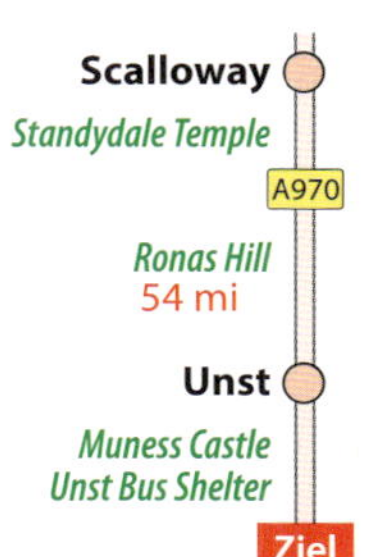

Scalloway Castle ist eine eher kleine Burgruine und befindet sich direkt am Hafen der Stadt.

Mit kleinen Fähren gelangt man vom Mainland zu den anderen Inseln wie Yell oder Unst.

Shetland-Inseln zählt. Geblieben ist von dem einst überdachten Gebäude eine Steinmauer, die in der Vergangenheit schon als klassischer Steinkreis interpretiert wurde, weshalb der Platz gelegentlich als Standydale Temple bezeichnet wird. Die genaue Bedeu-

An den Anlegestellen zu den anderen Inseln ist meistens nicht viel Verkehr.

tung ist unklar, aber man geht von einem Wohnhaus mit mehreren Kammern aus. Sehr schön ist aber auf jeden Fall die einsame Lage inmitten von weitem Grasland, die zunächst auf einem eineinhalb Kilometer langen Weg durchquert werden muss. Leider gibt es keinen vernünftigen Parkplatz, sondern nur eine schmale Haltebucht (Passing Place: 60.234411, -1.475013), die aber angesichts des wenigen Verkehrs in der Regel ausreicht.

Nördlich von Mainland befinden sich noch die beiden Inseln Yell und Unst, die über Fähren erreichbar sind. Die kleine Fähre nach **Yell** (60.466670, -1.208551) benötigt rund 30 Minuten für die Überfahrt. Der südliche Teil von Yell ist von einer Ringstraße umgeben, während es im Norden auf einer Stichstraße weiter durch die raue und faszinierende Landschaft der Shetland-Inseln zum Ableger auf die Insel Unst geht. **Unst** bietet auch in völliger Abgeschiedenheit und am Rande von Großbritannien ein weiteres Schloss zur Besichtigung. So fern des schottischen Hauptlandes treffen wir auf Muness Castle, die nördlichste Burganlage Großbritanniens, und in gewisser Weise sogar wieder auf Spuren von Robert the Bruce. Einer seiner Nachkommen, Laurence Bruce, ließ im Südosten von Unst (60.688808, -0.848895) Muness Castle errichten. Nach einem Brand, verursacht von niederländischen Invasoren, verfiel die Burg zur heutigen Ruine.

KULTUR

UNST BUS SHELTER

Im Osten der Insel befindet sich der Baltasound, wohin sich ein Abstecher nicht nur wegen der Natur, sondern auch wegen der wohl ungewöhnlichsten Bushaltestelle der Welt lohnt. Unst Bus Shelter (60.765397, -0.834606) ist ein kleines verglastes Wartehäuschen, das seit einigen Jahren regelmäßig zu einem besonderen Thema dekoriert wird inklusive Plüschkissen und Fernseher. Im Jahr 2010 war das Thema zum Beispiel die Fußballweltmeisterschaft in Südafrika, während man 2022 das 70. Thronjubiläum der Queen in dem Haltestellenhäuschen feiern konnte. Abschließend kann man in der kleinen Postfiliale von Baltasound Post versenden, die den Stempel des nördlichsten Post Office von Großbritannien bekommt.

PRAKTISCHE HINWEISE

Der Skeld Caravan Park ist Teil einer Marina und liegt sehr ruhig.

TOURISTINFORMATIONEN

Dunfermline, 1 High Street, KY12 7DL
Tel. 0044/(0)1383/72 09 99

Dundee, 16, City Square, DD1 3BG
Tel. 0044/(0)1382/52 75 27

Speyside, 9a, The Square, Huntly
AB54 8BR, Tel. 0044/(0)1466/79 22 55

Aberdeen, 32, Upperkirkgate, AB10 1BA
Tel. 0044/(0)1224/90 04 90

Lerwick, Shetland-Inseln, Market Cross
ZE1 0LU, Tel. 0044/(0)1595/69 34 34

CAMPINGPLÄTZE

C 400 **Forfar Lochside Caravan Club Site** (S. 178 D6) Forfar Country Park, Craig O'loch Road
DD8 1BT, Tel. 0044/(0)1307/46 89 17
www.caravanclub.co.uk
Koordinaten: 56.643596, -2.897605
Etwas abseits der Route, aber in der Nähe der A 90 ideal für eine Übernachtung zwischen Dundee und Aberdeen gelegen. Kreisförmiger Platz an einem Loch bei Forfar.

C 401 **St Cyrus – Miltonhaven Seaside Caravan Park** (S. 179 F5)
St Cyrus by Montrose, Grampian, DD10 0DL
Koordinaten: 56.780634, -2.370804
Teurer Campingplatz, überwiegend für Mobilheime ausgelegt mit nur wenigen Plätzen für Wohnmobile. Jedoch ruhige Lage und direkt an der Küste.

C 402 **Stonehaven Queen Elizabeth Park Caravan Club Site** (S. 179 F4)
Stonehaven, AB39 2RD
Tel. 0044/(0)1569/76 00 88
www.caravanclub.co.uk
Koordinaten: 56.970912, -2.203660
Der Campingplatz klingt majestätischer, als er ist. Nahe Wohnviertel ohne direkten Zugang oder freien Blick auf das Meer, obwohl er sich fast direkt an der Küste befindet.

C 403 **Braemar Caravan Park Caravan Club Site** (S. 178 C4)
Glenshee Road, Braemar, AB35 5YQ
Tel. 0044/(0)1339/74 13 73
www.caravanclub.co.uk
Koordinaten: 57.001695, -3.394270
Großer, gepflegter Campingplatz mit einzel-

nen Stellflächen westlich von Balmoral Castle, dem Urlaubsort der verstorbenen Queen.

C 404 **Huntly Castle Caravan Park Caravan Club Site** (S. 178 D1)
Huntly, AB54 4UJ
Tel. 0044/(0)1466/79 49 99
www.caravanclub.co.uk
Koordinaten: 57.452164, -2.789815
Großer Campingplatz bei historischer Burganlage, den man sich mit Mobilheimen teilt. Günstig gelegen für Besuche der Destillerien in Speyside.

Auf den Shetland-Inseln werden mehrere Orte angeboten, auf denen man mit dem Wohnmobil kostenpflichtig übernachten darf. Sie werden zwar gerne als Campingplatz bzw. Campsite bezeichnet, sind aber oft eher klassische Wohnmobilstellplätze. In der Regel sind die Plätze jedoch sehr schön gelegen. Auch wenn die Shetland-Inseln zahlreiche Möglichkeiten bieten, frei zu übernachten, so sind diese Plätze natürlich auch eine nicht zu unterschätzende Einnahmequelle für die Einwohner.

C 405 **Levenwick Campsite** (S. 189 G5)
im Süden von Mainland, direkt an der A 970
www.levenwick.shetland.co.uk
Tel. 0044/(0)7714/93 59 14 (John)
Koordinaten: 59.971822, -1.278003
Eher Stell- als Campingplatz mit vier Plätzen auf dem Parkplatz des Gemeindehauses. Zufahrt an der klassischen roten Telefonzelle. Sehr schöner Blick aufs Meer.

C 406 **The Westings Inn** (S. 189 G4)
Tel. 0044/(0)1595/84 02 42
Koordinaten: 60.200151, -1.275886
Einfacher Campingplatz an der A 971 nordwestlich von Lerwick mit Blick auf das Meer.

C 407 **South Nesting Hall and Caravan Park** (S. 189 G4)
www.southnestinghall.co.uk
Koordinaten: 60.263541, -1.156687
Acht Stellflächen auf einer Halbinsel von Mainland, nördlich von Lerwick. Direkt an einem Sportplatz, dennoch sehr ruhige Lage.

C 408 **Skeld Caravan Park** (S. 189 F4)
www.skeldcaravanpark.co.uk
Koordinaten: 60.186310, -1.438194
Mehr Wohnmobilstell-, denn Campingplatz am Hafen einer Bucht von Skeld. Gepflegt, für die abseitige Lage etwas teuer.

C 409 **Braewick Café and Caravan Park** (S. 189 H1) Shetland ZE2 9RS
www.facebook.com/BraewickCafe
Koordinaten: 60.493982, -1.557224
Im Westen der Insel Mainland an der B 9078 bietet das kleine Café in absolut ruhiger und einsamer Lage vier Parzellen zum Übernachten an.

C 410 **Uyeasound** (S. 189 H1)
Shetland ZE2 9DN
Koordinaten: 60.688294, -0.918473
Einfacher Übernachtungsplatz in traumhaft schöner Lage direkt an einer Bucht im Süden der Insel Unst.

C 411 **Burravoe Pier** (S. 189 G3)
Koordinaten: 60.497435, -1.044129
Im Süden der Insel Yell ist neben dem Pier ein wenig Platz für Wohnmobile.

Auf den Shetland-Inseln hat man oft Möglichkeiten zum Zwischenstopp, um die Landschaften zu genießen.

EINSAMES INSELHOPPING IN DER NORDSEE

Von Kirkwall (Orkneys) nach Leverburgh (Äußere Hebriden)

Von den Orkney-Inseln geht es zurück auf das schottische Festland, wo wir im äußersten Nordwesten bleiben und die Einsamkeit und Ruhe der Highlands genießen, für die wir unsere Lebensmittelvorräte gut aufgestockt haben. Später befahren wir wieder ein Schiff und legen ab, um die Äußeren Hebriden zu erreichen, wo wir gemütlich von Insel zu Insel übersetzen. Einsame Straßen, rauer Wind und eine tolle Landschaft prägen unsere Eindrücke von diesem Teil Schottlands. Und immer wieder stoßen wir auf interessante Wanderwege und auf Schutzgebiete, in denen man sich stundenlang der Vogel- und Wildtierbeobachtung hingeben kann.

Schottland hat, wie hier auf Handa Island, eine tolle Küstenlandschaft.

Der nördlichste Punkt der Äußeren Hebriden ist mit dieser kleinen Skulptur markiert.

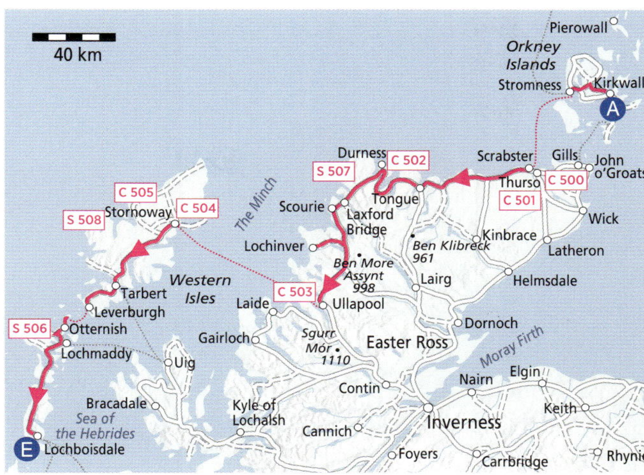

Kirkwall beherbergt die nördlichste Whiskybrennerei Schottlands. Ihr Name lautet Highland Park (58.968401, -2.955647) und sie erhielt ihre Lizenz im Jahr 1826. Doch die eigentliche Geschichte der Destillerie begann schon Ende des 18. Jahrhunderts, als der Whisky an dieser Stelle bereits »schwarz« gebrannt wurde. Die Brennerei ist eine der Hauptsehenswürdigkeiten der Orkney-Inseln und bietet daher ein umfangreiches Besucherzentrum mit täglichen Führungen.

Wie schon zum Abschluss der Route 3 beschrieben, legen in Kirkwall die Fähren zu den nördlichen Orkney-Inseln ab. Die zentralste von ihnen ist die von 120 Menschen bewohnte Insel Eday. Nördlich eines kleinen Sees befindet sich die einzige nennenswerte Sehenswürdigkeit, der viereinhalb Meter hohe Menhir, der als Stone of Setter bezeichnet wird (59.218974, -2.764657). Südöstlich von Eday liegt die Insel Stronsay, die sich mit einem wunderbaren Küstenstreifen präsentiert. Besonders sehenswert ist der spektakuläre Vat of Kirbister (59.100523, -2.550406), bei dem es sich um einen natürlichen Steinbogen handelt, der sich über eine kleine Bucht im Osten der Insel spannt.

WELTKULTURERBE AUF DEN ORKNEY-INSELN

Die größte der nördlichen Inseln ist Sanday im Nordosten. Auch sie bietet mit ihrer Natur und Abgeschiedenheit Ruhe und Erholung. Zudem gibt es auf Sanday einige archäologische Fundstücke. Doch die bedeutendsten Kulturdenkmale der Orkney-Inseln befinden sich auf Mainland und wurden 1999 sogar in die Welterbeliste der UNESCO aufgenommen. Beim sogenannten Heart of Neolithic Orkney handelt es sich um mehrere Fundstücke, die älter sind als das deutlich bekanntere Stonehenge im Süden Englands. Zu ihnen gehören zum Beispiel die Stones of Stenness (58.993502, -3.208699) direkt am Ufer des gleichnamigen Loch of Stenness. Die Steine bilden aufrecht stehend einen Kreis, wobei der größte von ihnen bis zu 5,70 Meter in die Höhe ragt. Nur wenige Meter nördlich der Steine befindet sich die neolithische Siedlung Barnhouse, die ursprünglich aus 15 Häusern bestand. Folgt man der B 9055 zwischen dem Loch of Stenness und dem Loch of Harray nach Norden, sieht man schon nach wenigen Augenblicken weitere Steine auf der linken Seite. Sie bilden den Ring von Brodgar. Er ist einige Jahrhunderte jünger als die Steine von Stenness, dennoch vermutlich älter als Stonehenge und vor allem Dingen größer, denn der Durchmesser des Steinrings beträgt etwas über 100 Meter. Zu diesen Steinsetzungen, die als Komplex zum Weltkulturerbe ausgezeichnet wurden, gehören vier weitere einzeln stehende Menhire in der näheren Umgebung. Sie werden als Comet Stone, Bridge Stone, Watch Stone

ROUTE 5

START- UND ENDPUNKT
Kirkwall (Orkney-Inseln) und Leverburgh (Äußere Hebriden)

BESTE JAHRESZEIT
Sommer

STRECKENLÄNGE
400 Meilen

FAHRZEIT
4 bis 5 Tage

MAUTSTRECKEN
Keine Mautstrecken, jedoch Fährverbindungen

So manches Relikt, wie hier in Thurso, erinnert an die Tradition der Schifffahrt im hohen Norden.

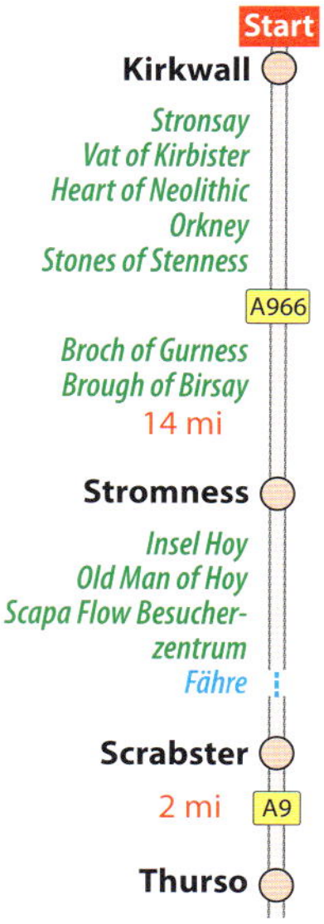

und Barnhouse Stone bezeichnet. Der größte von ihnen ist unübersehbar und erhebt sich mit seinen 5,50 Metern direkt an der Straße. Es wird geschätzt, dass er bis zu zwei Meter tief in der Erde steckt.

Umrundet man den westlichen Teil von Mainland gegen den Uhrzeigersinn auf der M 966, so kann man am Nordufer den Broch of Gurness besichtigen (59.123564, -3.083916). Dieser Turm wurde im 2. Jahrhundert vor Christus gebaut und ist einer der größten seiner Art, der bis heute erhalten geblieben ist. Der Broch wurde in den 1930er-Jahren ausgegraben und hat einen Durchmesser von rund 20 Metern sowie eine Höhe von dreieinhalb Metern. Vom Broch of Gurness erkennt man gut die benachbarte Insel Rousay. Sie ist von Tingwall aus mit einer Fähre erreichbar und bietet mehrere Wanderwege, auf denen man die Vogelschutzgebiete der Insel beobachten kann.

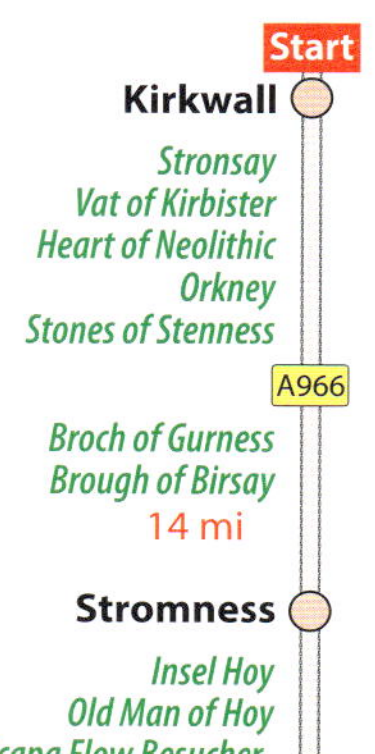

ZU FUß ZUR INSEL BROUGH OF BIRSAY

Auf Mainland fahren wir am Loch of Swannay vorbei und erreichen den Nordwesten der Hauptinsel. Dort lohnt sich an einem Parkplatz (59.135392, -3.324809) das Warten auf Ebbe, denn wenn das Wasser zurückgegangen ist, taucht ein schmaler Fußweg auf, auf dem man dann trockenen Fußes die nur 300 Meter entfernte Insel Brough of Birsay erreichen kann. Das Eiland ist nicht besonders groß, sodass man in der Zeit der Ebbe auch zum Leuchtturm ganz im Westen gelangen kann. Dennoch sollte man die Gezeiten nicht aus dem Auge lassen, da man bei einsetzender Flut sonst auf der unbewohnten Insel festsitzt.

Im Südwesten von Mainland erreichen wir mit **Stromness** die zweitgrößte Stadt der Orkneys. Sie bietet kaum Sehenswürdigkeiten und dennoch wirkt sie mit ihrer schmalen Victoria Street, in der es einige kleinere Geschäfte und Restaurants gibt, zumindest interessant. Im Süden geht die Straße in die Dundas Street über, wo an einem der für Stromness typischen Steinhäuser eine blaue Plakette an Eliza Fraser erinnert, die hier lebte (58.960212, -3.300101). Sie war die Ehefrau des Kapitäns James Fraser und begleitete ihren Mann im hochschwangeren Zustand bei einer Reise von Sydney nach Singapur, als das Schiff am australischen Great Barrier Reef auf Grund lief und sank. Die Schiffbrüchigen konnten sich auf eine Insel retten, die später als Fraser Island bezeichnet und bekannt wurde.

Bei einer Fahrt quer über die Insel erkennt man die hügelige Landschaft von Hoy, die von Mooren und Heide geprägt ist. Der höchste Punkt der Orkney-Inseln befindet sich auf Hoy und ist mit 479 Metern Höhe der Ward Hill. Geübte Wanderer können diesen Berg in karger Umgebung besteigen und bei gutem Wetter die Aussicht über die Insel bis hinüber nach Stromness genießen. Relativ zentral befindet sich auf Hoy der sogenannte Dwarfie Stane, bei dem es sich um ein 5000 Jahre altes Steingrab handelt. Der über acht Meter lange Steinblock beherbergt eine kleine Kammer und gilt als das nördlichste Felsengrab in Europa. Von der Straße aus (58.887674, -3.318756) ist der liegende Fels nach einem kurzen Spaziergang gut zu erreichen.

Abschließend lohnt sich noch ein Blick in das Scapa Flow Besucherzentrum (58.833650, -3.194569). Es befindet sich auf dem Gelände eines ehemaligen Stützpunktes der Royal Navy. Diese verließ jedoch 1956 die Insel Hoy, weshalb ein Teil der einstigen Anlage zu einem Militärgelände umgewandelt wurde.

Zurück auf Mainland nutzen wir die Fähre von Stromness, um wieder das schottische Festland zu erreichen.

Mit **Scrabster** treffen wir auf den nördlichsten Punkt der Schnellstraße M 9, auf der wir nach wenigen Augenblicken **Thurso** erreichen. Die Stadt erstreckt sich entlang des gleichnamigen Flusses, der hier in das Meer mündet. Klassische Sehenswürdigkeiten sucht man hier vergebens, allenfalls die Ruine von Thurso Castle ist erwähnenswert. Das Schloss wurde im 17. Jahrhundert erbaut, verfiel aber bereits im 19. Jahrhundert zur heutigen Ruine. Ein Besuch dieses Schlosses ist kein Muss, vielmehr ist der Anblick aus der Ferne, zum Beispiel von der Flussmündung, wesentlich attraktiver. Sehenswert ist nur der Blick auf das ehemalige Torhaus südlich der Anlage (58.595990, -3.507456).

DER NÖRDLICHSTE PUNKT VON GROSSBRITANNIEN

Bevor wir uns aber von Thurso aus nach Westen bzw. Südwesten auf den Weg in die Highlands machen, sollten wir noch einen kleinen Abstecher nach Osten einlegen. Genauer gesagt, nach Nordosten, denn dort befindet sich die Halbinsel Dunnet Head. Auf der Halbinsel geht es leicht bergauf und die Fahrt endet an einem Parkplatz vor einer Steilklippe (58.670417, -3.376651). Es ist leider keine

Charmante kleine Kirche mit Rundturm in Thurso

KULTUR

OLD MAN OF HOY

Von Stromness aus erreicht man mit einer Fähre die südlicher gelegene Insel Hoy, auf der sich einige Naturschönheiten befinden. Zu ihnen gehört der Old Man of Hoy, der zwar an die Lange Anna von Helgoland erinnert, aber fast dreimal so hoch ist (58.886031, -3.429731). Der Brandungspfeiler bringt es auf eine Höhe von 137 Metern und ist seit seiner Erstbesteigung im Jahr 1966 bei Kletterern beliebt. Entstanden ist der Old Man of Hoy erst im 18. Jahrhundert durch Erosion und man prophezeit ihm keine allzu lange Lebenserwartung, da er irgendwann zusammenbrechen wird. Die Felsnadel befindet sich in einer faszinierenden Küstenlandschaft, die zu den höchsten Klippen Großbritanniens zählt.

Vom Campingplatz in Thurso hat man einen wunderbaren Ausblick auf die Steilküste von Dunnet Head, dem nördlichsten Punkt des britischen Festlands.

Seltenheit, dass ausgerechnet der Parkplatz im Nebel liegt. Wer aber zum nördlichsten Punkt Großbritanniens fahren möchte, der ist an diesem Extrempunkt richtig. Bei guter Sicht kann man sogar den Old Man of Hoy deutlich vor der Insel Hoy erkennen. Bei schlechter Sicht bleiben einem wenigstens der hiesige Leuchtturm und das Schild mit dem Hinweis, dass man sich am nördlichsten Punkt des britischen Festlands befindet.

Noch etwas weiter östlich, beinahe schon wieder kurz vor dem Hafenörtchen Gills, erhebt sich das **Castle of Mey** (58.646988, -3.226796). Wohnmobile dürfen neben der kleinen Schlossmauer parken. Das Schloss wurde von Elizabeth Bowes-Lyon, besser bekannt als Queen Mum, im Jahr 1952 gekauft. Sie ließ das im 16. Jahrhundert gebaute und später verfallene Schloss komplett herrichten und auf den neuesten technischen Stand bringen. Nach dem dreijährigen Umbau bewohnte sie es regelmäßig ein- bis zweimal im Jahr als Urlaubsdomizil. Heute wird es gelegentlich von ihrem Enkel König Charles für wenige Tage im Sommer genutzt. Ansonsten ist es für die Öffentlichkeit zugänglich und kann besichtigt werden.

Westlich von Thurso fahren wir auf der A 836 in Küstennähe und freuen uns über den gelegentlichen Ausblick auf den Atlantik. Immer wieder sollte man anhalten und den

SPECIAL

MUNRO

Munro werden sämtliche Berge in Schottland genannt, die mehr als 3000 Fuß in den Himmel ragen, das entspricht wiederum 914,4 Metern. Schottland hat 282 Berge, die diese Höhe erreichen und die die Liste der Munros füllen. Der Name stammt vom Londoner Bergsteiger Sir Hugh Munro, der bekannt dafür wurde, dass er die schottische Berglandschaft erkundete.

1819 stellte er die Liste auf und begann damit, sämtliche Munros zu besteigen, was er bis zu seinem Tod im Jahr 1919 jedoch nicht schaffte. Es fehlten ihm zum Schluss noch zwei Munros. Mehrfach wurde die Liste überarbeitet, weil sich die Vermessungsmethoden seit der ersten Aufstellung verändert haben und genauer geworden sind. Außerdem gab es immer wieder Diskussionen, wann ein Berg wirklich ein Munro ist, denn er sollte dafür nicht nur 3000 Fuß hoch sein, sondern durch eine gewisse Schartenhöhe natürlich auch eine entsprechende Selbstständigkeit besitzen. Daher gibt es 510 Gipfel, die zwar die erforderliche Munro-Höhe haben, aber keine 500 Fuß Schartenhöhe aufweisen. Diese Gipfel werden dann Top genannt. Aber mit Munros und Tops alleine ist es noch nicht getan. So existieren mit den sogenannten Marilyns 2009 Gipfel in ganz Großbritannien, die eine Schartenhöhe von 150 Metern aufweisen, unabhängig von ihrer eigentlichen Höhe. Außerdem werden schottische Berge, die zwischen 2500 und 3000 Fuß hoch sind, als Corbetts und Berge zwischen 2000 und 2500 Fuß als Grahams bezeichnet. Am prominentesten sind aber natürlich die Munros, da sie die höchsten Gipfel sind. In den meisten schottischen Buchhandlungen sind Wanderführer erhältlich, in denen jeder einzelne von ihnen beschrieben wird und nach seiner Besteigung abgehakt werden kann. Denn hat man das sogenannte Munro-Bagging erfolgreich beendet und alle 282 Munros nachweislich bestiegen, wird man vom Scottish Mountaineering Club als Munroist bezeichnet und geführt.

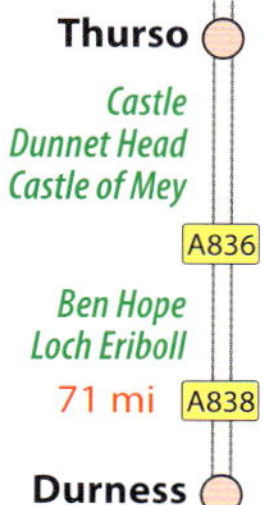

In den Highlands findet man immer schnell einen Parkplatz, um Natur und Landschaft zu genießen.

Blick über die meist karge Landschaft genießen, die hier abrupt an steilen Felswänden endet, die wiederum zum Meer hin abfallen.

Bei der Ortschaft **Tongue** erblicken wir zum ersten Mal den Ben Hope, sollten aber auf der A 838 weiter westwärts fahren. Kurz vor dem nördlichen Ufer des Loch Hope erkennen wir den markanten Berg in gerader Linie nach links bzw. nach Süden. Der Ben Hope ist 927 Meter hoch, was 3071 Fuß entspricht. Die Höhe in Fuß ist ausschlaggebend dafür, dass er als Munro bezeichnet wird und sogar der nördlichste Munro Schottlands ist.

EINSAM DURCH DIE HIGHLANDS

Man wird hier feststellen, dass man sehr einsam unterwegs ist. Wir befinden uns in der schottischen Grafschaft Sutherland, die mit ihren 13 000 Einwohnern zu den am dünnsten besiedelten Regionen Europas gehört. Damit leben gerade einmal zweieinhalb Personen auf einem Quadratkilometer, was in etwa der Besiedlungsdichte von Lappland entspricht. Zum Vergleich: Das Land mit der niedrigsten Bevölkerungsdichte ist die Mongolei mit 1,9 Einwohnern je Quadratkilometer. Die am dünnsten besiedelte Region in Deutschland ist das schleswig-holsteinische Wiedenborstel mit immer noch fünf Einwohnern je Quadratkilometer, der Bundesdurchschnitt liegt bei 226 Einwohnern. Der Grund für die hiesige dünne Besiedlung ist in den sogenannten Highland Clearances zu finden. Damit ist die Vertreibung der Bevölkerung im 18. und 19. Jahrhundert gemeint, damit schottische Gutsherren und Großgrundbesitzer flächendeckend Schafe züchten konnten. Noch bis heute sind die Ausmaße hiervon zu erkennen: Bei einer Reise durch den nordwestlichsten Teil Schottlands sieht man immer wieder Mauerreste und Ruinen früherer Besiedlungen sowie Gedenkstätten, die an die Vertreibung erinnern.

Westlich vom Binnensee **Loch Hope** passieren wir **Loch Eriboll**, eine Meeresbucht, die trotz der Abgeschiedenheit eine besondere Bedeutung im Zweiten Weltkrieg hatte. Korrekterweise muss es jedoch heißen: Nach dem Zweiten Weltkrieg, denn im Mai 1945, nachdem Nazi-Deutschland kapitulierte,

WANDERUNG

BEN HOPE

Wer ausgerechnet mit dem nördlichsten Munro seine persönliche Sammlung beginnen möchte, der ist an einem kleinen Parkplatz (58.390273, -4.632643), drei Kilometer südlich vom Loch Hope und erreichbar über eine schmale Asphaltstraße, genau richtig. Von hier sollte man rund fünf Stunden für den Aufstieg einplanen. Schon die Fahrt dorthin verspricht einen tollen Blick auf den Berg, der mit seiner steil aufragenden Westflanke die Landschaft dominiert.

Selbst bei schlechtem Wetter macht es Spaß, an einem schottischen Strand zu spazieren.

wurden fast drei Dutzend deutsche U-Boote in die Bucht eskortiert und ihre Besatzung gefangen genommen. Einige der Unterseeboote wurden gleich hier stellenweise demontiert, andere wurden später auf das offene Meer gebracht und versenkt.

Auf der A 838 umrunden wir Loch Eriboll und gelangen zur Küste, wo immer wieder Parkplätze zum Verweilen oder gar zum Übernachten einladen. Aber in einer einsamen Region wie dieser sind die Bewohner natürlich für jede Einnahme dankbar, so auch der Campingplatz in **Durness** (58.568533, -4.743441), einem Dorf mit rund 400 Einwohnern. Der Campingplatz liegt malerisch an der Küste und ist ganzjährig geöffnet. Da sich jedoch in den Wintermonaten keine Touristen hierher verirren, darf der Campingplatz von November bis März kostenlos genutzt werden. Sogar die Sanitäranlagen sind geöffnet, allerdings nur mit kaltem Wasser an den Waschbecken, die Duschen sind dann außer Betrieb und für den Stromanschluss, wenn man ihn benötigt, werden sieben Pfund pro Tag erwartet. Der Campingplatz dient als Ausgangspunkt für einen zwei Kilometer langen Spaziergang zur Smoo Cave (58.563409, -4.721138). Diese Höhle befindet sich am Ende einer 500 Meter langen Bucht und ist sowohl eine Meeres- als auch eine

Durness
Smoo Cave
Faraid Head
Cape Wrath
Insel Handa
45 mi
Drumbeg
Old Man of Stoer
A837
Ardvreck Castle
A835
Knockan Crag
Stac Pollaidh
40 mi
Ullapool
Fähre
Äußere Hebriden
Stornoway

WANDERUNG

CAPE WRATH

Cape Wrath ist der nordwestlichste Punkt Schottlands und kann nur mit der Fähre und in einer mehrstündigen Wanderung von Süden aus erreicht werden. Das allerdings auch nur zu bestimmten Zeiten, da das Kap von der Royal Air Force zu Übungszwecken genutzt wird. Daher und wegen der Abgeschiedenheit wird dieser sehr schöne Küstenabschnitt mit dem Leuchtturm aus dem Jahr 1828 von höchstens 6000 Touristen pro Jahr besucht. Steht man aber erst einmal am Kap, dann ist man ungefähr genauso weit von den Faröer-Inseln entfernt wie von Edinburgh. Die Inseln liegen 321 Kilometer nördlich von Cape Wrath, in die schottische Hauptstadt sind es 316 Kilometer Luftlinie. Nach Land's End im Südwesten der britischen Insel sind es 953 Kilometer. Das ist deshalb erwähnenswert, weil sich dort mit dem Cape Cornwall das zweite Kap Großbritanniens befindet. Weitere Ortsbezeichnungen, die mit Cape beginnen, existieren auf der Insel nicht.

Süßwasserhöhle, da sich von der Landseite her ein Bach durch ein Loch in der Decke in die Höhle ergießt. Über einen steilen Pfad ist die 60 Meter lange und 40 Meter breite Höhle von einem Parkplatz aus zugänglich.

GRÖSSTE SANDDÜNEN GROSSBRITANNIENS

Nördlich von Durness sind kleine Wanderungen auf die Halbinsel Faraid Head möglich. Sie ist nur zweieinhalb Kilometer lang, bietet aber mit den größten Sanddünen Großbritanniens ein wunderbares Landschaftsbild. Diese werden zudem auch gerne von Papageitauchern aufgesucht, sodass man hier gute Möglichkeiten hat, die Puffins zu fotografieren und zu beobachten. In gleicher Entfernung, jedoch in Richtung Süden, erreicht man Kyle of Durness. Diese Meeresbucht ist Ausgangspunkt für Fährfahrten nach Cape Wrath und bietet einen kleinen Parkplatz, um während der Überfahrt das Wohnmobil parken zu können (58.553328, -4.787211).

Man muss die elf Meilen vom westlichen Fähranleger zum Cape Wrath aber nicht zu Fuß zurücklegen, sondern kann den Service eines Kleinbusses in Anspruch nehmen, der einem die Möglichkeit gibt, sich für eine Stunde am Leuchtturm aufzuhalten. Wer besonders gut zu Fuß ist, kann auch direkt weiterwandern, denn am Kap beginnt der Cape Wrath Trail, der auf rund 370 Kilometern nach Fort William führt, wo in der Nähe der Aufstieg zum Ben Nevis, dem höchsten Berg der britischen Insel, startet. Alternativ könnte man ab Fort William gleich auf dem nächsten Fernwanderweg, dem West Highland Way, weiter bis Glasgow wandern.

Für heute belassen wir es aber bei einer bequemen Fahrt mit dem Wohnmobil und folgen weiter der A 838. Rund fünf Meilen

Trotz aller Einsamkeit trifft man in den Highlands auch auf Gleichgesinnte.

Ein Bach ergießt sich durch die Decke in die Höhle Smoo Cave bei Durness.

Auf dieser kleinen Fähre nimmt man nur mit Rettungsweste Platz. Und dann geht es nach Handa Island.

hinter dem Abzweig nach Kinlochbervie erreichen wir die Laxford Bridge. Diese kleine Steinbogenbrücke überspannt bereits seit 1834 den Fluss Laxford und ist trotz ihrer geringen Größe mit gerade mal nur einer Fahrspur eine ganz wichtige Straßenverbindung, wie es im Jahr 2009 bewiesen wurde. Damals kam ein Armeetransporter von der schmalen Straße ab, stürzte die Böschung hinunter und demolierte dabei die Brücke, die für einige Zeit gesperrt werden musste. Das führte dazu, dass man von Rhiconich den weiten Weg über Durness nutzen musste, um das südliche Ufer des Flusses zu erreichen – ein Umweg von 160 Kilometern je Richtung.

An der Brücke verlassen wir die A 838 und biegen nach rechts auf die A 894 ab und erreichen wenig später den Abzweig zum Küstenort **Tarbert** (58.389469, -5.143027). Hier besteht die Möglichkeit, mit einem Personenboot auf die Insel Handa überzusetzen. **Handa** ist gerade einmal zweieinhalb Kilometer lang und etwas weniger als zwei Kilometer breit. Im Süden ist die unbewohnte Insel relativ flach und bietet sogar Sandstrände, während sie im Norden ansteigt und mit einigen Steilküsten abrupt endet. Die Insel befindet sich zwar in Privatbesitz, wird aber vom Scottish Wildlife Trust betreut, weil hier zahlreiche Meeresvögel in großen Kolonien beheimatet sind und die Insel daher geschützt ist. Handa bietet abermals gute Möglichkeiten, Papageitauchern zu begegnen. Vor der hohen Steilküste im Westen erhebt sich zudem eine Felsnadel, doch diese wirkt bei aller Schönheit trotzdem sehr klein, wenn man gute Sicht hat und im Süden schon den Brandungspfeiler namens Old Man of Stoer erkennen kann.

Das Erreichen dieser Naturschönheit ist recht beschwerlich und zeitaufwändig. Hier-

In den Steilklippen von Handa Island brüten tausende von Vögeln.

für bleiben wir zunächst auf der A 894, verlassen diese aber am Abzweig nach **Drumbeg** (58.236086, -5.013285) und fahren rund 20 Meilen auf einer einspurigen Asphaltpiste durch die Highlands bis zur Halbinsel Stoer. Die aus Sandstein bestehende Felsnadel Old Man of Stoer ist 60 Meter hoch und kann über einen Fußweg vom Leuchtturm (58.238211, -5.400844) erreicht werden.

Auf der A 837 schließt sich unsere kleine Rundfahrt am lang gestreckten Loch Assynt an. Kurz bevor wir den See komplett passiert haben, sehen wir an seinem Nordufer noch einige Mauerreste in die Höhe ragen. Sie gehören zum Ardvreck Castle (58.168561, -4.992905), das im 16. Jahrhundert erbaut wurde und im Jahr 1737 unter nie eindeutig geklärten Umständen durch ein Feuer zerstört wurde. Dieser Umstand dürfte wohl dazu beigetragen haben, dass sich im Laufe der Zeit mehrere Sagen und Legenden rund um die Ruine gebildet haben und man sogar von Geistererscheinungen munkelt.

WELCOME TO AMERICA

Im weiteren Verlauf unserer Reise durch die schottischen Highlands erreichen wir den Abzweig auf die A 835 in Richtung Ullapool, dem wir nach rechts folgen. Wir durchqueren einen kleinen verstreuten Weiler namens **Knockan** und erleben, wie sich zu unserer Linken steile Felswände erheben. Diese gehören zu Schottland, während wir schon seit einiger Zeit in Nordamerika unterwegs sind – zumindest geologisch betrachtet. Um diese Aussage zu verstehen und zu überprüfen, sollten wir am folgenden See Loch-an an Ais den Parkplatz auf der linken Seite ansteuern (58.033681, -5.071212) und in die Wanderstiefel schlüpfen. Auf einem kurzen, knapp zwei Kilometer langen, aber steil aufsteigenden Rundwanderweg können wir einen geologischen Aufschluss erkennen. Er wurde im Jahr 1907 entdeckt und gehört zur kaledonischen Gebirgsbildung, bei der sich

Diese Herrschaften stehen bei Knockan Crag ...

... und erklären die Geologie am Rande eines Wanderwegs.

Mitten in den Highlands kann man auch auf Kunstwerke stoßen.

während der tektonischen Plattenverschiebung die Rumpfgebirge Großbritanniens, Skandinaviens und die Appalachen im Osten der USA gebildet haben. In Schottland wird diese Überschiebung als Moine Thrust bezeichnet. Sie reicht im Norden von Loch Eriboll bis zur Isle of Skye und entstand vor über 400 Millionen Jahren. Auf dem Rundweg hier am **Knockan Crag** wurde dieser kleine Geopark angelegt, in dem die geologischen Vorgänge näher erläutert werden. Zudem schuf man aus Gesteinsplatten ein Kunstwerk, das sich am Wegesrand befindet und den Globus darstellen soll. Mit den Highlands im Hintergrund ist er ein beliebtes Fotomotiv.

WANDERUNG

STAC POLLAIDH

Ein Parkplatz (58.034443, -5.207106) unterhalb des Berges Stac Pollaidh und oberhalb des Loch Lurgainn ist Ausgangspunkt für eine Umrundung des Gipfels. Obwohl der Berg nur 613 Meter hoch ist, dominiert er die Landschaft durch seine steil aufragenden Felswände und gilt als eine große Herausforderung. Geübte Kletterer können den Gipfel erreichen, Wanderer begnügen sich mit einer Umrundung der steil aufragenden Sandsteinfelsen, auf denen man ohnehin schon fantastische Ausblicke auf die Highlands, Lochs und bis zum Atlantik genießen kann. Rund drei Stunden sollte man für den viereinhalb Kilometer langen und gut ausgebauten Rundweg einplanen.

Der Wanderweg hat zudem den Vorteil, dass man in der Ferne bereits das nächste Ziel auf dieser Route erkennen kann. In fast gerader Linie und acht Kilometern Entfernung erhebt sich der markante **Stac Pollaidh**.

Wir erreichen ihn mit dem Wohnmobil, indem wir kurz hinter Knockan Crag die A 835 nach rechts auf die schmale Straße in Richtung Achiltibuie verlassen.

Zurück zur A 835 fahren wir weiter in südlicher Richtung und erreichen mit Ullapool die größte Siedlung in der weiteren Umgebung, obwohl hier gerade einmal rund 1500 Einwohner leben. Die Auswahl an Sehenswürdigkeiten ist in Ullapool daher überschaubar, doch hat man hier im Supermarkt Tesco ausreichend Möglichkeiten, die Schränke im Wohnmobil wieder mit Vorräten aufzufüllen. Außerdem liegt Ullapool am Loch Broom, bei dem es sich um keinen See, sondern um eine fjordähnliche Meeresbucht handelt.

An dem wohl schönsten Teil der Stadt befindet sich ein Campingplatz mit direktem Blick auf das Wasser. Dabei kann man auch die Fähren beobachten, mit denen wir zum ersten Mal auf die Äußeren Hebriden aufmerksam werden. Ab Ullapool pendeln die Schiffe von Caledonian MacBrayne mehrmals täglich nach Stornoway.

SPECIAL

METEORITENEINSCHLAG

Auch in Ullapool kann man sich mit dem Thema Geologie befassen, da in manchen Steinen und Felsen Einschlüsse kleinerer Steine zu erkennen sind und diese wie hineingepresst und geschmolzen wirken. Lange Zeit nahm man an, dass sie vulkanischen Ursprungs sind. Doch aufgrund neuerer Erkenntnisse geht man davon aus, dass es in der Umgebung den einzigen nennenswerten Meteoriteneinschlag auf dem Gebiet Großbritanniens gab. Dafür war dieser allerdings so heftig, dass man im heutigen Aberdeen, also am anderen Ende der Insel, noch Windgeschwindigkeiten von über 400 km/h spüren würde. Der Einschlagskrater wurde bisher noch nicht entdeckt, man vermutet ihn jedoch in der Meerenge Minch, die sich zwischen dem Festland und den Hebriden erstreckt.

ÜBERFAHRT ZU DEN ÄUSSEREN HEBRIDEN

Diese Route stellt die nördlichste Verbindung zwischen den Äußeren Hebriden und dem schottischen Festland dar. Weitere Verbindungen existieren zwischen Harris bzw. Lochmaddy und Uig auf der Isle of Skye sowie ganz im Süden die Fährstrecken zwischen Lochboisdale bzw. Castlebay und Oban. Hier wird man daher nun vor der Entscheidung stehen, ob man auf dem britischen Mainland bleibt und weiter nach Süden fährt oder ob man sich dem lohnenswerten Inselhopping hingibt.

ÄUSSERE UND INNERE HEBRIDEN

Wegen der Attraktivität der Inseln wird im Folgenden die Fahrt über die Hebriden behandelt. Die Alternativroute auf dem Festland wird am Ende der Etappe beschrieben. Die Hebriden werden zunächst einmal in die

Diesen Ausblick verdient man sich durch eine Besteigung des Stac Pollaidh.

Keine Seltenheit ist in Schottland diese Art der Begrüßung.

Auch auf den Äußeren Hebriden kann man mit dem Wohnmobil weite Straßen genießen.

Äußeren und Inneren Hebriden unterteilt. Bei einem Blick auf die Karte ist die Unterscheidung deutlich zu erkennen. Die Inneren Hebriden liegen relativ nah an der schottischen Festlandküste und reichen im Norden von der Isle of Skye bis zur Insel Islay im Süden.

Die Äußeren Hebriden liegen weiter westlich wie ein Schutzwall vor der Isle of Skye und der schottischen Küste. Sie erstrecken sich beinahe bogenförmig von Norden nach Süden und bringen es dabei auf eine Länge von etwas über 200 Kilometern. Im Norden werden die Äußeren Hebriden vom schottischen Festland durch die Meerenge The Minch abgetrennt. Weiter im Süden, auf Höhe der Isle of Skye, wird die Meerenge etwas bescheidener als The Little Minch bezeichnet. Die Inneren und Äußeren Hebriden umfassen zusammen rund 500 Inseln, wovon gerade einmal zehn Prozent bewohnt sind. Wichtigstes Verkehrsmittel sind demnach die Fähren, die von der Reederei Caledonian MacBrayne, oft auch als Cal-Mac bezeichnet, betrieben werden.

Unsere Reise über die Äußeren Hebriden beginnen wir nach einer zweieinhalbstündigen Fahrt von Ullapool nach **Stornoway**, womit wir uns nicht nur auf der nördlichsten, sondern auch auf der größten Insel der Hebriden befinden. Sie ist nach dem britischen Mainland und Irland sogar die drittgrößte der britischen Inseln überhaupt. Lediglich ihr Name ist kurios, denn sie heißt richtigerweise Lewis and Harris. Aber im allgemeinen Sprachgebrauch liegt die Hauptstadt Stornoway auf der Insel Lewis. Gemeint ist damit der nördliche Teil der Insel, während der Süden als Harris bezeichnet wird. Diese Besonderheit begründet sich in der unterschiedlichen Eigenschaft der Insel, die durch ihre flache Landschaft im Norden ganz anders wirkt als im eher hügeligen Teil im Süden. Von den rund 20 000 Inselbewohnern leben gut 8000 Menschen im Hauptort Stornoway, womit man nach den Fahrten durch die einsamen und ruhigen Highlands beinahe das Gefühl bekommt, eine Großstadt zu bereisen.

Dennoch ist Stornoway relativ überschaubar. Wer noch nicht in Ullapool einkaufen war, kann dies direkt nach der Ankunft im großen Supermarkt am Hafen (58.206849, -6.383795) oder am nördlichen Ortsrand (58.216548, -6.384666) erledigen. Die Stadt, die im 9. Jahrhundert von Wikingern gegründet wurde, lebt auch heute noch überwiegend vom Fischfang und natürlich vom Tourismus.

Auf der gegenüberliegenden Seite der Hafeneinfahrt erhebt sich auf einem bewaldeten Hügel das aus dem 19. Jahrhundert stammende Lews Castle, das als Herrenhaus errichtet wurde und in dem sich heute neben einem Museum ein Kulturzentrum befindet. Auf der A 866 verlassen wir Stornoway in östlicher Richtung am Sportplatz vorbei und werden wenig später durch ein braunes touristisches Hinweisschild auf das eine Meile entfernte Denkmal der HMY Iolaire-Tragödie aufmerksam (58.189233, -6.349319).

Noch weiter östlich gelangen wir zu einer Halbinsel, die nur durch eine schmale Landzunge mit der Lewis-Insel verbunden ist. Ein einfacher Parkplatz (58.206539, -6.294840) mit öffentlichen Toiletten lädt hier zum Verweilen ein. Auf der Südseite der Landverbindung erstreckt sich ein Kieselstrand, während nur wenige Meter davon entfernt auf der Nordseite ein Sandstrand zu finden ist. Ungewöhnlich ist die Lage eines Friedhofs genau auf der Engstelle zwischen den beiden

Bei schönem Wetter vermittelt das Wasser an den Küsten der Äußeren Hebriden karibische Gefühle.

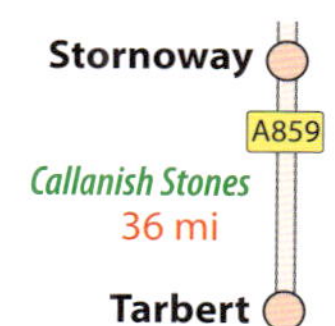

SPECIAL

HMY IOLAIRE

Das Schiff war in der Nacht vom 31. Dezember 1918 auf den 1. Januar 1919 vom Festland unterwegs und transportierte Soldaten des gerade beendeten Ersten Weltkriegs zurück in ihre Heimat, die Lewis-Insel, auf der jeder fünfte Einwohner in den Krieg eingezogen wurde. Kurz vor dem Einlaufen in den Hafen von Stornoway wich das Schiff einem Fischerboot aus und kollidierte mit einem Felsen. Das völlig überladene Schiff kenterte und 205 der 284 Personen kamen dabei ums Leben. Für die Bevölkerung auf den Hebriden war dieser Unfall ein großer Schock, da fast jede Familie auf der Insel betroffen war und es auch heute noch fast unglaublich erscheint, dass so viele Menschen wenige Meter vor der Küste umkommen konnten.

Bis zu fünf Meter ragen die Steine der Callanish Stones in die Höhe.

Stränden. Zu diesem gehören auch noch die Überreste einer mittelalterlichen Kapelle.

CALLANISH STONES: SCHOTTISCHES STONEHENGE

Nördlich von Stornoway ist die Insel, wie eingangs erwähnt, relativ flach und wird von einer Heide- und Moorlandschaft dominiert. Richtung Süden, auf der A 859, gelangen wir zu einem Abzweig, an dem uns unübersehbare Hinweisschilder nach rechts lotsen. Das Ziel sind die Callanish Stones, die in einem Besucherzentrum von Historic Scotland ausführlich erläutert werden (58.195686, -6.743232). Bei den Callanish Stones handelt es sich um eine Anlage, die aus mehreren Steinsetzungen besteht. Ein zentraler Stein

Ganz Wagemutige gehen im äußersten Norden der Hebriden sogar schwimmen.

wird von einem Steinring umgeben, auf den wiederum fünf Reihen mit aufrecht stehenden Menhiren zulaufen. Die Menhire wurden vermutlich vor rund 5000 Jahren aufgestellt und brauchen den Vergleich mit Stonehenge in Südengland nicht zu scheuen. Ganz im Gegenteil, die Callanish Stones sind einfach nur wesentlich unbekannter. Fast fünf Meter ist der größte Stein hoch, wobei die Menhire ab dem 19. Jahrhundert zunächst ausgegraben werden mussten. Schon ab dem 1. Jahrtausend vor Christus wurden die Steine durch die Hochmoorbildung in der Umgebung stetig von Torf bedeckt.

Südlich von Callanish geht die Insel Harris and Lewis in den hügeligen Teil über und besticht mit einer schönen Küstenlandschaft und tollen Blicken auf die Hügel. Die Hauptroute der A 859 verläuft südwärts bis **Tarbert**, wo man nach Uig auf die Isle of Skye übersetzen könnte.

Wir bleiben aber erst einmal auf den Äußeren Hebriden und können östlich von Tarbert über eine schmale Straße und über eine Brücke die kleine vorgelagerte Isle of Scalpay erreichen. Ihre Sehenswürdigkeiten beschränken sich jedoch auf einen kleinen Hafen im Westen und einen Leuchtturm im Osten, der in den klassischen Farben rot und weiß gestrichen ist. Er wurde 1824 fertiggestellt und steht heute unter Denkmalschutz. Sein Leuchtfeuer ist in einer Entfernung von über 40 Kilometern zu sehen. Im letzten Jahrhundert machte der Turm auch 80 Jahre lang durch ein Nebelhorn auf sich aufmerksam, das alle 90 Sekunden ertönte.

Auf dem Weg nach Tarbert haben wir bereits festgestellt, dass sich die Landschaftsform der Insel stark verändert hat und einige Berggipfel in die Höhe ragen. Der höchste von ihnen ist der **Clisham**, der es auf eine Höhe von 799 Metern bringt. Damit ist er

Mit dem Wohnmobil findet man auf den Äußeren Hebriden immer ein Plätzchen.

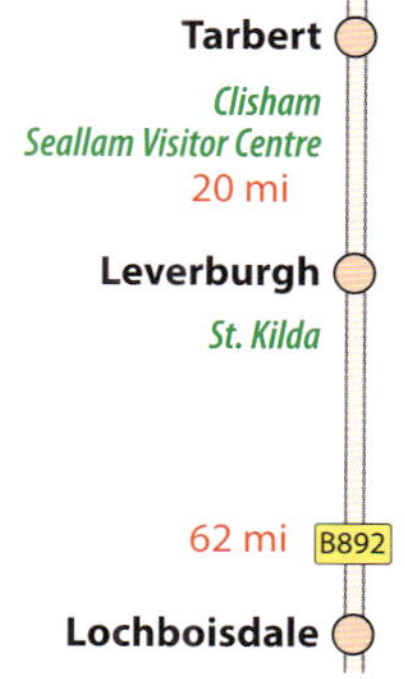

Wer der Natur entfliehen möchte, bummelt ein wenig durch die Straßen von Stornoway.

Ein Schild weist auf Otter hin, die den Damm kreuzen können.

der höchste Berg der Äußeren Hebriden. Für seine Besteigung sollte man rund vier Stunden einplanen. Zwar ist die kürzeste Strecke auf den Gipfel nur rund fünf Kilometer lang, aber auch entsprechend steil, da sich der Ausgangspunkt am Parkplatz der A 859 gerade mal in einer Höhe von rund 155 Metern befindet (57.950853, -6.778671). Von diesem Parkplatz aus zeigt sich der Clisham in nordwestlicher Richtung sehr markant, sodass man den Gipfel bei der Wanderung immer vor Augen hat.

KULTUR

INSELGRUPPE ST. KILDA

Leverburgh liegt in etwa auf gleicher Höhe wie die Inselgruppe St. Kilda, die sich weit im Westen befindet und im Rahmen von Tagesausflügen erreicht werden kann. Die größte Insel von St. Kilda ist Hirta, das knapp 2000 Jahre bewohnt war. Erst im letzten Jahrhundert wurde die Insel von den letzten Einwohnern verlassen. 1986 wurde die Inselgruppe von der UNESCO als erstes schottisches Weltnaturerbe ausgezeichnet. Mittlerweile ist St. Kilda aber auch Weltkulturerbe. Diesen Status einer doppelten Auszeichnung haben weltweit gerade einmal zwei Dutzend Welterbestätten, in Großbritannien ist St. Kilda damit die einzige Welterbestätte dieser Art. Auf der Insel leben zahlreiche Seevögel in großen Kolonien. Von hier aus hat sich zum Beispiel der Eissturmvogel verbreitet, der bis ins frühe 19. Jahrhundert nur auf St. Kilda brütete. Noch heute leben hier rund 90 Prozent aller europäischen Wellenläufer, eine weitere Vogelart auf der Inselgruppe, sowie jeder Fünfte aller weltweit vorkommenden Basstölpel. Nicht zuletzt ist St. Kilda auch ein Paradies für Freunde des Papageitauchers, jeder Dritte in Großbritannien vorkommende Puffin ist in St. Kilda anzutreffen. Zudem gibt es jeweils eine Unterart des Zaunkönigs und der Waldmaus, die nur auf der Inselgruppe vorkommen. Den Titel eines Kulturerbes erlangte St. Kilda durch prähistorische Bauten auf der Hauptinsel Hirta.

Zwar ist St. Kilda auch von der Isle of Skye erreichbar, doch die schnellste Fahrt gelingt ab Leverburgh. Mit einem kleinen Boot kann man die Inselgruppe dreimal in der Woche erreichen. Bei der Buchung erhält man jedoch ein Zeitfenster von zwei Tagen, da sich wetterbedingt nicht jeder Tag für eine Überfahrt eignet. In der Regel verlässt man Leverburgh gegen 8 Uhr und kommt gegen 19 Uhr wieder zurück. Es werden einem mehrere Stunden Zeit gelassen, um die Insel ausgiebig zu Fuß zu erkunden.

Auf der nur teilweise zweispurigen A 859 fahren wir weiter gen Süden und genießen die einsame Landschaft der Hebriden. Dabei passieren wir gelegentlich weite Sandstrände, an denen das türkisfarbene Wasser manchmal sogar an karibische Strände erinnert. Lediglich die Wassertemperaturen schrecken meistens ab. Nach einiger Zeit erscheint auf der rechten Seite ein Parkplatz des Seallam Visitor Centre (57.792997, -7.058615). In dem überschaubaren Gebäude gibt es neben einem kleinen Café eine informative Ausstellung über die Natur und Geschichte der Hebriden. Gleich dahinter zweigt eine Straße ab und bringt uns zum MacGillivray-Center (57.799896, -7.070090). Von einem Center zu sprechen, klingt beinahe schon übertrieben, angesichts des kleinen, runden Steinhauses an der Küste. Es befasst sich mit den Arbeiten des aus Aberdeen stammenden Naturforschers William MacGillivray, der hier auf den Inseln eine lange Zeit verbrachte und die Vogelwelt studierte und auch dafür bekannt wurde, dass er sich anschließend in Aberdeen auf einen 800 Meilen langen Fußweg nach London machte.

Wenig später erreichen wie **Leverburgh**, wo wir Lewis and Harris verlassen und mit der Fähre auf die nächste Insel übersetzen.

INSELHOPPING IM ATLANTIK

Mit der klassischen Fähre erreichen wir nach rund einer Stunde Fahrt Berneray, das nördlichste Eiland der Uist-Inselgruppe. Gleich neben dem Fähranleger befindet sich ein Damm, auf dem wir zur nächsten Insel, North Uist, gelangen und der seit 1999 eine bis dahin bestehende Fährverbindung ersetzt. Neben der Landschaft und natürlich einer umfassenden Vogelwelt bietet die Insel mehrere

Selbst bei dichter Bewölkung kann man das smaragdgrüne Wasser der Hebriden erkennen.

Die Fähre ist das wichtigste Transportmittel zwischen den Inseln. Hier von Stornoway nach Ullapool.

Vieles erinnert an die lange Geschichte auf den Inseln der Hebriden.

archäologische Stätten wie Brochs, Menhire und die Cairn genannten Steinhügel. Die A 865 verläuft als Ringstraße einmal um das Zentrum der Insel und bringt uns sowohl gegen als auch mit dem Uhrzeigersinn nach Süden, wo wir mit einem weiteren Damm auf die Insel Grimsay und kurz darauf auf die Insel **Benbecula** gelangen. Zahlreiche kleine Inseln und Felsen, die malerisch aus dem Wasser oder dem Watt ragen, säumen dabei unseren Weg.

Benbecula kann man geradewegs nach Süden überqueren oder man nutzt die B 892 im westlichen Teil der Insel, mit der man das Dorf Balivanich durchquert. Dieses ist mangels Sehenswürdigkeiten zwar kaum der Rede wert, verfügt aber immerhin über ein Krankenhaus und einen Flughafen. Südlich von Benbecula erreicht man über einen weiteren Damm die zweitgrößte Insel der Äußeren Hebriden namens South Uist. Ein Hinweisschild vor dem Übergang warnt uns davor, dass Otter den Damm überqueren, daher sollte man hier ruhig nach den Tieren Ausschau halten.

Schon nach kurzer Fahrt überqueren wir zwar einen weiteren Damm, doch dieser spannt sich über Loch Bì, den acht Ki-

Weite Sandstrände laden zu langen Spaziergängen ein.

lometer langen und damit größten See auf der Insel. Kurz dahinter sehen wir auf einer Anhöhe zu unserer Linken eine neun Meter hohe Marienstatue (57.343024, -7.364623). Die sogenannte Our Lady of the Isles wurde in den 1950er-Jahren geschaffen. Die aus weißem Granit bestehende Madonna hat das Jesuskind auf dem Arm, das seine Hand segnend nach oben hält. Ansonsten findet man auch in South Uist einige vorzeitliche Ausgrabungsstätten. Im Süden der, abgesehen von einigen Hügeln im Osten, überwiegend flachen Insel gelangen wir nach **Lochboisdale**, von wo aus wir mit der Fähre zur letzten nennenswerten Insel der Äußeren Hebriden gelangen können. Barra ist von einer Ringstraße umgeben, wobei sich die interessanteste Sehenswürdigkeit auf einem Felsen in der geschützten Bucht an der Südküste bei Castlebay befindet. Dort erheben sich die Ruinen von Kisimut Castle, einer Burganlage, die vermutlich im frühen 15. Jahrhundert erbaut wurde und 1795 ausbrannte. Nach ihrer Restaurierung im 20. Jahrhundert wurde sie vom Eigentümer, dem Clanchef MacNeil, für 1000 Jahre an Historic Scotland vermietet. Der Pachtzins beträgt pro Jahr ein Pfund und eine Flasche Whisky. Castlebay ist zudem der Ort, an dem die Fähren zum schottischen Festland ablegen. Nach rund fünf Stunden Überfahrt erreicht man den Ort Oban gegenüber der Isle of Mull. Wer seine Reise über die beliebte Isle of Skye fortsetzen möchte, begibt sich wieder nordwärts nach Leverburgh, wo die Fähre nach Uig übersetzt.

Entscheidet man sich in Ullapool gegen eine Fahrt über die Inselkette, wird man auf der A 835 weiter durch das schottische Hochland fahren. Zwischendurch lohnt sich ein kurzer Zwischenstopp am Corrieshalloch Gorge (57.755185, -5.022946). Diese Schlucht ist 60 Meter tief und rund eineinhalb Kilometer lang. Sie kann über eine schwindelerregende und schmale Fußgängerbrücke überquert werden und bietet einen schönen Blick auf die Wasserfälle, die hier 46 Meter in die Tiefe stürzen. Weiter südlich dürfen wir den Abzweig nach rechts auf die A 832 in Richtung Kyle of Lochalsh nicht verpassen, womit wir uns der Isle of Skye von Osten nähern.

Das Wetter ist erst schlecht, wenn selbst die Einheimischen Zuflucht vor dem Regen suchen.

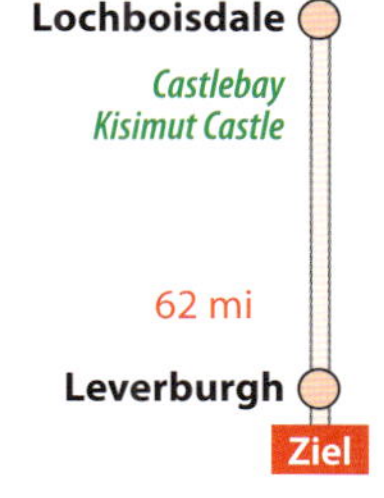

Nach Uig auf der Isle of Skye gelangt man von Lochmaddy aus.

PRAKTISCHE HINWEISE

Wer will nicht einfach die Gelegenheit nutzen und über Nacht bleiben?

TOURISTINFORMATIONEN

Thurso, Caithness Horizons, High Street KW14 8AJ, Tel. 0044/(0)1847/89 31 55

Ullapool, 6 Argyle St, IV26 2UB
Tel. 0044/(0)1854/61 24 86

Stornoway, 26 Cromwell Street
Isle of Lewis, HS1 2DD
Tel. 0044/(0)1851/70 30 88

Tarbert, PA29 6UD
Tel. 0044/(0)1880/82 04 29

Leverburgh, Pier Road, Isle of Harris
HS3 3DG, Tel. 0044/(0)1859/50 20 11

CAMPINGPLÄTZE

C 500 **Dunnet Bay Caravan Club Site**
(S. 187 H3) Dunnet, KW14 8XD
Tel. 0044/(0)1847/82 13 19
www.caravanclub.co.uk
Koordinaten: 58.615139, -3.345129
Schön gelegener Campingplatz an einer weitläufigen Sandstrandbucht südlich der Halbinsel von Dunnet Head.

C 501 **Thurso Bay Caravan & Camping Park** (S. 187 H3)
Smith Terrace, KW14 7JY
www.thursobaycamping.co.uk
Koordinaten: 58.597858, -3.529891
Mit Blick auf die Bucht von Thurso. Einige wenige Mobilheime sowie größere Wiesen zwischen Steilküste und Hauptstraße. Ein Supermarkt befindet sich gleich gegenüber.

C 502 **Sango Sands Oasis** (S. 186 E3)
Sangomore, Durness, IV27 4PZ
www.sangosands.com
Koordinaten: 58.568582, -4.743323
Schöner Ausblick auf das Meer, gleich neben dem Durness Besucherzentrum. Rund eine Meile westlich von der Smoo Cave. Idealer Ausgangspunkt für eine Wanderung über die Halbinsel.

Mit kleinen Wohnmobilen kann man auch auf dem Parkplatz des Besucherzentrums parken. Ansonsten muss man ein paar Meter mehr laufen.

C 503 Broomfield Holiday Park
(S. 182 A4) West Lane, Ullapool, IV26 2UT
www.broomfieldhp.com
Koordinaten: 57.894858, -5.162999
Großer Campingplatz direkt an der Küste und in Hafennähe. Große Einkaufsmöglichkeit in fußläufiger Nähe. Guter Übernachtungsort, bevor man auf die Äußeren Hebriden übersetzt

C 504 Laxdale Holiday Park (S. 181 E2)
6 Laxdale Lane, Stornoway
Isle of Lewis, HS2 0DR
www.laxdaleholidaypark.com
Koordinaten: 58.227312, -6.392104
Parzellierter Campingplatz nördlich von Stornoway, nicht an der Küste.

C 505 Eilean Fraoich Camp Site
(S. 180 D2) 77 North Shawbost, Isle of Lewis, HS2 9BQ,
www.eileanfraoich.co.uk
Koordinaten: 58.320818, -6.688224
Ruhiger, familiärer Campingplatz im Nordwesten von Lewis, nicht direkt an der Küste.

C 506 Balranald Hebridean Holidays
(S. 180 A6) Balranald Nature Reserve, Hougharry
North Uist, HS6 5DL
www.balranaldhebrideanholidays.com
Koordinaten: 57.605690, -7.518418
Einfacher Übernachtungsplatz mit 10 Stellflächen inkl. Strom und Sanitärgebäude. Westlicher geht es auf den Äußeren Hebriden kaum noch.

C 507 Kinlochbervie (S. 182 A1)
Loch Clash Pier, Kinlochbervie IV27 4RR
Koordinaten: 58.459634, -5.056254
Einfacher Übernachtungsplatz mit Toiletten an einer Bucht bzw. kleinem Hafen zwischen Durness und der Insel Handa.

C 508 Ardroil Campsite (S. 180 C2)
Isle of Lewis HS2 9EU
Koordinaten: 58.184590, -7.025573
Kleiner, einfacher Schotterparkplatz, auf dem gegen geringe Gebühr übernachtet werden darf. Toiletten vorhanden.

DIE SCHÖNSTEN INSELN, DIE HÖCHSTEN BERGE UND DIE GRÖSSTEN SEEN

Von der Isle of Skye zurück nach England

Die Tour beginnt mit einer Rundfahrt über die beliebte Isle of Skye, auf der wir mit kurzen Wanderungen zum Old Man of Storr und durch das Quiraing laufen. Auf dem schottischen Festland erreichen wir in einer Tageswanderung mit dem Ben Nevis den höchsten Gipfel Großbritanniens, bevor wir durch das malerische Tal Glen Coe fahren und später noch den Nationalpark Loch Lomond and the Trossachs besuchen. Mit einer Stadtbesichtigung in Glasgow lassen wir die Highlands zwar hinter uns, genießen aber noch einmal die Natur in Dumfries and Galloway, wo wir Wigtown, das nationale Bücherdorf Schottlands, besuchen.

Die Isle of Skye ist eine besonders beliebte Insel bei Wohnmobilurlaubern.

Auf den Spuren des National Trust for Scotland

ROUTE 6

START- UND ENDPUNKT
Kyleakin (Isle of Skye) und Lockerbie

BESTE JAHRESZEIT
Frühjahr und Sommer

STRECKENLÄNGE
480 Meilen

FAHRZEIT
4 bis 5 Tage

MAUTSTRECKEN
Keine

Mit der **Isle of Skye** befinden wir uns auf den **Inneren Hebriden**. Sie ist das größte und nördlichste Eiland dieser Inselgruppe und bei Urlaubern sehr beliebt. Wer auf seiner bisherigen Reise durch Schottland kaum Wohnmobile mit deutschem Kennzeichen gesehen oder gar komplett vermisst hat, wird auf der Isle of Skye auf jeden Fall fündig. Im Osten ist sie gerade einmal 600 Meter durch den Kyle Akin vom schottischen Festland entfernt. In diesem Sund liegt zudem noch die karge Insel Eilean Bàn, sodass man über diese kleine Insel mit zwei Brücken schnell vom Mainland auf die Isle of Skye gelangt und beinahe vergessen könnte, dass man sich auf einer Insel befindet. Die Skye Bridge wurde 1995 erbaut und ersetzte einen Fährverkehr, der an dieser Stelle bereits seit dem 17. Jahrhundert existierte. Bis die Brückenmaut in Schottland im Jahr 2004 allgemein abgeschafft wurde, kostete die Hin- und Rückfahrt über elf Pfund, was Mautgegner zum Anlass nahmen, sie im Verhältnis zur Streckenlänge als die teuerste Maut Europas zu bezeichnen.

Die Straße A 87 ist die wichtigste Verkehrsverbindung und verläuft fast 50 Meilen über die gesamte Insel von besagter Brücke bis zum Hafenörtchen Uig, wo die Schiffe zu den Äußeren Hebriden ablegen. Alleine um diese Straße in voller Länge zu befahren, sollte man über eine Stunde Fahrzeit einplanen. Das veranschaulicht ein wenig die Dimensionen der Isle of Skye. Gleich nach Überquerung der Insel erreicht man einen Kreisverkehr, an dem man links zum ehemaligen Fährort Kyleakin gelangt. Doch die meisten Reisenden zieht es nach rechts und damit in westliche Richtung.

Nach einer kurzen zehnminütigen Fahrt erscheint ein Abzweig auf die A 851 nach

Die Berge auf der Isle of Skye bieten echtes Wandererlebnis.

Klein und farbenfroh präsentiert sich die Hafenpromenade von Portree.

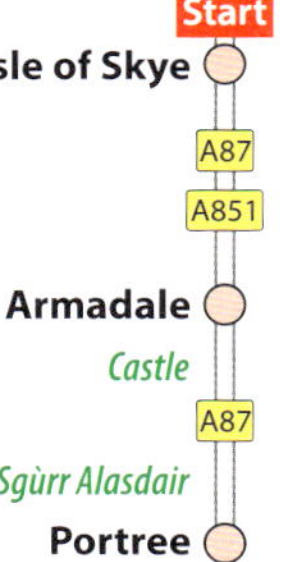

Armadale. Die Straße führt auf die im Süden gelegene Halbinsel Sleat, wo sich das einstige Castle Armadale befindet (57.070254, -5.896507). Es war der Stammsitz der MacDonalds, einem der größten Clans in Schottland. Ein Besucherzentrum informiert über die Ruinen des Schlosses und den weitläufigen dazugehörigen Park. Gleich in der Nachbarschaft legt eine Fähre ab, mit der man wieder auf das schottische Festland gelangt. Doch dafür ist es an dieser Stelle zu früh, denn zurück am Abzweig folgen wir weiterhin der A 87. Dabei passieren wir den zentralen Teil der Isle of Skye, der durch eine sehenswerte Berglandschaft geprägt ist. Es handelt sich um die schroffen und kargen Cuillin Hills, von denen ein Dutzend Gipfel über 900 Meter hoch sind. Der höchste Punkt ist der Sgùrr Alasdair. Er ragt bis zu 992 Meter in die Höhe und ist damit gleichzeitig der höchste Berg der Hebriden. Kein Wunder, dass er ein beliebtes Ziel bei Bergwanderern ist.

WANDERUNG

SGÙRR ALASDAIR

Ausgangspunkt für diese Wanderung ist der Campingplatz an der Bucht Loch Brittle (57.201838, -6.285947). Von dort erreicht man den Gipfel in einer rund sechsstündigen Wanderung, auf der man knapp zehn Kilometer zurücklegt. Nicht vergessen sollte man natürlich, dass man auf Meereshöhe beginnt und somit die gesamten 992 Höhenmeter erklimmen muss. Dies und die Tatsache, dass man durch Geröllfelder unterwegs ist, bringt es mit sich, dass man konditioniert und erfahren bei solchen Gebirgswanderungen sein sollte.

NATURSCHÖNHEITEN AUF DER ISLE OF SKYE

Auf der A 87 gelangen wir nach einiger Zeit zum Hauptort der Isle of Skye. **Portree** besitzt zwar einen ausreichend großen Parkplatz (57.412473, -6.197321), dieser kann aber in der Hochsaison durchaus gut besucht sein. Beliebt ist ein Spaziergang entlang der Hauptstraße, an der mehrere Geschäfte, Andenkenläden und Restaurants zum Verweilen einladen und von der aus man hinab zum Hafen gelangt, wo sich nicht nur kleine Fischerboote idyllisch in der Bucht befinden, sondern auch die teils farbenfrohen Hausfassaden der dortigen Gebäude das Augenmerk auf sich ziehen. Für die meisten Reisenden

Sonnenuntergangsstimmung auf der Isle of Skye

ist Portree jedoch nur eine Zwischenstation zu den weiteren Naturschönheiten der Insel. Hierfür verlassen wir in Portree die A 87 und folgen der kleineren A 855 auf die Halbinsel Trotternish. Bei guter Sicht erkennt man eine der Sehenswürdigkeiten bereits aus der Ferne, während man einige Zeit auf »ihn« zufährt. Die Rede ist vom Old Man of Storr (57.497670, -6.159263). Diese weithin sichtbare Felsnadel ist 48 Meter hoch und mittlerweile ein wenig das Wahrzeichen der Isle of Skye. Sie ist die größte von mehreren Felsnadeln, die hier im Basaltgestein durch Erosion und Erdrutsche entstanden. Hat man bei der relativ kurzen Wanderung vom Parkplatz zum Old Man of Storr weniger gutes Wetter, kann es einem leicht passieren, dass man zwar die ganze Zeit auf die Felsnadel blickt, sie aber gar nicht richtig wahrnimmt, da sich gleich hinter ihr der über 700 Meter hohe Storr erhebt. Vor seiner steilen Abbruchkante hebt sich der Old Man of Storr nur schwer ab, sodass man ihn möglicherweise erst erkennt, wenn man kurz vor ihm steht.

An einem von mehreren Parkplätzen entlang der Straße (57.610803, -6.172721) blicken wir nicht in die Höhe, sondern in die Tiefe. Auf der rechten Seite befindet sich nicht nur eine spektakuläre Steilküste, die mit dem Kilt Rock eine tolle Landschaft bildet, sondern auch der Wasserfall Mealt Falls. Dieser ist der eigentliche Abfluss des Loch Mealt, der sich wiederum auf der anderen Straßenseite befindet. 55 Meter tief stürzt das Wasser des Sees in das Meer hinab. Nicht minder interessant sind die hell schimmernden Felsen, die knapp unter der Wasseroberfläche zu

Felsen unter Wasser, an der Steilküste vom Mealt Falls

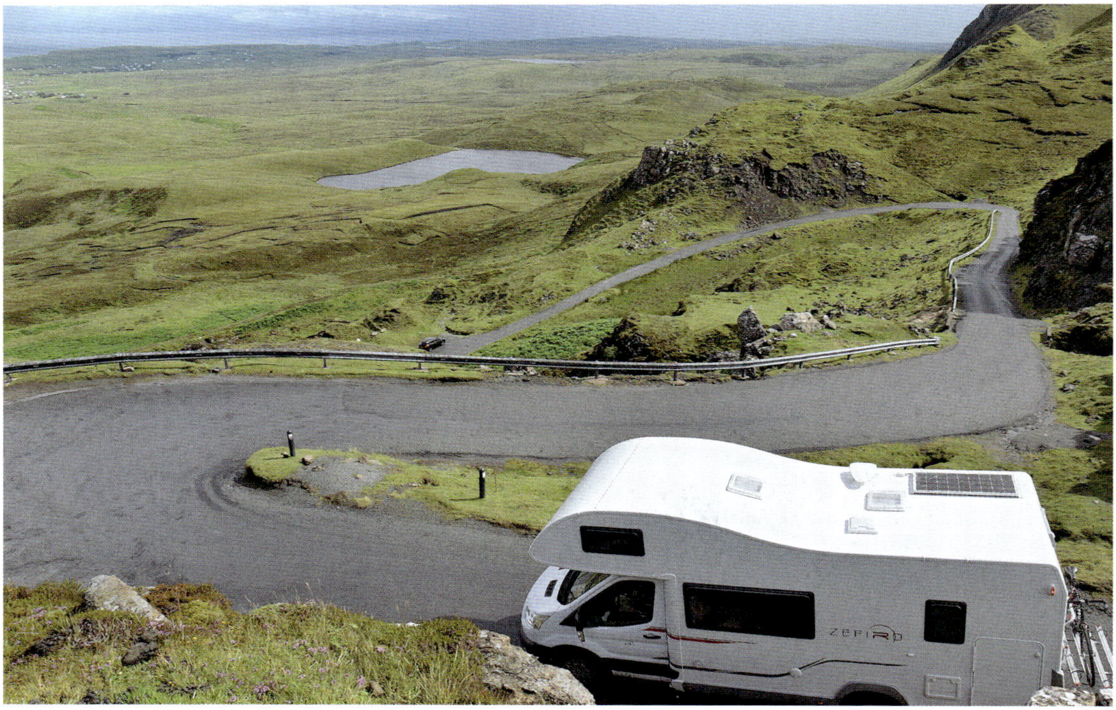

Quiraing zu besuchen ist ein absolutes Muss auf der Isle of Skye.

sehen sind. Eine weitere besonders schöne Szenerie bietet die Halbinsel Trotternish mit dem Bergsturz namens Quiraing (57.628276, -6.289819). Über eine schmale Straße gelangt man in zwei Serpentinen über die steile Flanke eines Hochplateaus, von wo aus man mit einem überwältigenden Blick belohnt wird. Natürlich existieren an den dortigen Parkplätzen auch zahlreiche Wandermöglichkeiten.

Da die meisten Fährverbindungen auf die anderen Inseln der Inneren Hebriden vom schottischen Festland aus ablegen, fahren wir zurück zur Skye Bridge, verlassen die Isle of Skye und folgen der A 87 nun wieder auf dem britischen Festland. Am Nordufer des Loch Alsh fahren wir ostwärts und überqueren nach einer guten Viertelstunde eine weitere Brücke, auf der wir unbedingt nach rechts blicken sollten. Auf einer kleinen Insel erhebt sich stolz das **Eilean Donan Castle** (57.275730, -5.514358), das nach Edinburgh Castle und Stirling Castle zum beliebtesten Schloss Schottlands zählt und eine der bekanntesten Sehenswürdigkeiten des Landes ist. Der Bekanntheitsgrad kommt aber nicht nur alleine durch die Geschichte der Anlage, sondern auch durch verschiedene Auftritte in zahlreichen Filmen. »Der Highlander«, »James Bond«, »Elizabeth« und »Prinz Eisenherz« sind nur einige der Filmcharaktere, die auf Eilean Donan Castle auf Zelluloid gebannt wurden.

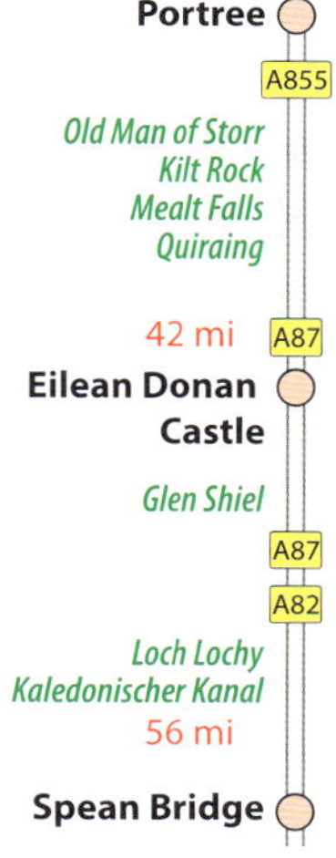

HISTORISCHES EILEAN DONAN CASTLE

Die Burg stammt aus der ersten Hälfte des 13. Jahrhunderts und hatte damals auch noch eine Burgmauer und einen Wohnturm. Es folgten wechselvolle Jahrhunderte, in denen die Burg teilweise umkämpft war und immer wieder ihren Eigentümer änderte. Bekannt wurde Eilean Donan Castle auch dadurch, dass Robert the Bruce sich hier vor den Engländern versteckt hielt. Weitreichende Zerstörungen erlitt die Burg im ersten Aufstand der Jakobiten zu Beginn des 18. Jahrhunderts. Erst 200 Jahre später wurde die Ruine wieder zur heutigen Burg restauriert. Der kostenpflichtige Besuch der Burg be-

ginnt mit einem kurzen Gang über eine alte Steinbrücke, um auf die Insel zu gelangen, und endet mit einem Besuch im Souvenirladen, in dem es an nichts mangelt.

Am Nordufer des Loch Duich fahren wir weiter landeinwärts, lassen den See hinter uns und durchqueren das **Glen Shiel**.

Am Ende des Tals gelangen wir zum Loch Cluanie, passieren diesen See ebenfalls an seinem Nordufer und erreichen den Abzweig nach Fort William. Mit der Überquerung des River Moriston verbleiben wir auf der A 87. Wer noch einmal auf die Suche nach Nessie gehen möchte, der müsste geradeaus weiterfahren, da die Straße direkt auf das südliche Ende von Loch Ness zuführt. Ähnlich handhaben wir es im Ort Invergarry, wo die A 87 endet und wir ebenfalls rechts abbiegen. Während es hier nach links auch zum Loch Ness geht, folgen wir nun der A 82 in Richtung Süden, um den See mit dem reizenden Namen **Loch Lochy** zu erreichen. Man könnte ihn fast als Verlängerung von Loch Ness betrachten, immerhin befindet er sich in einer Linie mit ihm und liegt in der gleichen Landschaftseinkerbung, die durch den Gletscherrückgang gebildet wurde. Bezeichnet wird dieses Tal als Great Glen. Es trennt die Great Highlands im Nordosten von den Grampians Mountains im Südosten, was bei einem Blick auf die Karte, besser noch auf ein Satellitenbild, sehr deutlich zu erkennen ist. Durch das Tal verläuft zudem der Kaledonische Kanal, bei dem es sich jedoch um keinen klassischen Kanal handelt, da nur ein Drittel des Wasserlaufs von Menschenhand geschaffen wurde. Er besteht aus mehreren Aquädukten, 29 Schleusen und neben Loch

Hauptquartier des Geheimdienstes MI6 ist das Eilean Donan Castle – zumindest im James Bond-Film »Die Welt ist nicht genug«.

SPECIAL

GLEN

Bei einem Glen handelt es sich um nichts weiter als um die schottische Bezeichnung für ein langes und tiefes Tal. Die Berge zu unserer Linken, also auf der Nordseite von Glen Shiel, reichen mit dem Sgurr Fhuaran bis zu 1067 Meter in die Höhe, während man auf der Straße im Tal selbst auf eine Höhe von rund 270 Metern gelangt. Glen Shiel wurde am 10. Juni 1719 Schauplatz einer Schlacht zwischen den Engländern und den Jakobiten, die sich mit den Spaniern verbündeten. Im Verlauf dieser Kämpfe wurde auch das Eilean Donan Castle zerstört.

Steile Gesteinsformationen prägen den Norden der Isle of Skye.

Ness und Loch Lochy auch aus den Lochs Dochfour und Oich. **Loch Finnhe** im Südwesten ist gleichzeitig der Ausgangspunkt des Kaledonischen Kanals an der Westküste Schottlands. Das Gegenstück befindet sich bei Inverness an der Nordostküste. Ursprünglich ging man davon aus, dass mit der Schaffung des Kanals die Wirtschaft Schottlands profitieren würde, was jedoch ein Trugschluss war. Daher wird der Kanal mit seinen Schleusen heute vielmehr von Freizeitkapitänen genutzt. Architekt war übrigens Thomas Telford, der in Wales das höchste Aquädukt Großbritanniens baute. Es trägt den etwas schweren Namen Pontcysyllte-Aquädukt und gehört zum Weltkulturerbe der UNESCO.

Die schottischen Straßen teilt man sich oft mit wolligen Vierbeinern.

Wir bleiben jedoch in Schottland, wo sich vor uns bereits unser nächstes Ziel erhebt. Bevor wir mit dem Ben Nevis den höchsten Berg der britischen Insel erreichen, sollten wir aber kurz vor Spean Bridge am Commando Monument anhalten (56.898211, -4.944662).

Das Denkmal wurde 1952 von Queen Mum, der Mutter von Königin Elizabeth II., enthüllt und besteht aus drei Bronzesoldaten, die in die Ferne schauen und dabei direkt auf den Ben Nevis blicken. Es ist eines der berühmtesten Kriegsdenkmäler Schottlands und beherbergt auch einen Garten der Erinnerung. In diesem wird oft die Asche von verstorbenen Veteranen des Zweiten Weltkrieges oder gefallener Soldaten, wie zum Beispiel aus dem Falklandkrieg oder aus dem Irakkrieg, verstreut. Das Mahnmal wird im Jahr von mehreren Tausend Menschen besucht, was auch den verhältnismäßig großen Parkplatz erklärt.

Gut eine Meile hinter dem Memorial erreichen wir die kleine Ortschaft **Spean Bridge**, die bei Wanderern als Ausgangspunkt für einige Touren in der Region sehr beliebt ist. Abermals biegen wir rechts ab, überqueren den Fluss Spean und sehen gleich hinter der Brücke auf der linken Seite mit Spean Bridge Mill einen Whiskyshop, der 150 verschiedene schottische Whiskysorten bereithält (56.891671, -4.920950). Gleich daneben befinden sich ein kleiner Supermarkt, ein Restaurant, die Ausstellung einer Weberei und ein Shop für handgefertigte Seifen aus den Highlands.

AONACH MÒR: ACHTHÖCHSTER BERG GROSSBRITANNIENS

Würden uns am folgenden Straßenrand nicht laufend Bäume den Blick nach links versperren, könnten wir während der Fahrt beinahe durchgehend auf die Gebirgsgruppe rund um den Ben Nevis blicken. Spätestens am Nevis Range Mountain Resort (56.851744, -5.000935), zu dem man kurz vor Fort William links abbiegt, ist man in der Bergwelt Schottlands bzw. Großbritanniens angekommen. Hier trägt alles den Namen Nevis, ob das nun der Nevis Fahrradverleih ist oder das Sportzentrum mit seinem Großparkplatz. Dabei erreicht man von hier aus erst einmal nur den achthöchsten Berg Großbritanniens und dabei kann man es sich mit einer Seilbahn sogar recht leicht machen. Das gesamte Areal rund um den 1221 Meter hohen Aonach Mòr ist im Winter ein beliebtes Skigebiet, doch auch im Sommer kommt man hier auf seine Kosten, wenn Paraglider, Mountainbiker und Wanderer unterwegs sind. So ist das Resort schon seit Jahren einer der sechs weltweiten Austragungsorte des Mountainbike-Weltcups. Rund 500 Höhenmeter überwindet die Seilbahn, damit man sich dem Gipfel des Aonach Mòr nähert und diesen mit einer dann relativ leichten Wanderung erreichen kann. Besonders beliebt ist dabei eine Wanderrunde zum Aonach Beag, der mit 1234 Metern in der Rangliste der höchsten Berge Großbritanniens auf Platz sieben steht. Im Ben Nevis Range-Bergmassiv ist er nach dem Ben Nevis der zweithöchste Gipfel, den man erreichen kann. Eine Weiterwanderung zum Ben Nevis ist zwar von hier aus möglich, erfordert aber eine entsprechend hohe Kondition und vor allem viel Zeit. Den Gipfel des höchsten Berges erreicht man von

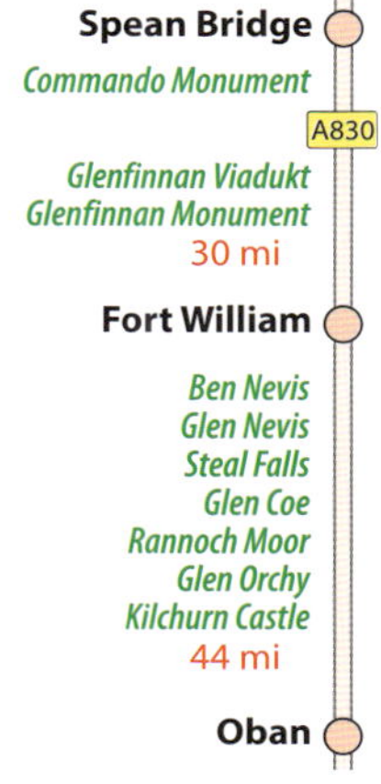

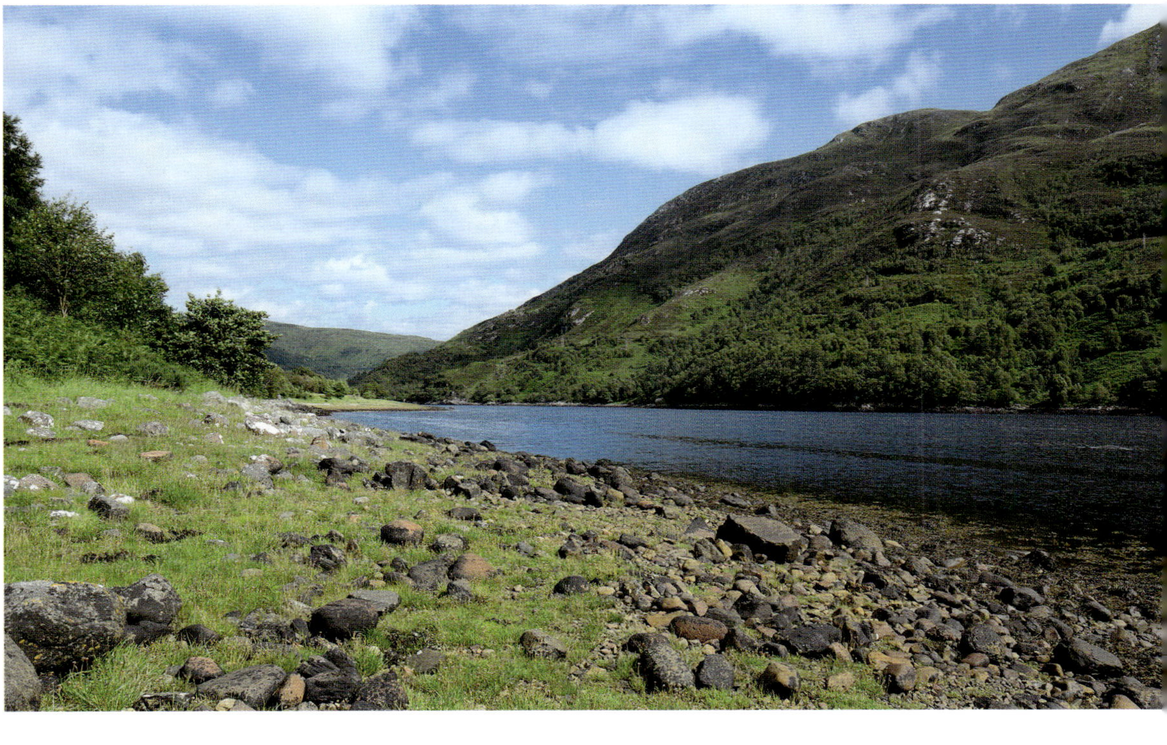

Grüne Landschaften mit viel Wasser und sanften Hügeln: die schottischen Highlands, wie wir sie lieben.

Rund 90 Minuten dauert das Schleusen in Neptune's Staircase.

der Südseite wesentlich einfacher, zu dieser kommen wir, wenn wir mit dem Wohnmobil durch Fort William fahren.

Mit rund 10 000 Menschen ist **Fort William** die größte Stadt in den westlichen Highlands. Entstanden ist sie im 17. Jahrhundert aus einer Festung heraus, die nach König William III. von England benannt wurde. Die Stadt ist von allen Richtungen aus gut erreichbar und Zielort zahlreicher Überlandbusse, außerdem besteht eine direkte Zugverbindung nach London. Selbst Fernwanderer aus Glasgow haben Fort William als Ziel in ihrer Wanderkarte, wenn sie auf dem Westhighland Way unterwegs sind. Im Osten der Stadt erhebt sich zudem der Ben Nevis und mit dem Glen Nevis beginnt das dazugehörige schöne Tal. Kein Wunder also, dass Fort William vom Tourismus lebt und als Outdoor-Hauptstadt von Großbritannien bezeichnet wird. Mehrere Hotels und Campingplätze unterstreichen logischerweise das Angebot.

Beginnen wir jedoch zunächst erst einmal etwas unsportlich. Gleich am Ortseingang wartet auf der linken Seite das Besucherzentrum einer Whiskybrennerei, die nach dem höchsten Berg benannt wurde. Die Ben Nevis-Destillerie wurde in der ersten Hälfte des 19. Jahrhunderts gegründet. Der Betrieb wurde aber besonders Ende des letzten Jahrhunderts mehrfach unterbrochen. Heute kann man sich bei einer Tour herumführen lassen und erhält natürlich auch den obligatorischen Voucher, um anschließend vergünstigt Whisky zu erwerben.

MIT HARRY POTTER IM HOGWARTS-EXPRESS

Biegen wir am Kreisverkehr an der Brennerei rechts ab, so überqueren wir zunächst den River Lochy und erreichen kurze Zeit später wieder den Kaledonischen Kanal. Nach seiner Überquerung sollten wir gleich rechts auf den Schotterparkplatz (56.845391,

Vom Campingplatz am Fuße des Ben Nevis hat man einen guten Ausblick auf den höchsten Berg der britischen Insel.

-5.097018) abbiegen und können einige Meter am Kanal entlanggehen. Hier befindet sich der sogenannte Treppenaufgang von Neptun. Gemeint sind damit acht aufeinanderfolgende Schleusen, die das Bauwerk zu einer der größten Schleusentreppen des Landes machen. Rund eineinhalb Stunden muss ein Freizeitkapitän an Zeit mitbringen, um sämtliche Schleusen zu durchfahren.

Rund 14 Meilen sind es auf der A 830 in Richtung Westen, um zu einem weiteren interessanten Bauwerk zu gelangen. Zwar verlassen wir kurzzeitig Fort William wieder, tauchen jedoch in die Welt von Harry Potter ein. Das Glenfinnan Viadukt (56.876156, -5.431887) ist in den Filmen des Zauberlehrlings damit berühmt geworden, dass der Hogwarts-Express über die Brücke fuhr. In realer Form kann man die Brücke und eine Dampflokomotive werktags von Mitte Mai bis Mitte Oktober erleben und in der Hochsaison von Ende Juni bis Mitte September auch an den Wochenenden. Denn dann startet am Bahnhof von Fort William der Zug The Jacobite und fährt nach Mallaig an die westschottische Küste. Auf der rund 70 Kilometer langen Bahnstrecke passiert er auch das Glennfinnan Viadukt, das auf 21 Pfeilern ruht, die eine bogenförmige Brücke über den gleichnamigen Fluss bilden. Für die Passagiere hält der Zug auch einmal kurz auf dem Viadukt an, damit diese die Aussicht genießen können. Für Trainspotter außerhalb des Zuges ist das natürlich eine willkommene Gelegenheit, die Dampflok schnaufend auf der Brücke abzulichten. Den Namen erhielt der Zug in Erinnerung an die Jakobiten, die während ihres zweiten Aufstandes im Jahr

Mit dem Wohnmobil lässt sich Schottland ideal erkunden.

Die Highlands sind natürlich auch wasserreich.

WANDERUNG

STEAL FALLS IN GLEN NEVIS

Das enge Tal wird vom gleichnamigen Fluss durchzogen und ist in der Vergangenheit mehrmals Schauplatz für Dreharbeiten berühmter Hollywoodfilme gewesen. Hier haben die Produzenten einen schönen und abgelegenen Platz gefunden, denn bei Glen Nevis handelt es sich um eine Sackgasse. Für uns Wohnmobilisten endet die Fahrt an einem Parkplatz (56.769692, -5.037117), wo die zweispurige Straße in eine Single Track Road übergeht und nur noch Pkws mit einer Breite von maximal sieben Fuß (2,13 Meter) weiterfahren dürfen. So bleibt uns nur der rund drei Kilometer lange Fußweg entlang des Flusses bis zu den Steal Falls. Mit 120 Metern handelt es sich um den zweithöchsten Wasserfall in Großbritannien. Der höchste bringt es auf 200 Meter und befindet sich ebenfalls in Schottland, ist aber nördlich von Ullapool deutlich abgelegener und schwerer zu erreichen. Für ganz Wagemutige gibt es zum Abschluss der kleinen Wanderung dann noch eine Seilbrücke, die über den Fluss Nevis gespannt ist. Die Brücke ist weder hoch noch lang, dennoch erfordert sie etwas Schwindelfreiheit, wenn man auf dem schmalen Seil einen wahren Balanceakt durchführt.

DIE KLASSIKER DER SCHOTTISCHEN HIGHLANDS

Links oben: The Jacobite wurde als Hogwarts-Express weltberühmt und lockt Eisenbahnfreunde und Harry-Potter-Fans an. Rechts oben: Das Museum auf der Isle of Skye erzählt die lange Historie der Insel.

Links unten: Der Einstieg in die Besteigung des höchsten Berges von Großbritannien. Rechts unten: Über diese steinerne Brücke gelangt man zum Eilean Donan Castle.

Bei einer Wanderung auf den Ben Nevis folgt man einfach dem breiten Weg.

1745 ganz in der Nähe ihre Standarte aufstellten. Um an dieses Ereignis zu erinnern, hat man übrigens am Ufer des Loch Shiel das Glenfinnan Monument errichtet (56.870527, -5.435573), das genauso wie das angrenzende Besucherzentrum vom National Trust for Scotland betreut wird.

Zurück zur Destillerie in Fort William folgen wir der Straße in das Zentrum der Stadt und erreichen einen weiteren Kreisverkehr und Parkplatz (56.821125, -5.094237) am Ben Nevis Highland Centre. Hier sollten wir zunächst links abbiegen, um Glen Nevis kennenzulernen und endlich auch die Wanderung auf den höchsten Berg der britischen Insel in Angriff zu nehmen.

ÜBERNACHTEN AM BEN NEVIS

Nicht ganz so weit in das Tal hineinfahren muss man, wenn man den Ben Nevis besteigen möchte. Allerdings empfiehlt sich hier

WANDERUNG

BEN NEVIS

Der Ben Nevis ist 1344 Meter hoch und beherbergt mit der Nordwand gleichzeitig die steilste Felswand Großbritanniens. Gut zu erkennen ist das auch vom Gipfel, wenn es plötzlich vor einem abrupt in die Tiefe geht. Diese Tatsache ist nicht zu unterschätzen, denn der Berggipfel ist nur an zehn Tagen im Jahr nicht in Nebel und Wolken gehüllt, sodass der Blick oben stark eingeschränkt ist und man sich der Abbruchkante daher nicht zu sehr nähern sollte! Trotz dieser fast ständig vorkommenden Sichtbehinderung ist der Ben Nevis natürlich ein beliebtes Ziel bei Bergwanderern. Der Aufstieg ist für geübte Wanderer technisch relativ einfach. Im unteren Bereich folgt man einem sehr gut ausgebauten Weg, der stellenweise mit Felsblöcken zu einem treppenähnlichen Weg angelegt wurde. Weiter oben geht er dann in einen Schotterweg über. Die Herausforderung am Ben Nevis ist jedoch der Höhenunterschied, denn das Besucherzentrum liegt auf einer Höhe von rund 20 Metern über dem Meeresspiegel. Das bedeutet, dass man rund 1300 Höhenmeter zu erklimmen hat und man sich entsprechend auf eine Tageswanderung einstellen sollte. Da die Fernsicht in den meisten Fällen ausbleibt, kann man sich im Besucherzentrum mit einer Urkunde belohnen, auf der die Besteigung des Berges festgehalten wird. Wer sich auf den Weg macht, den Gipfel zu besteigen, sollte auch an warmen Sommertagen gute und vor allem warme Kleidung mit sich führen. Der Höhenunterschied macht sich deutlich bemerkbar, sodass es auf dem Gipfel auch an sonnigen Tagen empfindlich kühl ist.

SPECIAL

THREE PEAKS CHALLENGE

Wundern sollte man sich nicht über Wanderer, die ein deutliches Tempo an den Tag legen und nur für einen kurzen Moment am Gipfel innehalten. Diese nehmen möglicherweise an der Three Peaks Challenge teil, bei der es darum geht, die höchsten Berge von Schottland, Wales und England innerhalb von 24 Stunden zu erklimmen. Der Snowdon in Wales und der Ben Nevis liegen dabei am weitesten auseinander, was zusätzlich zu den drei Bergbesteigungen eine Autofahrt von über 750 Kilometern erfordert. Als gewöhnlicher Wanderer und Wohnmobilist kann man sich kaum vorstellen, dass diese Challenge in der Zeit möglich ist, doch der Rekord für alle drei Gipfel liegt bei sagenhaften 11 Stunden und 56 Minuten – inklusive der Fahrt mit dem Auto selbstverständlich. Dabei sind auch der Snowdon in Wales und der Scafell Pike in England mit Höhen von 1085 bzw. 978 Metern keine kleinen Berge. Letzterer liegt zudem sehr abgelegen im Nationalpark Lake District.
Ganz so eilig dürfte es der Botaniker James Robertson nicht gehabt haben, als er im August 1771 den Ben Nevis als nachweislich erster Mensch bestieg. Kurioserweise hat er nie erfahren, dass er auf dem höchsten Berg der britischen Insel stand, denn erst 1847 stellte man fest, dass der Ben Nevis höher ist als der Ben MacDhui in den Cairngorms, dem man bis dahin das Attribut des höchsten Berges unterstellte.

die Übernachtung auf dem Campingplatz. Denn der Parkplatz bei dem nahe gelegenen Besucherzentrum (56.810736, -5.077000) ist für Wohnmobile nicht ganz günstig, sodass man auch gleich auf dem Campingplatz absteigen kann. Das gilt insbesondere deshalb, weil man nach einer Besteigung des Berges möglicherweise ohnehin nicht mehr gewillt ist, noch einen anderen Ort anzusteuern.

Nach einer geruhsamen Nacht im Anschluss an die Bergbesteigung kann die Fahrt im Wohnmobil fortgesetzt werden. Wer von sportlichen Touren jedoch noch nicht genug hat, kann in Fort William auf den Great Glen Way einsteigen. Dieser Wander- und Radwanderfernweg ist 117 Kilometer lang und verläuft parallel zum Kaledonischen Kanal bis Inverness. Für trainierte Radler ist die Strecke daher in zwei bis drei Tagen zu schaffen. In südlicher Richtung beginnt dahingegen der West Highland Way, dem wir teilweise mit dem Wohnmobil folgen werden.

Das Glenfinnan-Monument kann bestiegen werden und bietet einen schönen Ausblick auf den gleichnamigen See.

Auf dem Ben Nevis muss man immer mit Bewölkung rechnen. Unten im Tal ist der Campingplatz zu erkennen.

Glen Coe ist ein wunderbares Tal mit zahlreichen Wandermöglichkeiten auf die Munros.

WIE EIN TAL VERZAUBERN KANN – GLEN COE

Vielen Wanderern begegnen wir im Tal **Glen Coe**, das wir nicht einfach nur durchqueren sollten. Zahlreiche Parkplätze und ein Besucherzentrum (56.671460, -5.082389) laden dazu ein, im Tal immer wieder anzuhalten. Die A 82 durchquert das Tal, weswegen wir ihr ab Fort William folgen. Der Bau eines ersten Besucherzentrums war umstritten, denn die Tallandschaft befand sich im Privatbesitz und wurde dem National Trust for Scotland mit der Auflage übergeben, das Tal zu schützen und nicht zu verändern. Mit dem Bau eines Besucherzentrums mitten im Tal wurde gegen diese Auflage verstoßen, weshalb man sich entschloss, ein neues Zentrum direkt am westlichen Taleingang zu errichten. Neben den üblichen Andenken und Kunsthandwerken erhält man hier zahlreiche Informationen über die geologischen und historischen Eigenschaften des Tals sowie Tipps für Wandermöglichkeiten. An einem Modell von Glen Coe kann man die Landschaft in Miniaturform kennenlernen.

Fährt man durch das Tal, wird einem schnell klar, warum auch diese sehenswerte Landschaft wieder für zahlreiche Filme als Kulisse dienen musste. Ein für Wohnmobile geeigneter Parkplatz (56.668044, -4.990877) folgt rund vier Meilen hinter dem Besucher-

WANDERUNG

WEST HIGHLAND WAY

Der West Highland Way ist ein beliebter Fernwanderweg mit 154 Kilometern Streckenlänge, der jährlich von gut 50 000 Naturliebhabern erwandert wird. Er verbindet Fort William mit Glasgow und verläuft dabei durch das Tal Glen Coe und am beliebten Loch Lomond vorbei. Die meisten Wanderer begehen den Weg in nördlicher Richtung, um von der Stadt in die Highlands zu gelangen. Viele von ihnen belohnen sich nach der Fernwanderung dann noch mit dem Aufstieg auf den nahe gelegenen Ben Nevis. Die Beliebtheit dieses Wegs, der mit seiner Eröffnung im Jahr 1980 zudem der erste offizielle Fernwanderweg Schottlands ist, zeigt sich auch in der guten Infrastruktur. Neben einer durchgängigen Beschilderung werden Gepäcktransporte angeboten, sodass man den Weg auch mit sehr wenig Gepäck begehen kann.

zentrum. An dieser Stelle ist das Tal recht eng und es bietet sich die Möglichkeit, weiter in den Talgrund hinabzusteigen und auf einer kleinen Brücke den River Coe zu überqueren. Spätestens hier kommt man in Versuchung, in die Wanderschuhe zu schlüpfen und das Tal zu Fuß zu erkunden. Ein beliebter Fotostopp ist auch der Parkplatz am Ende von Glen Coe (56.656882, -4.878208). Gleich neben diesem Parkplatz erhebt sich nämlich der Buachaille Etive Mòr mit einer Höhe von 1021 Metern. Vom Parkplatz aus ist seine markante Erscheinungsform noch gar nicht so deutlich zu erkennen. Folgt man jedoch der Straße noch ein Stück und blickt zurück, versteht man, warum der Berg auch als Pyramide von Glen Coe bezeichnet wird. Gleichzeitig markiert er aber das Ende des engen Tals und wir erreichen eine weite, faszinierende Landschaft, die als **Rannoch Moor** bezeichnet wird. Das sich vor uns erstreckende Plateau liegt rund 400 Meter hoch und ist für die Landwirtschaft gänzlich ungeeignet, weshalb es – abgesehen von der A 82 – fast unberührt ist. Westlich davon befindet sich das älteste Skigebiet Schottlands. Das Glencoe Ski Resort (56.632324, -4.828037) verfügt über mehrere Sessellifte, von denen einer auch im Sommer in Betrieb ist, um Wanderer vom Parkplatz aus in die höher gelegenen Regionen zu bringen.

Parken und Übernachten ist im Glen Coe sehr gut möglich.

Am Südrand von Rannoch Moor erreichen wir einen Parkplatz (56.568064, -4.754297), der zugleich als Aussichtspunkt auf Loch Tulla dient. Mit dem rund dreieinhalb Kilometer

Durch das Rannoch Moor führt nur eine Straße, weshalb man selten alleine ist.

SPECIAL

CLAN DER MCDUCKS

Rannoch Moor ist auch einer der wenigen realen Orte, die in die Welt des McDuck-Clans Einzug gehalten haben. Der amerikanische Disney-Zeichner Don Rosa, der oft als Nachfolger von Carl Barks gehandelt wird, siedelte in Rannoch Moor die fiktive Duckenburgh an. Sie sei Stammsitz des Clans, der einen gewissen Scrooge McDuck hervorbrachte, im deutschsprachigen Raum besser bekannt als Dagobert Duck, die reichste Ente der Welt.

langen See verlassen wir die Hochebene und fahren durch Glen Orchy bis zum Ende der A 82 bei Tyndrum, wo wir endlich wieder ausreichend Gelegenheit haben, unsere Lebensmittelvorräte aufzufrischen.

Wir biegen rechts ab, folgen der A 85 weiter durch das **Orchy-Tal** und erreichen hinter Dalmally einen Parkplatz auf der linken Seite (56.407195, -5.017316). Von diesem aus gelangen wir nach wenigen Minuten zu Fuß zur Ruine von Kilchurn Castle. Die Burg entstand Mitte des 15. Jahrhunderts und hatte eine sehr ruhige Vergangenheit. Es gab zwar viele Um- und Anbauten im Laufe der Jahrhunderte, doch nur eine einzige, kaum erwähnenswerte Belagerung. Folglich ist die Burg auch nicht von Menschenhand zerstört worden, sondern durch einen Blitzschlag im Jahr 1760. Im Jahrhundert darauf stürzte der Turm der Ruine bei dem Sturm ein, bei dem auch die Eisenbahnbrücke über dem Firth of Tay zusammenbrach (siehe Tour 4).

STIPPVISITE AUF DER ISLE OF MULL

Weiter auf der A 85 erreichen wir **Oban**, den südlichsten Hafen mit Anbindung an die Äußeren Hebriden. Gleichzeitig pendelt hier aber auch eine Fähre auf die nahe gelegene Isle of Mull, die zu den Inneren Hebriden gehört. Schon während der Überfahrt sehen wir auf einer Landspitze das aus dem 13. Jahrhundert stammende Duart Castle, das besichtigt werden kann und ein kleine Ausstellung beherbergt. Der Hauptort der Isle of Mull befindet sich vom Fähranleger aus betrachtet jedoch in der entgegengesetzten Richtung und heißt Tobermory. Die Ortschaft liegt im Norden der Insel und beherbergt direkt im Hafen die gleichnamige Whiskydestillerie, die Ende des 18. Jahrhunderts gegründet wurde und ein Besucherzentrum bereithält. Ansonsten hat die Isle of Mull zwar keine spektakulären At-

Kilchurn Castle liegt malerisch in den schottischen Highlands ...

traktionen, doch besticht die Insel durch viele kleine Naturschönheiten wie die zahlreichen Buchten und Hügel. Der höchste von ihnen ist immerhin der Munro Ben More und reicht 966 Meter in die Höhe. Die hervorragende Aussicht vom Ben More lässt sich nach einer rund dreistündigen Wanderung erleben. Ausgangspunkt hierfür ist ein kleiner Schotterparkplatz direkt an der Küste an der B 8035 (56.448955, -6.067697).

Zurück in Oban fahren wir auf der A 816 in südlicher Richtung. Bei Kilninver haben wir die Möglichkeit, rechts abzubiegen und dem Hinweisschild zur Atlantikbrücke in gut fünf Meilen zu folgen. Mit der Atlantikbrücke ist die Clachan-Bridge (56.317660, -5.583489) gemeint, die dafür bekannt ist, die kleinste Brücke über den Atlantik zu sein. Die nur wenige Meter lange Steinbogenbrücke wurde 1792 erbaut und verbindet das schottische Festland mit der Insel Seil. Unter der Brücke fließt also kein Fluss, was man angesichts der Größe vermuten könnte, sondern hier befindet sich ein Meeresarm des Atlantischen Ozeans. Auch für die schottische Regierung wird Seil scheinbar nicht mehr als Insel gesehen, da man vor einigen Jahren Subventionen strich, die für kleine Inselgemeinden wie diese vorgesehen sind.

Auf der A 816 kommen wir nach Lochgilphead, wo wir auf die A 83 in Richtung Glasgow abbiegen. Geradeaus kämen wir

... während Inveraray Castle ein stattliches Herrenhaus ist.

PICKNICKPLATZ

Auf einer Höhe von 260 Metern hat man den Picknickplatz »Rest and be thankful« erreicht, der einen schönen Ausblick in das folgende Tal Glen Croe bietet. Am Picknickplatz befindet sich die Nachbildung eines Gedenksteins, in den die Aufforderung, zu verweilen und dankbar zu sein, eingraviert ist. Der originale Stein wurde von Soldaten im Jahr 1753 aufgestellt, die durch das Glen Croe-Tal die damalige Militärstraße schufen und schließlich an dieser Position den höchsten Punkt zwischen den Lochs Fyne und Long erreichten. Dass die Landschaft an dieser Stelle ebenfalls beeindruckend ist, verrät der inoffizielle Name, der oftmals für die umliegenden Berge gebraucht wird: Alpen von Arrochar. Fünf Munros und zahlreiche weitere kleinere Berggipfel erheben sich hier kurz vor den Toren der Stadt Glasgow und sind dementsprechend ein beliebtes Ausflugsziel für die Stadtbevölkerung.

Oban

Isle of Mull
Clachan Bridge
Inveraray Castle
Glen Croe
Nationalpark Loch Lomond and the Trossachs

130 mi

Glasgow

Der See Loch Lomond ist Namensgeber für den Nationalpark.

auf die zwar schöne, aber unbedeutende Halbinsel Kintyre, die rund 60 Meilen lang ist und an ihrem südlichen Ende einen Blick auf die Küste von Nordirland ermöglicht. Auf der A 83 fahren wir lange Zeit am Loch Fyne entlang, bei dem es sich um eine fjordähnliche Meeresbucht handelt. Berühmt ist Loch Fyne für seine Angelmöglichkeiten und für die Austernfischerei. Eine der Attraktionen am Ufer des Loch Fyne ist das Inveraray Castle (56.237953, -5.074649), das im 15. Jahrhundert entstand. Die Front des viergeschossigen Baus präsentiert sich sehenswert mit zwei Rundtürmen an den beiden Seiten. Im Inneren wird eine umfangreiche Waffensammlung gezeigt, aber auch der höchste Raum Schottlands, dessen Decke sich in einer Höhe von 21 Metern befindet. Der Eintritt umfasst außerdem den Besuch des umliegenden Schlossgartens. Einen schönen Blick hat man auf Inveraray Castle übrigens auch von der Brücke der A 83, die die Mündung des River Aray überspannt.

Der anschließende Abschnitt der A 83 verläuft zunächst kurvig um den Fjord herum und steigt anschließend ein wenig an.

SPECIAL

NATIONALPARK LOCH LOMOND AND THE TROSSACHS

Loch Lomond wird gerne als der schönste See Schottlands bezeichnet und ist Teil des Nationalparks Loch Lomond and the Trossachs. Die Eröffnung des Nationalparks fand im Sommer 2002 offiziell durch Prinzessin Anne statt. Damit war er der erste Nationalpark auf schottischem Gebiet. Bei den Trossachs handelt es sich um ein bewaldetes Tal (56.230854, -4.411751) östlich des Loch Lomond, das von vielen weiteren kleinen Lochs umgeben ist. Zum beliebtesten gehört der Loch Katrine (56.233639, -4.428540), auf dem bereits seit dem Jahr 1900 das Ausflugsdampfschiff Sir Walter Scott fährt. Benannt ist es nach dem Dichter, weil dieser zwei seiner Novellen rund um Loch Katrine spielen ließ. Loch Lomond ist hingegen der größte See Schottlands und erstreckt sich über eine Länge von fast 40 Kilometern in Nord-Süd-Richtung, wobei der See maximal eine Breite von acht Kilometern aufweist. Leider ist die Anzahl der Parkplätze überschaubar, doch wenn man nicht allzu schnell auf der Straße unterwegs ist, hat man gute Chancen, eine der wenigen Zufahrten zu den Parkplätzen zu erhaschen. Alternativ bleiben natürlich die Campingplätze, deren Stellflächen teilweise bis an das Ufer heranreichen. Campingplätze gibt es auch am Ostufer, doch sollte man hier unbedingt beachten, dass das freie Übernachten am östlichen Ufer des Loch Lomond bei Strafe geahndet wird. Der See beherbergt zahlreiche Inseln, von denen einige bewohnt und mit einer Fähre erreichbar sind. So existieren natürlich auch Ausflugsschiffe, mit denen man von Ufer zu Ufer pendeln kann. Zusammen mit den Bergen, den Seen, den Ausflugsmöglichkeiten und der nahen Lage zu Glasgow ist der Nationalpark ein beliebtes und daher auch gut besuchtes Reiseziel. Wer also gerade frisch aus den einsamen Highlands kommt, wird hier möglicherweise ein Gefühl von Massentourismus verspüren, wobei dieser Begriff auch hier noch übertrieben ist.

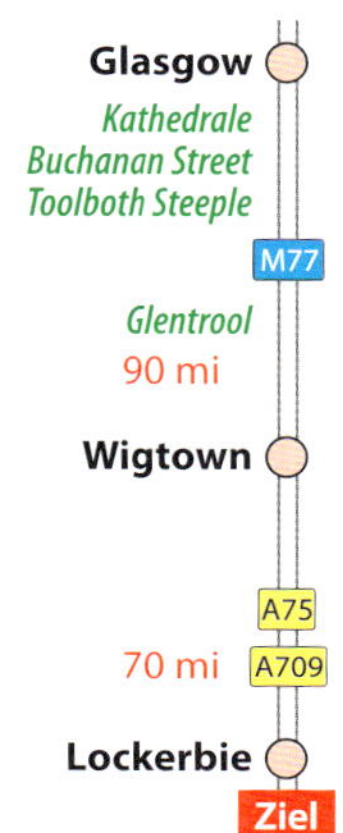

In **Tarbert** treffen wir wieder auf die A 82, auf der wir nach rechts abbiegen und das westliche Ufer des Loch Lomond genießen.

KONTRAST ZUR NATUR DER HIGHLANDS – STADTRUNDGANG DURCH GLASGOW

Am Südufer des Sees wird es nun wieder deutlich besiedelter und es reihen sich Ortschaften wie Alexandria und Dumbarton aneinander, bis wir **Glasgow** erreicht haben. Damit wären wir allerdings wieder bei der gewohnten Problematik, mit einem Wohnmobil in eine britische Stadt zu fahren und parken zu wollen. Angesichts der geringen Parkmöglichkeiten, die überdies auch noch sündhaft teuer sind, empfiehlt es sich, einen der Campingplätze im Umfeld anzusteuern und mit öffentlichen Verkehrsmitteln in die Stadt zu fahren. Wer sich trotzdem in die Stadt begeben möchte, findet in der Nähe des Hauptbahnhofs einen Großparkplatz (55.855872, -4.248292), der wenige Meter vom River Clyde entfernt liegt. Im Osten der Innenstadt gibt es noch einen eher unattraktiven Parkplatz (55.859809, -4.239531), von dem aus man aber nur wenige Minuten zur Kathedrale läuft, die sich nicht im eigentlichen Stadtkern von Glasgow befindet.

Dabei ist die Kathedrale eines der ältesten Bauwerke der Stadt. Benannt ist das Gotteshaus nach dem heiligen Mungo, der zu Beginn des 7. Jahrhunderts in Glasgow verstarb. Die Attribute des Heiligen sind im Stadtwappen aufgeführt, während seine Überreste in der Krypta der St. Mungo-Kathedrale begraben liegen. Von der Kirche gelangt man mit wenigen Schritten hinauf auf einen Hügel, auf dem sich die sogenannte Glasgow Nekropolis befindet. Ursprünglich handelte es sich um einen Park, in dem 1825 eine Säule mit der Skulptur des Reformators John Knox aufgestellt wurde. Wenige Jahre später begann man damit, das Gelände als Friedhof zu nutzen. Mehrere bedeutende schottische Persönlichkeiten wurden seit dem 19. Jahrhundert hier bestattet. Viele der Grabmäler sind kleine Kunstwerke und als Monument bzw. als Mausoleum erbaut worden, weshalb sich auch hier ein kleiner Spaziergang lohnt.

Natürlich lädt auch Glasgow mit zahlreichen historischen Bauten zu einem Stadtrundgang ein.

Über die Cathedral Street geht man leicht bergab bis in das Zentrum Glasgows, das durch seine rechtwinklig angeordneten Straßenzüge auffällt. Die wichtigste ist die Buchanan Street, die als Einkaufsstraße und Fußgängerzone von der Konzerthalle geradewegs bis fast an das Ufer des River Clyde reicht, wo sich parallel dazu der Bahnhof von Glasgow befindet. Östlich davon geht es über die Argyle Street zum Glasgow Cross, einem bedeutenden Verkehrsknotenpunkt. Auf einer kleinen Verkehrsinsel am Glasgow Cross erhebt sich der 38 Meter hohe Toolboth Steeple als Uhrenturm seit dem 17. Jahrhundert. Zentraler Platz der Glasgower Innenstadt ist jedoch der George Square östlich der Buchanan Street. Doch Glasgow ist eher eine Stadt für das schlechte Wetter, denn

1824 wurde diese Kirche gebaut, in der sich heute das Ramshorn Theater befindet.

klassische Sehenswürdigkeiten und Attraktionen sind Mangelware, dafür beherbergt die größte Stadt Schottlands jedoch einige sehenswerte Museen, zu den bedeutendsten zählt hier die Kelvingrove Kunstgalerie.

Dennoch hat es Glasgow auch heute noch schwer, seinen schlechten Ruf als Arbeiterstadt mit hoher Kriminalität zu beseitigen, was mit ein Grund dafür ist, sein Wohnmobil besser nicht allzu lange unbeaufsichtigt in den Vororten der Stadt abzustellen.

Mit Glasgow haben wir auch wieder das britische Autobahnnetz erreicht. Über die M 74 kämen wir so zum Beispiel sehr einfach zurück nach England, doch wenn man noch ein wenig Zeit hat, lohnt sich eine Rundfahrt durch Dumfries and Galloway südlich von Glasgow. Über die M 77 fahren wir nach Kilmarnock und folgen ab dort der A 77 in Richtung Stranraer. Nördlich von Stranraer legen bei Cairnryan die Fähren der Gesellschaft P&O nach Nordirland ab, doch östlich davon

Die Kathedrale von Glasgow beeindruckt mit ihren Dimensionen im Kirchenschiff.

KULTUR

WIGTOWN

Wigtown wäre fast unbedeutend, wenn man es nicht zum ersten Bücherdorf Schottlands erhoben hätte. Über 20 Buchläden und Antiquariate finden sich in dem kleinen Dorf, das selbst nur rund 1000 Einwohner hat. Somit könnte im Schnitt jeder Bewohner mit rund 250 Büchern ausgestattet werden, denn rund eine Viertelmillion Werke sind in den Buchläden zu erwerben. Da es sich nicht um normale Buchläden handelt, werden die Besucher meist mit einem Café oder einem Kaminzimmer verwöhnt, sodass man sich ganz in Ruhe der Literatur hingeben kann.

erstreckt sich der Galloway Forest Park, der sich mit einer wunderbaren und hügeligen Waldlandschaft zeigt. Informationen zum Park erhält man in einem Besucherzentrum bei Glentrool (55.074849, -4.551894), wobei schon die Anfahrt über die schmalen und engen Landstraßen deutlich spüren lässt, wie abseits gelegen die Landschaft liegt. Diese Einsamkeit war es schließlich auch, die im Jahr 2009 dazu führte, dass der Galloway Forest Park zu einem sogenannten Lichtschutzgebiet erhoben wurde. Diesen Titel erhalten nur Areale, die aufgrund fehlender menschlicher Lichtquellen sehr gute astronomische Beobachtungen ermöglichen.

Sehr erhellend ist auch ein Besuch an der weiter liegenden Küste der Irischen See, wo wir auf der schmalen Straße A 714 einen kleinen Abstecher in das Bücherdorf Wigtown machen können.

Über die A 75 fahren wir ostwärts und erreichen den Hauptort der Region, Dumfries, wo es über die A 709 nur noch ein kurzer Abstecher zur Kleinstadt **Lockerbie** ist.

In Lockerbie erreichen wir auch die Autobahn M 74, mit der wir nach einer 20-minütigen Fahrt die Grenze zu England erreichen.

Nicht nur Reiseführer über Schottland gibt es in den zahlreichen Buchhandlungen von Wigtown.

An die Opfer des Terroranschlags wird auf einem kleinen Friedhof am Rande von Lockerbie gedacht.

SPECIAL

LOCKERBIE-ANSCHLAG

Der Ort erlangt am 21. Dezember 1988 traurige Berühmtheit in aller Welt, als über der Stadt ein Flugzeug der amerikanischen Fluggesellschaft PanAm Opfer eines Terroranschlags wurde und explodierte. Alle 259 Insassen des Flugzeugs sowie elf Einwohner von Lockerbie kamen damals ums Leben. Bis heute ist das Attentat in den Medien präsent, zuletzt beim Arabischen Frühling, als der einstige libysche Justizminister der Presse erklärte, er könne beweisen, dass der frühere Staatschef Gaddafi für den Terrorakt verantwortlich sei. Am Rande der Ortschaft befindet sich mit dem Garden of Remembrance ein kleiner Gedenkfriedhof, der an die Opfer von damals erinnert.

PRAKTISCHE HINWEISE

Parken, aussteigen und wandern ...

TOURISTINFORMATIONEN

Portree, Bayfield House, Bayfield Road
Isle of Skye, IV51 9EL
Tel. 0044/(0)1478/61 21 37

Fort William, 15 High Street, PH33 6DH
Tel. 0044/(0)1397/70 18 01

Oban, Stafford Street, PA34 5NH
Tel. 0044/(0)1631/57 20 04

Glasgow, 220 Buchanan Street, G1 2FF
Tel. 0044/(0)131/472 22 22

CAMPINGPLÄTZE

C 600 **Skye Camping and Caravanning Club Site** (S. 176 A1)
Loch Greshornish Borve, Arnisort Edinbane
Portree, Isle of Skye, IV51 9PS
www.campingandcaravanningclub.co.uk
Koordinaten: 57.485323, -6.435026
Camping an einer kleinen Bucht neben der A 850, abseits der Hauptroute.

C 601 **Torvaig Caravan & Campsite** (S. 176 B1) Torvaig, Portree, Isle of Skye, IV51 9HU
www.portreecampsite.co.uk
Koordinaten: 57.425951, -6.185420
In den Sommermonaten gut besuchter Campingplatz nördlich von Portree. Nicht direkt an der Küste, aber bei schönem Wetter mit Blick auf die Berglandschaft der Isle of Skye.

C 602 **The Cuillin Ridge** (S. 176 B2)
Glenbrittle, www.dunvegancastle.com/glenbrittle/campsite/
Koordinaten: 57.201968, -6.285866
Sehr abseits gelegener und einfacher Campingplatz an der Bucht von Loch Brittle. Guter Ausgangspunkt für Wanderungen auf die Gipfel der Isle of Skye.

C 603 **Morvich Caravan Club Site** (S. 176 D2) Inverinate, Kyle, IV40 8HQ
Tel. 0044/(0)1599/51 13 54
www.caravanclub.co.uk
Koordinaten: 57.234943, -5.380484
Gepflegter Campingplatz vor der Mündung des River Croe in Loch Duich, rund 7 Meilen südlich vom Eilean Donan Castle.

C 604 **Glen Nevis Holidays** (S. 177 E5)
Glen Nevis, Fort William, PH33 6SX
www.glen-nevis.co.uk
Koordinaten: 56.802494, -5.070097
Sehr großer Campingplatz in Glen Nevis, kurz hinter dem Besucherzentrum. Für Wanderungen auf den Ben Nevis der beste Ausgangspunkt.

C 605 **Bunree Caravan Club Site** (S. 177 E5) Onich, Fort William, PH33 6SE
Tel. 0044/(0)1855/82 12 83
www.caravanclub.co.uk
Koordinaten: 56.713558, -5.235568

Großer, aber ruhiger Campingplatz am Ufer des Loch Linnhe, südlich von Fort William.

C 606 Glencoe Camping and Caravanning Club Site (S. 177 E6)
Glencoe, Ballachulish, PH49 4LA
www.campingandcaravanningclub.co.uk
Koordinaten: 56.673462, -5.083781
Großer Campingplatz am Beginn von Glen Cloe, in direkter Nachbarschaft zum dortigen Besucherzentrum, mit schönen Wandermöglichkeiten direkt ab dem Platz.

C 607 North Ledaig Caravan Club Site
(S. 171 F1) Connel, Oban, PA37 1RU
Tel. 0044/(0)1631/71 02 91
www.caravanclub.co.uk
Koordinaten: 56.476856, -5.401605
Sehr großer Campingplatz mit breitem Strand an einer schönen Bucht nördlich von Oban. Ideal für Übernachtungen, wenn man am nächsten Tag auf die Äußeren Hebriden übersetzen möchte. Allerdings auch direkt in der Einflugschneise des kleinen Regionalflughafens.

C 608 Luss Camping and Caravanning Club Site (S. 171 A3)
Luss, Loch Lomond,
www.lusscampsite.co.uk
Koordinaten: 56.107323, -4.638201
Schön gelegener Campingplatz am Westufer vom Loch Lomond.

C 609 Milarrochy Bay Camping and Caravanning Club Site (S. 172 A3)
Milarrochy Bay, Balmaha, G63 0AL
www.campingandcaravanningclub.co.uk
Koordinaten: 56.100079, -4.562528
Schöner Campingplatz direkt am Ufer von Loch Lomond. Jedoch an der Ostseite, dadurch zwar ruhiger, aber auch etwas weitere und aufwändigere Anfahrt.

C 610 Strathclyde Country Park Caravan Club Site (S. 172 B5)
Bothwellhaugh Road, Bothwell, G71 8NY
Tel. 0044/(0)1698/85 33 00
www.caravanclub.co.uk
Koordinaten: 55.803435, -4.048158
In der Nähe eines kleinen Lochs südöstlich von Glasgow. In das Zentrum von Glasgow braucht man mit öffentlichen Verkehrsmitteln dennoch über eine Stunde.

C 611 Garlieston Caravan Club Site
(S. 167 E5) Garlieston, Newton Stewart, DG8 8BS
Tel. 0044/(0)1988/60 06 36
www.caravanclub.co.uk
Koordinaten: 54.787365, -4.366982
Überschaubarer Campingplatz an der Küste, südlich des Bücherdorfes Wigtown.

... ist in den schottischen Highlands einfach und ein Vergnügen.

Schottland ist genau die richtige Region, um zu entspannen und die Natur zu genießen.

» REISE-INFORMATIONEN VON A BIS Z

Auf den Shetland-Inseln überquert man den 60. Breitengrad.

ÄRZTLICHE VERSORGUNG

Das Thema Unfall und Krankheit blendet man immer gerne aus, wenn es um die schönsten Wochen des Jahres geht. Aber das Schicksal macht keinen Urlaub und so sollte man natürlich wissen, was im Notfall zu tun ist. Grundsätzlich gilt in Großbritannien das staatliche Gesundheitssystem National Health Service, kurz NHS. Dieses wird aus Steuergeldern finanziert und verspricht jedem Briten eine kostenlose Versorgung beim Hausarzt und im Krankenhaus. Nach dem Brexit gilt für EU-Bürger zwar weiterhin die Krankenversicherungskarte, doch es können Zusatzgebühren entstehen. Doch sind damit oft lange Wartezeiten verbunden und es schadet dennoch nicht, die Versicherungskarte seiner Krankenkasse mitzuführen. Außerdem ist eine Kranken- und Rücktransportversicherung empfehlenswert, denn in der Regel ist ein stationärer Aufenthalt in der Heimatregion ja doch angenehmer als in einem fremden Land, wenn er denn schon notwendig ist. Die Notrufnummer lautet in Schottland 112 oder 999.

BADEN/SURFEN

Surfen ist in Schottland in der Tat möglich. Jedoch sind die besten Wellen in der Zeit von September bis Februar zu erwarten, also eher außerhalb der klassischen Reisezeit und eben auch bei entsprechender Kälte. Das Thema Schwimmen, sei es in einem Loch oder im Meer, ist hingegen eher eine Randerscheinung und dürfte nur für ganz Hartgesottene interessant sein. An einen klassischen Badeurlaub braucht man in Schottland keinen Gedanken verschwenden, dafür sind die Wassertemperaturen zu niedrig.

BOTSCHAFTEN

Botschaft der Bundesrepublik Deutschland, London 23 Belgrave Square, London, SW1X 8PZ, Tel. 0044/(0)20/78 24 13 00

Generalkonsulat der Bundesrepublik Deutschland, Dr. Andreas Zimmer, Edinburgh 16 Eglinton Crescent, Edinburgh, EH12 5DG, Tel. 0044/(0)131/337 23 23

Honorarkonsul der Bundesrepublik Deutschland, Honorarkonsul Graeme Mark Kynoch Edward, Aberdeen Partner & Solicitor-Advocate Johnstone House, 52-54 Rose Street, Aberdeen, AB10 1HA, Tel. 0044/(0)1224/40 84 08

Honorarkonsul der Bundesrepublik Deutschland, Honorarkonsul Michael John Dean, Glasgow c/o Maclay Murray & Spens LLP, 1 George Square, Glasgow, G2 1AL, Tel. 0044/(0)141/303 24 15

Honorarkonsul der Bundesrepublik Deutschland, Honorakonsul Dieter Glaser, Lerwick (Shetland), 43 Kantersted Road, Lerwick, Shetland, ZE1 0RJ, Tel. 0044/(0)159/569 59 56

DIEBSTAHL UND SICHERHEIT

Sir Arthur Conan Doyle ist in Edinburgh geboren und aufgewachsen. Es wird also einen Grund geben, warum er sich die Figur eines Detektivs namens Sherlock Holmes hat einfallen lassen. Aber kein Anlass zur Beunruhigung! Schottland gilt grundsätzlich als sicheres Reiseland, besonders in den einsamen Highlands ist mit Kriminalität kaum zu rechnen. Doch Gelegenheit macht bekanntlich Diebe und deshalb gelten die gleichen Vorsichtsmaßnahmen wie auch in anderen Teilen der Welt: Keine Wertgegenstände im Auto liegen lassen und auch nicht unnötig Kostbarkeiten herumzeigen. Das gilt natürlich sowohl für den innerstädtischen Parkplatz in Glasgow als auch für den vermeintlich einsamen Wanderparkplatz in der Natur. Ansonsten besteht für Großbritannien allgemein eine höhere Gefahr von terroristischen Anschlägen, aber diese sind vermutlich nicht in den Highlands zu erwarten, sondern allenfalls in den Großstädten.

EINREISE

Da die Einreise in der Regel mittels Fährüberfahrt oder aber auch mit einer Zugfahrt durch den Tunnel unter dem Ärmelkanal stattfindet, ist die Gasflasche zu schließen. Gelegentlich erhält man auch einen gelben Aufkleber, der am Gaskasten anzubringen ist. An den Terminals, die in diesem Fall die Grenzübergänge darstellen, bestehen Personenkontrollen. In der Regel sind die Kontrollen aber sehr schnell durchgeführt und oftmals wird man auch einfach nur durchgewunken. Dennoch kann es passieren, dass ein Grenzbeamter einen Blick in das Wohnmobil werfen möchte. Meistens wird dieses dabei aber nicht einmal betreten. Seit Oktober 2021 reicht der Personalausweise zur Einreise nach Großbritannien nicht mehr aus. Zwar ist nach dem Brexit kein Visum notwendig, jedoch muss man einen Reisepass vorlegen, der für die Dauer der gesamten Reise gültig ist.

ELEKTRIZITÄT

Will man Kleingeräte wie einen Rasierer oder einen Föhn im Sanitärgebäude eines Campingplatzes nutzen, so benötigt man in aller Regel einen Reiseadapter für den Stromanschluss. Das betrifft allerdings nicht die Stromanschlüsse auf den Parzellen eines Campingplatzes. Diese können mit den genormten CEE-Steckern wie gewohnt mit dem Wohnmobil verbunden werden. Ausnahmen bestätigen natürlich die Regel. Bei Problemen erhält man aber sicherlich an der Rezeption Hilfe.

GELD- UND KREDITKARTEN (SCHOTTISCHES PFUND)

Die Währung in Großbritannien lautet bekanntlich Britisches Pfund bzw. Pfund Sterling und wird mit dem Währungssymbol £ geschrieben. Ein Pfund besteht aus 100 Pence. Bei den Münzen können wir uns an den Einheiten des Euro orientieren, denn es gibt das Pfund in folgenden Varianten: 1 Penny, 2, 5, 10, 20 und 50 Pence. Banknoten existieren in den Einheiten: 5 £, 10 £, 20 £, 50 £ und 100 £. Bis hierhin ist es recht einfach, doch es besteht in Großbritannien die Besonder-

Nicht ganz so weit verbreitet wie in England, aber auch vorhanden, sind die Plätze des Caravan Club.

heit, dass das Pfund von mehreren Banken ausgegeben wird und dass das Schottische Pfund nicht als gesetzliches Zahlungsmittel gilt. Wer also Banknoten mit dem Aufdruck einer schottischen Bank besitzt, sollte diese am Ende seiner Reise noch in Schottland ausgeben. Es kann nämlich passieren, dass sie in England nicht akzeptiert werden. Dies betrifft insbesondere die 100-Pfund-Banknote, die von englischen Banken nicht ausgegeben wird, und die Ein-Pfund-Note, die nur von der Royal Bank of Scotland gedruckt wird.

Die Nutzung von Kreditkarten ist natürlich auch in Schottland weit verbreitet, aber nur alleine darauf sollte man sich nicht verlassen, wenn man in einem kleinen Pub am Straßenrand in den Highlands sein Getränk bezahlen möchte.

GPS

Im 21. Jahrhundert ist ein GPS-Gerät beinahe unabdingbar. Mit einer geeigneten Karte hilft das handliche Gerät bei den Wanderungen in den Munros Schottlands genauso wie bei einem Spaziergang durch die Straßen von Edinburgh. Außerdem kann man natürlich auch in Schottland auf Schatzsuche gehen und beim Geocaching den einen oder anderen Fund machen. Alternativ kann das Smartphone helfen, wobei hier jedoch beim Betrachten von Onlinekarten Roaminggebühren anfallen bzw. die Datenflat stark beansprucht wird, falls man die Kartenkacheln nicht vor Antritt der Reise offline gespeichert hat. Ein GPS-Gerät kann natürlich auch genutzt werden, wenn das bordeigene Navigationssystem den Dienst versagt. Für beide Gerätetypen sind die in diesem Buch aufgeführten Koordinaten im Dezimalsystem angegeben. Bei herkömmlichen Navigationssystemen und GPS-Geräten kann die Eingabemöglichkeit in den Geräteeinstellungen geändert bzw. angepasst werden.

In John o'Groats ist man am nordöstlichen Ende des britischen Festlands angekommen.

INFORMATIONEN

Um einen Urlaub erfolgreich abzurunden, ist die Vorabinformation über die Destination immer ein wichtiges Werkzeug. Der erste Schritt mit dem Griff zu diesem hilfreichen Reiseführer ist getan. Er soll Sie sicher durch Schottland begleiten und Ihnen zahlreiche Tipps für Ausflüge und Sehenswürdigkeiten geben. Aber es existieren natürlich auch noch andere Informationsquellen, wie zum Beispiel die Touristeninformationen in den Städten vor Ort und die offiziellen Anlaufstellen im Internet. An erster Stelle steht hierbei selbstverständlich die Touristinformation für die gesamte britische Insel: www.visitbritain.com

Aber Schottland hat zudem einen eigenen Tourismusverband, der unter www.visitscotland.com zu erreichen ist. Und auch die Shetland-Inseln präsentieren sich mit einem eigenen touristischen Angebot im Web: www.shetland.org.

Viele weitere Informationen werden auch in www.molls-reiseforum.de ausgetauscht, das der Autor dieses Buches für Leser und Reisende eingerichtet hat und betreut.

HAUSTIERE

Wenn die vierbeinigen Reisebegleiter einen Mikrochip in sich tragen und dieser im Heimtierausweis eingetragen ist, dann stellt die Mitnahme des Hundes kein Problem dar, sofern auch noch eine Bandwurmbehandlung

Eine besondere Attraktion ist das Schiffshebewerk Falkirk Wheel.

durchgeführt und diese im Ausweis protokolliert wurde.

INTERNET

Im Zeitalter des mobilen Internets will man natürlich auch gerne von unterwegs das eine oder andere Foto posten, seine Mails lesen oder sich über das tagesaktuelle Geschehen in der Welt informieren, sei es, ob man ständig sein Smartphone mit sich trägt oder abends im Wohnmobil den Laptop bzw. das Tablet nutzt. Vielleicht möchte man auch gleich einen Reisebericht ins Internet stellen, wobei es hier je nach Standort schwierig werden kann, mehrere Bilder gleichzeitig hochzuladen. In der Regel ist auch in Schottland das Handynetz relativ gut abgedeckt, aber es gibt eben noch einzelne Orte, in denen man nicht erreichbar ist oder die Verbindung sehr viel Geduld erfordert. Gleichzeitig ist natürlich das Datenvolumen zu beachten. Wer nur einmal am Tag seine textbasierten Mails lesen möchte, kommt natürlich mit wenigen Daten aus. Doch das Hochladen von Bildern, das Scrollen durch die Timeline von Facebook, das Aufrufen bildlastiger Nachrichten und das Nutzen der Satellitenansicht von Googlemaps dürfen nicht unterschätzt werden. Daher sollte man vor Fahrtantritt den Provider kontaktieren und im eventuell vorhandenen Vertrag nachlesen, ob ein entsprechendes Datenpaket vorhanden ist oder noch eingerichtet werden muss. Ansonsten müssen pro Megabyte an Daten 20 Cent bezahlt werden. Alternativ kann man natürlich eine schottische SIM-Karte kaufen, ist jedoch dann auch nur unter der schottischen Nummer erreichbar. Auf Campingplätzen ist die Nutzung des hauseigenen WLANs in der Regel auch möglich, aber selten im Übernachtungspreis inbegriffen.

KLEIDUNG

Schottland liegt bereits im hohen Norden. Daher ist auch an manchen Tagen im Sommer warme Kleidung nötig. Besonders wenn man in den Highlands oder auf den Munros unterwegs ist, sollte man sich nicht nur warm kleiden, sondern auch regenfest verpacken. Für Wanderungen ist zudem wasserdichtes Schuhwerk, das über die Knöchel reicht, empfehlenswert.

In Wigtown bestehen die Geschäfte überwiegend aus Antiquariaten.

NOTRUF

Die Nummer für den Notruf lautet in Schottland 112 und 999.

ÖFFNUNGSZEITEN

Banken, die Post und sonstige offizielle Einrichtungen haben Öffnungszeiten, die den Zeiten in Deutschland ähneln. Im Einzelhandel gibt es jedoch keine geregelten Öffnungszeiten und so sind diese von der Lage und der Größe des jeweiligen Geschäftes abhängig. Kleinere Einzelhändler schließen natürlich deutlich früher als große Einkaufszentren am Rande einer Stadt. Supermärkte wie Sainsbury's haben beispielsweise täglich mindestens von 8 bis 21 Uhr geöffnet, vielerorts sogar von 7 bis 22 Uhr und gelegentlich kann man dort sogar bis 23 Uhr einkaufen. Ähnlich ist es bei der Konkurrenz Tesco, wobei es hier auch Märkte gibt, die an allen sieben Tagen der Woche rund um die Uhr geöffnet haben.

RAD FAHREN

Es ist möglich, mit dem Fahrrad durch Schottland zu radeln, aber wenn man es nicht muss, dann lässt man es vielleicht besser. Es gibt zwar offiziell ein nationales Radwegenetz, doch verlaufen diese Strecken in der Regel auf den Straßen, die nicht jedem Radler eine Freude bereiten. Gelegentlich sieht man auch mal in einer Stadt einen Radweg, doch oft ist er zugeparkt und man sollte auch wissen, dass ein Radweg an Einmündungen keine Vorfahrt hat. Sportlich Interessierte können jedoch einen der Mountainbike-Trails nutzen, von denen es in Schottland einige gibt, doch eine vermeintlich einfache Genusstour von Ort zu Ort wird in Schottland unter Umständen schnell zur Qual.

TELEFONIEREN

Seit dem vollzogenen Brexit ist die Situation beim Roaming in Großbritannien, also auch in Schottland, nicht eindeutig geklärt. Dies hängt sehr vom Mobilfunkbetreiber ab, ob dieser für einen Übergangszeitraum oder sogar weiterhin auf Roaminggebühren verzichtet. Hier ist vor der Reise also auf jeden Fall der eigene Provider zu kontaktieren.

VERKEHRSBESTIMMUNGEN

Links fahren – das steht natürlich an erster Stelle bei den Verkehrsbestimmungen auf der britischen Insel. Möglicherweise denkt man im ersten Moment nicht daran, wenn man morgens den Campingplatz verlässt. Auf den kleinen schottischen Straßen, auf denen es keinen Platz für den Gegenverkehr gibt, sind in regelmäßigen und kurzen Abständen Ausweichplätze, sogenannte Passing Places, angelegt. Hier kann es sogar sehr schnell passieren, dass man gedankenversunken den Passing Place auf der rechten Straßenseite nutzen möchte. Aber dieser ist für den Gegenverkehr bestimmt, der sich dann etwas wundern wird. Die Geschwindigkeitsbestimmungen sind natürlich in Meilen beschrieben. Innerorts darf man 30 Meilen (48 km/h), außerorts 60 Meilen (96 km/h) fahren. Für große Wohnmobile gilt ein Tempolimit von 50 Meilen (80 km/h). 60 Meilen dürfen diese auf Schnellstraßen und Autobahnen fahren, wo kleine Wohnmobile wiederum mit 70 Meilen (112 km/h) unterwegs sein dürfen.

Rote und gelbe Markierungen am Fahrbahnrand bedeuten Park- bzw. Halteverbot. Bei der Einfahrt in einen Kreisverkehr muss man sich schon vorher so einordnen, wie man ihn später verlassen möchte. Will man gleich an der ersten Ausfahrt wieder raus, muss man sich bereits bei der Einfahrt links einordnen, ansonsten hält man sich rechts. Die Promillegrenze liegt bei 0,8.

WANDERN

Wandern ist in Schottland sehr weit verbreitet und empfehlenswert. Anders als in England darf man wandern, wo man möchte – vorausgesetzt, man geht rücksichtsvoll mit der Natur und den Interessen der Anwohner um. Wer eine Mehrtageswanderung plant und unterwegs zelten möchte, kann dies auch überall machen, sollte aber bei Privatbesitz dennoch vorher um Erlaubnis bitten und sein Zelt natürlich nicht in der direkten Nähe von Häusern aufstellen. Sinnvoll ist aber immer wieder der richtige Umgang mit einer Karte bzw. einem GPS-Gerät, da ein Wanderweg auch mal in der Wildnis enden kann oder man durch Wetterwechsel schnell im Nebel steht.

Hier sollte extra noch mal betont werden, dass die richtige Wanderbekleidung sehr wichtig ist, da besonders in den Munros das Wetter rasch umschlagen kann.

ZEIT

In Schottland und dem Rest der britischen Insel gilt die Greenwich-Zeit, sodass wir bei einer Reise nach Schottland die Uhr um eine Stunde zurückstellen müssen.

ZOLL

Großbritannien gilt seit dem Brexit als Drittstaat und daher gelten die üblichen zollrechtlichen Vorschriften beim Verlassen der EU. Das bedeutet, dass die Mitnahme von mehr als 10.000 Euro beispielsweise angemeldet werden muss. Auch die Freimengen bei Zigaretten (200 Stück) und Alkohol sind damit deutlich gesunken. Die genauen Angaben sind der Webseite des Auswärtigen Amts und des Zolls zu entnehmen. Außerdem wird davon abgeraten, CS-Gas, Schreckschusspistolen oder Schnappmesser mitzuführen. Die Briten sind in solchen Fällen rigoros und werten das nicht als Verteidigungs- sondern als Angriffswaffe. Die Folge ist in der Regel eine Festnahme und ein anschließendes Gerichtsverfahren. Zudem sollte man davon absehen, Anhalter von Frankreich aus über den Ärmelkanal mitzunehmen, da man sich sonst wegen der Beihilfe zur illegalen Einreise strafbar macht.

Die richtige Wanderausrüstung ist in Schottland ein Muss.

REGISTER

Ein beliebter Treffpunkt für Jung und Alt ist in Glasgow der Platz vor der Konzerthalle.

P.S.: DA FÄLLT MIR NOCH WAS EIN!

Sie haben sicherlich bemerkt, dass die Routen auf den vorhergehenden Seiten oft auch eine Schifffahrt beinhalten. Es beginnt ja schon bei der Überfahrt vom europäischen Festland nach Großbritannien. Deutlich kleiner geht es mit dem Schlauchboot und entsprechender Rettungsweste auf die Vogelinsel Handa. Und zwischendurch warten die Fähren auf die Shetland-Inseln, die Orkney-Inseln und die Äußeren Hebriden. Da kann es von Vorteil sein, wenn man ein wenig seefest ist, denn ich möchte Ihnen eine kurze Anekdote erzählen:

Auf unseren Schottlandreisen erlebten wir hin und wieder sehr schlechtes Wetter. Besonders meine Frau ist für die Seekrankheit sehr anfällig und empfand eine der Überfahrten sogar schlimmer als unsere mehrwöchige Frachtschiffreise über den Atlantik einige Jahre zuvor. Es ereilte uns auf der Fahrt von Stornoway nach Ullapool, als die Wellen bis auf die Scheiben in Deck 7 hochschlugen und unsere Fähre ächzend durch die See stampfte. Während ich mir Gedanken über unser Wohnmobil im Bauch des Schiffes machte, »genoss« meine Frau mit vielen anderen Passagieren die gesamte Fahrt auf der Bordtoilette, wo ich sie abholte, als wir im Hafen von Ullapool anlegten.

Unsere weiteren Überfahrten waren zwar ausgesprochen ruhig, aber das muss nicht immer so sein. Besonders The Minch und die Nordsee bei den Shetland-Inseln sind für unruhiges Fahrwasser bekannt.

Doch keine Sorge, die Schiffe sind sicher und das Übelkeitsgefühl im Magen verschwindet schon sehr bald, wenn man wieder festen Boden unter den Füßen hat. Aber hilfreich kann es daher dennoch sein, sich vorher mit Tabletten gegen Seekrankheit zu versorgen.

In diesem Sinne wünsche ich Ihnen eine angenehme, aber auch spannende Reise durch Schottland!

Herzliche Grüße

In gleicher Reihe erschienen …

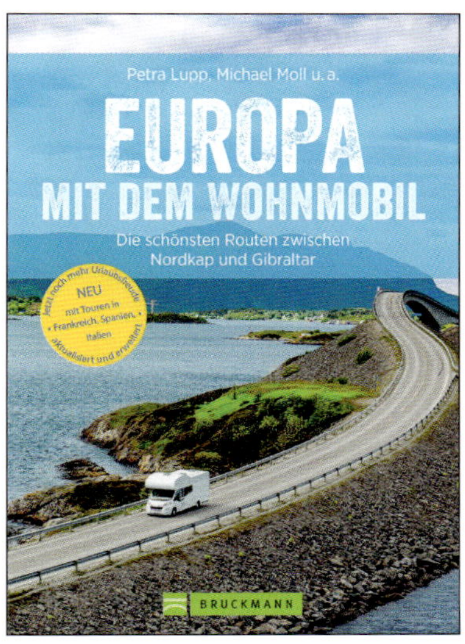

ISBN 978-3-7343-1323-3

ISBN 978-3-7343-1230-4

ISBN 978-3-7343-2158-0

ISBN 978-3-7343-2307-2

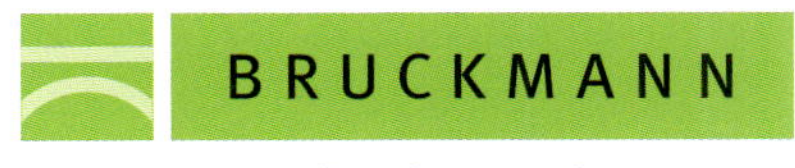

Die 275 Meter lange Kylesku Bridge bei Ullapool

» STRASSENATLAS

Unst
Yell
Haroldswick
Isbister
Fetlar
Shetland Islands
Ulsta
Toft
Whalsay
Sandness
Mainland
Lerwick
Bressay
189
Grutness
North Ronaldsay
Westray
Sanday
Rousay
Stronsay
Mainland
188
Kirkwall
Stromness
Orkney Islands
Scapa Flow
South Ronaldsay
Hoy
Pentland Firth
Burwick
Dunnet Head
John o´Groats
Dounreay
Thurso
Durness
Cape Wrath
185
186
187
Port of Ness
Carloway
Stornoway
Scourie
Tongue
Wick
Altnaharra
Latheron
North Minch
Lochinver
Isle of Lewis
Loch Shin
Lairg
Helmsdale
Äußere Hebrides
Tarbert
Ullapool
Dornoch
Tain
Moray Firth
180
181
182
183
184
North Uist
Rodel
Gairloch
Loch Maree
Elgin
Banff
Fraserburgh
Western Isles
Little Minch
Uig
Shieldaig
Fochabers
Peterhead
Buchan Ness
Portree
Beauly
Inverness
Dufftown
South Uist
Dunvegan
Isle of Skye
Northwest Highlands
Drumnadrochit
Broadford
Fort Augustus
Loch Ness
Carrbridge
Inverurie
Aberdeen
Sea of the Hebrides
175
176
177
178
179
Barra
Ardvasar
Kingussie
Spey
Rhum
Mallaig
Invergarry
Braemar
Ballater
Stonehaven
Eigg
Dalwhinnie
Inner Hebrides
Fort William
Schottland
Brechin
Montrose
Kilchoan
Pitlochry
Coll
Tobermory
Ballachulish
Kenmore
Dunkeld
Lochaline
Arbroath
Tiree
Staffa
Isle of Mull
Crianlarich
Loch Tay
Perth
Dundee
Iona
Oban
St. Andrews
NORDSEE
Firth of Lorn
Inveraray
Loch Lommond
Crail
170
171
172
173
174
Stirling
Firth of Forth
Helensburgh
Dunbar
Greenock
GLASGOW
Edinburgh
Port Askaig
Jura
Eyemouth
Islay
Berwick upon Tweed
Lauder
Rinns Point
Melrose
Holy Island
Port Ellen
Ardrossan
Galashiels
Kintyre
Kelso
Malin Head
Arran
Ayr
Hawick
Jedburgh
Alnwick
Campbeltown
Firth of Clyde
Moffat
Moville
Girvan
Ashington
Coleraine
Morpeth
164
165
166
167
168
169
London-derry
Bann
North Channel
New Galloway
Lockerbie
Newcastle
Tynemouth
Dumfries
Strabane
Stranraer
Carlisle
Sunderland
Larne
Castle Douglas
England
Kirkcudbright
Port-patrick
Nordirland
Antrim
Bangor
Penrith
Hartlepool

LEGENDE

Route 1 - GRENZÜBERSCHREITENDE EINSTIMMUNG AUF SCHOTTLAND

Route 2 - KURZE FAHRTEN MIT LANGEN BESICHTIGUNGEN

Route 3 - AUF DER SUCHE NACH DEM UNGEHEUER VON LOCH NESS

Route 4 - MIT DEM WHISKY IM GEPÄCK AUF DIE SHETLAND-INSELN

Route 5 - EINSAMES INSELHOPPING IN DER NORDSEE

Route 6 - DIE SCHÖNSTEN INSELN, DIE HÖCHSTEN BERGE UND DIE GRÖSSTEN SEEN

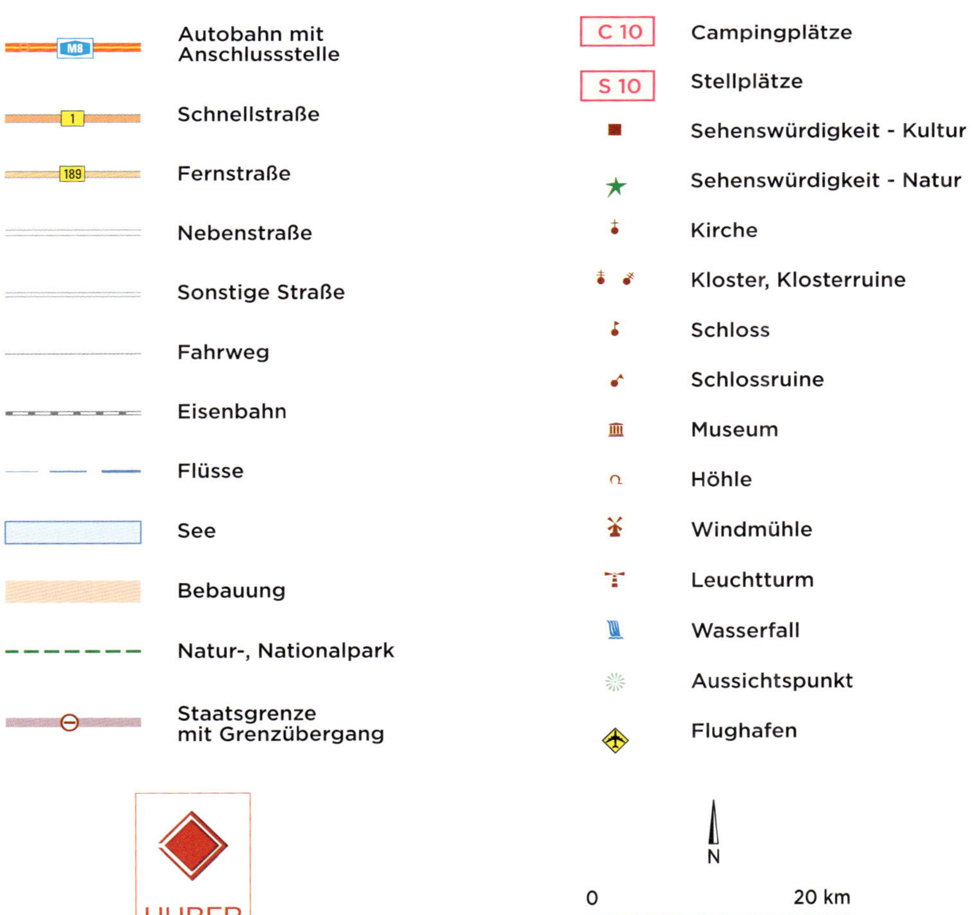

A
B
C
D
170
1
2
3
4
5
6
Malin Head
Ballyhillin
Portaleen
Ballyliffin
Malin
Culdaff
Clonmany
Carndonagh
Gleneely
Inishowen Head
Benbane Head
Drumfree
Slieve Snaght 615
Inishowen
Moville
Greencastle
Port-stewart
Portrush
Bushmills
Downhill
Buncrana
Articlave
Coleraine
Derrykeighan
Dervock
Carrowkeel
Rathmullan
Lough Foyle
Fahan
Macosquin
Burnfoot
Muff
Stran
Limavady
Ringsend
Ballykelly
Ballymoney
Bridge End
Eglinton
Derry
Newtown Cunningham
Garvagh
Roe
St. Johnstown
New Buildings
NORTHERN
Rasharki
Kilrea
Bann
Claudy
Dungiven
Feeny
Upperlands
Cullyb
Park
Portglenone
Foyle
Dunnamanagh
Artigarvan
Maghera
Lifford
Strabane
Ballynamallaght
Tobermore
Lough Beg
Clady
Sion Mills
Cranagh
Draperstown
Bellaghy
Plumbridge
Desertmartin
Ra
Slieve Gallion 529
Magherafelt
Toome
Newtown-stewart
Gortin
Rousky
Ballyronan
Owenkillew
IRELAND
Moneymore
Lou
Nea
Mountfield
Creggan
Cookstown
Coagh
Moneymore
Newport Trench
Omagh
Pomeroy
Carrickmore
164

E
F
G
H
171
Arran
Dippen
Glenbarr
Beinn an Tuirc
454
Carradale
Brodick
MacAlister Clan Centre
Saddell
Kilbranna
Auchagallon
Stone Circle
Lamlash
Black-waterfoot
Drumadoon Point
Kintyre
Kilchenzie
Whiting Bay
Campbeltown
Kilmory
841
Kildonan
Machrihanish
Stewarton
Feochaig
Beinn na Lice
428
Southend
St. Columba's Footsteps
Rathlin Island
Mull of Kintyre
Sanda Island
Fair Head
Ailsa Craig
Ballycastle
Knocklayd
517
Cushendun
Antrim
Cushendall
Glenariff
166
Glenapp Castle Gardens
Trostan
554
Newtown-Crommelin
Milleur Point
Carnlough
Corsewall Point
Kirkcolm
Glenarm
The Sheddings
Mountains
Leswalt
Loch Ryan
Ballygalley
718
Broughshane
Carncastle
Stranraer
Black Cave Tunnel
Lerne
Rhinns of Galloway
Moorfields
Kilwaughter
Portpatrick
Dunskey Castle
Kells
Glynn
Island Magee
North Channel
Ballycarry
Ballyclare
Ballynure
Whitehead
Doagh
Ardwell House Gardens
Logan Botanic Garden
M2
M22
Carrickfergus
Belfast Lough
Templepatrick
Helen´s Bay
Copeland Island
Bangor
Donaghadee
Holywood
Newtown-abbey
Millisle
2
43
42
36
8
52
26
77
1
2
3
4
5
6

171
165
A
B
C
D
1
2
3
4
5
6
Saltcoats
Irvine
Irvine Bay
Dundonald Castle
Troon
Monkton
Prestwick
Ayr
Alloway
Dunure
Maybole
Culzean Castle
Kirkoswald
Crossraguel Abbey
Turnberry
Dailly
Girvan
Barr
Lendalfoot
Bennane Head
Pinwherry
Knockdolian Castle
Barrhill
Ballantrae
Trool
Glenapp Castle Gardens
Drumlamford House
Milleur Point
Cairnryan
Corsewall Point
Kirkcolm
Loch Ryan
Leswalt
Inner-messan
New Luce
Newton Stewart
Castle Kennedy
Glenluce Abbey
Glenluce
Kirkcowan
Stranraer
Rhinns of Galloway
Portpatrick
Dunskey Castle
Dunragit
Torhouse Stone Circle
Sandhead
Luce Bay
Mochrum
Ardwell
Ardwell House Gardens
Logan Botanic Gardens
Port William
Drummore
Mull of Galloway
St. Ninians
North Channel
Firth of Clyde
Ailsa Craig
Arran
Brodick
Auchagallon
Stone Circle
Clauchlands Point
Lamlash
Holy Island
Black-waterfoot
Drumadoon Point
Whiting Bay
Dippin
Kilmory
Kildonan
Kilbrannan
Dippen
Carradale
Glenbarr
Beinn an Tuirc
454
MacAlister Clan Centre
Saddell
Kintyre
Kilchenzie
Campbeltown
Stewarton
Feochaig
Beinn na Lice
428
Southend
St. Columba's Footsteps
Sanda Island
Island Magee
Whitehead
Carrickfergus
Black Cave Tunnel
Larne
Belfast Lough
Bangor
Copeland Island
Donaghadee
Millisle
Cree
841
719
77
714
718
757
715
747
78
71
2
6

172
168
E
F
G
H
1
2
3
4
5
6
Galston
Drumclog
Irvine
Stockbriggs
Tinto
711
Broughton
Drumelzier
Mountbe
Uddington
Douglas
Lamington
Middleyard
Mauchline
Muirkirk
Catrine
Ayr
Crawfordjohn
Abington
Tweedsmuir
Broad Law
840
Meggethead
Rodono Hotel
St. Mary's Loch
Auchinleck
Cumnock
Tibbie Shiels Inn
Elvanfoot
Cairn Table
511
White Coomb
822
Grey Mare's Tail
New Cumnock
Wanlockhead
Museum of Scottish Leadmining
Devil's Beef Tub
Kirkconnel
Sanquhar
Dalleagles
Nith
Lowther Hills
Moffat
Dalmellington
Enterkinfoot
Beattock
Morton Castle
Cairnsmore of Carsphairn
798
Drumlanrig Castle
Carronbridge
Loch Doon
Thornhill
Nithsdale
Closeburn
Carsphairn
Moniaive
Maxelton House
Boreland
Knowehead
Parkgate
M74
Southern Uplands
Dunscore
Amisfield Town
Lochmaben
St. John's Town of Dalry
Lockerbie
Locharbriggs
Hightae
New Galloway
Collin
Dee
Crocketford
Dumfries
Ecclefechan
Park
Carrutherstown
Kirkpatrick Fleming
Parton
Beeswing
New Abbey
Caerlaverock Castle
Annan
Haugh of Urr
New Abbey
Laurieston
Loch Ken
Sweetheart Abbey
Blackshaw
Ruthwell
Cummertrees
Castle Douglas
Threave Castle
Dalbeattie
Port Carlisle
Kirkbean
Creetown
Gatehouse of Fleet
Ringford
Palnackie
Kirkbride
Cardoness Castle
Southerness
Silloth
Cairn Holy
Kippford of Scaur
Abbeytown
Wigton
Kirkcudbright
Beckfoot
Auchencairn
C 611
Borness
Dundrennan
Allonby
Aspatria
Garlieston
Wigtown Bay
Whithorn
Allonby Bay
Bothel
Solway Firth
Maryport
Gilcrux
Isle of Whithorn
Broughton
Cockermouth
Workington
Lorton
6
6
70
71
72
75
76
595
596
594
591
5086
66
701
702
708
709
710
711
712
713
723
745
762
E
F
G
H

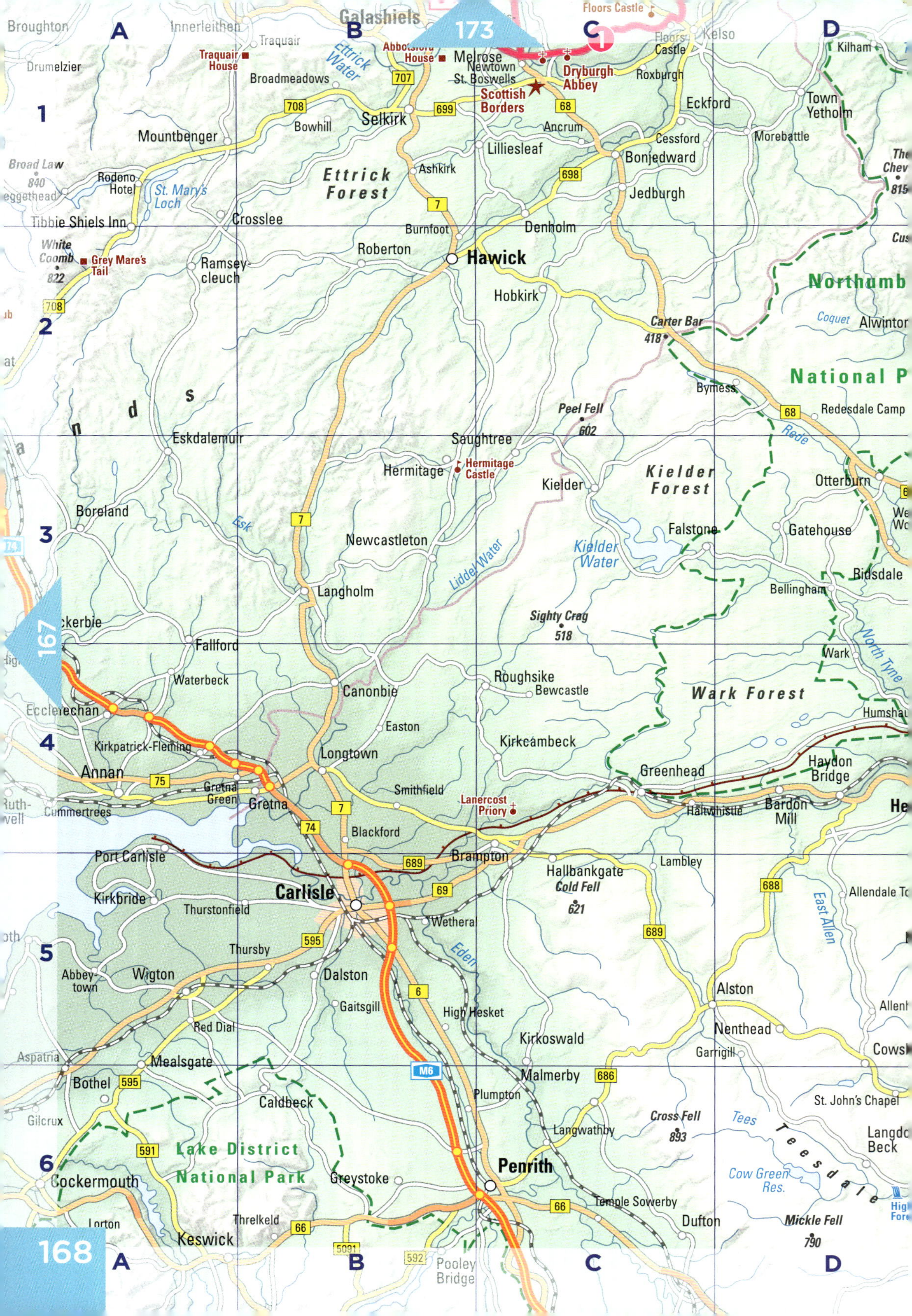
173
167
A
B
C
D
1
2
3
4
5
6
Galashiels
Floors Castle
Broughton
Innerleithen
Traquair
Traquair House
Kelso
Drumelzier
Ettrick Water
Abbotsford House
Melrose
Newtown St. Boswells
Dryburgh Abbey
Roxburgh
Kilham
Broadmeadows
Scottish Borders
Eckford
Town Yetholm
Bowhill
Selkirk
Ancrum
Morebattle
Mountbenger
Lilliesleaf
Cessford
Bonjedward
Broad Law
840
Rodono Hotel
St. Mary's Loch
Ettrick Forest
Ashkirk
Jedburgh
Tibbie Shiels Inn
Crosslee
Burnfoot
Denholm
White Coomb
822
Grey Mare's Tail
Roberton
Hawick
Ramsey-cleuch
Hobkirk
Northumb
Carter Bar
418
Coquet
Alwintor
National P
Byness
Peel Fell
602
Redesdale Camp
Rede
Eskdalemuir
Saughtree
Hermitage
Hermitage Castle
Kielder
Kielder Forest
Otterburn
Boreland
Esk
Falstone
Gatehouse
Newcastleton
Kielder Water
Liddel Water
Langholm
Bellingham
Ridsdale
Sighty Crag
518
North Tyne
Fallford
Wark
Waterbeck
Roughsike
Bewcastle
Canonbie
Wark Forest
Ecclefechan
Easton
Kirkpatrick-Fleming
Kirkcambeck
Longtown
Greenhead
Haydon Bridge
Annan
Gretna Green
Gretna
Smithfield
Lanercost Priory
Haltwhistle
Bardon Mill
Cummertrees
Blackford
Port Carlisle
Brampton
Lambley
Kirkbride
Carlisle
Hallbankgate
Cold Fell
621
Allendale To
Thurstonfield
Wetheral
East Allen
Thursby
Eden
Abbey-town
Wigton
Dalston
Alston
Gaitsgill
High Hesket
Red Dial
Kirkoswald
Nenthead
Aspatria
Garrigill
Mealsgate
Malmerby
Bothel
Caldbeck
Plumpton
St. John's Chapel
Gilcrux
Cross Fell
893
Tees
Teesdale
Langwathby
Lake District National Park
Penrith
Cockermouth
Greystoke
Cow Green Res.
Temple Sowerby
Lorton
Threlkeld
Dufton
Mickle Fell
790
Keswick
Pooley Bridge
M6
7
74
75
6
66
68
69
595
591
592
686
688
689
698
699
707
708
5091

174
E
F
G
H
1
2
3
4
5
6
C 102
C 101
S 100
Beadnell
Beadnell Bay
Snook Point
Dunstanburgh Castle
Embleton
Craster
Longhoughton
Belford
North Sunderland
Doddington
Chatton
Chillingham
Preston
Eglingham
Powburn
Alnwick
Lesbury
Shilbottle
Whittingham
Callaly
Edlingham
Netherton
Warkworth
Amble-by-the-Sea
Swarland Estate
Felton
Acklington
Red Row
Rothbury
Long-framlington
Druridge Bay
Cresswell
Ellington
Longhorsley
Nunnykirk
Ulgham
Ashington
Beacon Point
Newbiggin-by-the-Sea
Knowesgate
Hartburn
Milford
Morpeth
Cambo
Bedlington
Blyth
Whalton
Seaton Delaval
Belsay
Cramlington
Whitley Bay
Heugh
Ponteland
Battlehill
NEWCASTLE UPON TYNE
Hadrian's Wall
Tyne
Blaydon
Prudhoe
Gateshead
Whickham Gill
Wrekenton
Washington
Riding Mill
SUNDERLAND
Stanley
Consett
Chester-le-Street
Houghton-le-Spring
Seaham
Murton
Easington Colliery
Ushaw Moor
Durham
Peterlee
Shotton Colliery
Blackhall
Stanhope
Tow Law
Bowburn
Wingate
Crook
Spennymoor
Trimdon
Fishburn
Elwick
Hartlepool
Wolsingham
Wear
Ferryhill
Witton-le-Wear
Bishop Auckland
Shildon
Newton Aycliffe
Raby Castle
Billingham
M1
1
68
69
189
193
182
19
177
179
167
689
690
691
692
694
696
697
1068

A
175
B
C
176
D
Mór
Caoles
Barrapoll
Scarinish
Crossapoll
Tiree
Treshnish Isles
Achleck
Mull
Salen
849
Loch Tuath
Gometra
Inchkenneth Chapel
Fingal's Cave
Staffa
Ulva
Balnahard
Ben More
967
Loch na Keal
Ardmeanach
Iona Abbey
The Burgh
Lochbuie
Baile Mór
Iona
Fionnphort
Bunessan
849
Carsaig
Sound of Iona
Ross of Mull
Carsaig Arches
Loch Buie
Erraid
Garvella
Firth of Lorn
Colonsay
Kiloran Gardens
Jura
Scalasaig
Ar
Oronsay
Loch Tarbert
Rubha a'mhail
Lagg
Paps of Jura
Beinn an Oir
785
Islay
Bunnahabhai Distillery
Port Askaig
Sanaigmore
Feolin Ferry
Iaggan Castle
Ballinaby
Loch Gruinart
Craighouse
848
Sound of
Jura House Gardens
Kilchoman
Bridgend
Loch Indaal
Port Charlotte
Bowmore
Ardtalla
847
846
Portnahaven
Laggan Bay
Glenegedale
Kidalton Cross
Rinns Point
Ard
Achamore
Kintra
Port Ellen
Ardbeg
Port Ellen
Laphroaig Distillery
Lower Killeyan
Mull of Oa
165
1
2
3
4
5
6

165

165

Oban
Port Appin
Lismore
Achnacroish
Craignure
Lochdon
Dunbeg
Connel
Benderloch
Barcaldine
Sea Life Centre
Castle Stalker
Dunstaffnage Castle
Ardchattan Priory
Iron Furnace
Taynuilt
Loch Etive
Gualachulain
Inveroran Hotel
Bridge of Orchy
Loch Lyon
Tyndrum
Kilchurn Castle
Ben Lui 1130
Dalmally
Ben-Cruachan-Kraftwerk
Crianlarich
Trossachs
National
Loch Katrine
Stronachlachar
Inveruglas
Tarbet
Loch Lomond
Park
Rowardennan Lodge
Luss
Rossdhu House
Balloch Castle
Balloch
Alexandria
Dumbarton
Helensburgh
Kerrera
Scottish Salmon Centre
Kilchrenan
Loch Awe
Kilninver
Bridge over the Atlantic
Easdale
Seil
Luing
Arduaine
Killmelford
Blarghour
Cladich
Inveraray Castle
Inveraray
Cairndow
Beinn Ime 1011
Stone Gardens
Arrochar
Auchindrain Highland Township
Auchindroin
Loch Fyne
Strachur
Lochgoil-head
Ford
Fincharn
Crarae
Newton
Kilmartin
Argyll
Standing Stones
Crinan
Castle Lachlan
Minard Castle
Carrick
Garelochhead
Lochgilphead
Kilmory Castle
Younger Botanic Garden
Ardentinny
Benmore
Clachan of Glendaruel
Tayvallich
Loch Sween
Ardrishaig
Otter Ferry
Inverneil Ho
St. Columba's Cave
Loch Fyne
Kilmun
Kilcreggan
Gourock
Dunoon
Greenock
Port Glasgow
Colintraive
Innellan
Wemyss Bay
Clyde
Muirshiel
National
Park
Clydebank
Johnstone
Barrhead
Loch Caolisport
Knapdale
Crinan Canal
Tarbert
Millhouse
Portavadie
Ardlamont Point
Rothesay
Skelmorlie
Great Cumbrae I.
Largs
Kilbirnie
Beith
Skipness
Skipness Point
Claonaig
Kingarth
Millport
Fairlie
West Kilbride
Dalry
Burnhouse
Lugton
Dunlop
Stewarton
Clachan
Crossaig
Lochranza
Garroch Head
Portencross
Seamill
Sound of Bute
Kilwinning
Gigha
Sound
Tayinloan
Pirnmill
Corrie
Ardrossan
Saltcoats
Stevenston
Irvine
Dean Castle
Arran
Dippen
Carradale
Irvine Bay
Dundonald Castle
Troon
MacAlister Clan Centre
Auchagallon Stone Circle
Lamlash
Beinn an Tuirc 454
Grampian
Lorn
C 607
C 608
172
6
85
82
816
819
83
815
814
886
880
8003
8
M8
761
737
78
760
844
845
841
736
735
71
811
E
F
G
H
1
2
3
4
5
6

177
171
167
172
A
B
C
D
1
2
3
4
5
6
Loch an Daimh
Loch Lyon
Ben Lawers 1214
Milton Morenish
Loch Tay
Kenmore
Fortingall
Acharn
Milton
Dunkeld
Meikleour
Bankfoot
Stanley
Scone Palace
Ardeonaig
Killin
Falls of Dochart
Breadalbane
Almond
Ben Chonzie 929
Buchanty
Fowlis Wester
Methven
Perth
Crienlarich
Lochearnhead
Balquhidder
Loch Voil
St. Fillans
Comrie
Loch Earn
Crieff
Innerpeffray Library
Kinkell Bridge
Bridge of Earn
Trossachs
Ben Vorlich 985
Drummond Castle Gardens
Muthill
Dunning
Strathyre
Dalchruin
Auchterarder
National
Loch Lubnaig
Loch Katrine
Ben Ledi 878
Braco
Roman Fort
Greenloaning
Callander
Rob Roy & Trossachs Visitor Centre
Ochil Hills
Glendevon
Lendrick
Doune
Kinlochard
Port of Menteith
Teith
Dunblane
Yetts o'Muckhart
Dollar
Loch Lomond
Park
Aberfoyle
Thornhill
Bridge of Allan
C 205
Rowardennan Lodge
Forth
C 204
Alva
Tillicoultry
C 609
Buchlyvie
Kippen
Alloa
C 206-300
Cowdenbeath
Stirling
Cowie
Airth
Dunfermline
Drymen
Balfron
Fintry
Culross
Killearn
Denny
Grangemouth
Balloch Castle
Larbert
Forth Bridges
Balloch
Alexandria
Netherton
Kilsyth
C 202
Bo'ness
Falkirk
Hopetoun House
C 203
Linlithgow
Antonine Wall
Cumbernauld
Bearsden
Kirkintilloch
Avonbridge
Broxburn
Glasgow Airport
Coatbridge
Armadale
Bathgate
Livingston
GLASGOW
Airdrie
Whitburn
Paisley
Shotts
Barrhead
Rutherglen
C 610
Fauldhouse
Blantyre
Motherwell
Neilston
Hamilton
Wishaw
Newmains
Beith
East Kilbride
Carluke
Forth
Lugton
Larkhall
Stonypath
Dunlop
Carstairs
Carnwath
Dunsyre
Blyth Bridge
Corse Hill 376
Stewarton
Strathaven
Fenwick
Lanark
Libberton
Eisrickle
Biggar
Clyde
Dean Castle
Drumclog
Lesmahagow
Stockbriggs
Galston
Irvine
Tinto 711
Kilmarnock
Uddington
Bogend
Middleyard
Douglas
Lamington
Pentland

178
179
174
168
E
F
G
H
1
2
3
4
5
6
Auchmithie
Arbroath
Kellie Castle
Coupar Angus
Sidlaw Hills
Balgray
Muirhead
Dundee
Carnoustie
Monifieth
Claypotts Castle
Broughty Ferry
Inchture
Newport-on-Tay
Tayport
Balmerino
Errol
Leuchars
Earlshall Castle
St. Andrews Bay
Lindores Abbey
Dairsie or Osnaburgh
St. Andrew's
East Neuk
Cupar
Kingdom of Fife
Pitscottie
Hill of Tarvit
Fife Ness
Ladybank
Largoward
Crail
Falkland
Kirkton of Largo
Anstruther
Pittenweem
St. Monance
Glenrothes
Leven
Methil
Buckhaven
Earlsferry
Isle of May
Lochgelly
Kirkcaldy
Firth of Forth
Burntisland
C 107
North Berwick
Auldhame
Tyne Mouth
Gullane
Dirleton
Whitekirk
Aberlady Bay
Aberlady
Drem
Dunbar
C 106
Queensferry
Museum of Flight
Thorntonloch
C 200-108
Longniddry
Hailes Castle
Pitcox
EDINBURGH
Tranent
Heddington
Oldhamstocks
Cockburnspath
Fast Castle
St. Abb's Head
Musselburgh
Lennoxlove House
Garvald
Pencaitland
Gifford
Grantshouse
Coldingham
C 109-201
Dalkeith
Lammermuir Hills
Abbey St. Bathans
Reston
Loanhead
Bonnyrigg
Lady Victoria Colliery
Lammer Law
529
Ellemford
Crichton
Roslin Chapel
Preston
Lamberton
Soutra Mains
Edrom
Middleton
Longformacus
Duns
Chirnside
Howgate
Manderstone House
Paxton House
Oxton
Westruther
Polwarth
Tweed
Thirlestane
Moorfoot Hills
Greenlaw
Swinton
Lauder
Houndslow
Norham
Windlestrow Law
659
Stow
Leitholm
Hume
Coldstream
Cornhill
Crookham
Earlston
Peebles
Nenthorn
Ednam
Scott's View
C 105
Floors Castle
Milfield
Galashiels
Abbotsford
Innerleithen
Kelso
Traquair
Floors Castle
Kilham
Traquair House
Ettrick Water
Abbotsford House
Melrose
Dryburgh Abbey
Roxburgh
Broadmeadows
Eckford
Town Yetholm
Selkirk
455
90
923
92
930
913
91
917
915
914
916
917
92
915
955
907
198
198
1
1107
1
6137
6112
6105
6105
703
701
7
697
68
697
708
699
68

A
B
179
C
D
1
2
3
4
5
6
NORTH
SEA
173
Fast Castle
St. Abb's Head
Coldingham
Reston
Burnmouth
Lamberton
Berwick-upon-Tweed
6105
Chirnside
Tweedmouth
Paxton House
Tweed
Scremerston
Norham
1
Haggerston
Holy Island
Cornhill
Crookham
Lowick
Holy Islands Sands
Fenwick
C 103-104
Farne Islands
697
Budle
Bamburgh
Milfield
Doddington
Belford
North Sunderland
Till
C 102
169
Wooler
Chatton
Chillingham
Beadnell Bay

Monach Islands
Monach
Baleshare
Carinish
347
180
Isay
Stein
Uachdar
Ronay
Little Minch
Giant Angus MacAskill Museum
C 600
850
Nunton
Benbecula
Boreraig
Milovaig
Colbost
Dunvegan Castle
Folk Museum
Dunvegan
Roskhill
Creagorry
Ardivachar Point
Wiay
Ramasaig
Our Lady of the Isles
Loch Druidibeg
Loch Bracadale
Duinnish
Idrigill Point
Wiay
Lochskipport
Howmore
Fiskavaig
South Uist
Beinn Mhor
620
Talisker D
Minginish
Flora MacDonald's Birthplace
Daliburgh
Lochboisdale
Sea of the Hebrides
Kilbride
Scurrival Point
Fuday
Eriskay
Canna
Magnetic Hill
Cille Barra
Sound of Barra
Sanday
Cuier
Hellisay
Barra
176
Sound of Canna
Rùm
Castlebay
Kiessimul Castle
Vatersay
Sandray
Pabbay
Mingulay
Berneray
Barra Head
Inner Hebrides
Sorisdale
Arnabost
Ballyhaugh
Arinagour
Arileod
Coll
Caoles
Clachan Mór
170
Scarinish
Crossa

181
175
176
170
A
B
C
D
1
2
3
4
5
6
Isay
Stein
Giant Angus MacAskill Museum
C 600
856
The Storr 719
Old Man of Storr
C 601
Sound of Raas
Inner Sound
Shieldaig
Torridon
Torridon Hills
850
Edinbane
Borve
Brochel
Applecross
Colbost
Dunvegan Castle
Dunvegan
Folk Museum
Roskhill
Isle of
Portree
Raasay
Lochcarron
896
Strathc
Attadale H
Aros Experience
Camastianavaig
Toscaig
Ardarroch
Loch Carron
Loch Bracadale
Bracadale
Skye
Clachan
Crowlin Islands
Plockton
Idrigill Point
Wiay
863
Peinchorran
Duirinish
Stromeferry
Fiskavaig
Drynoch
Erbusaig
890
Sconser
Scalpay
Talisker Distillery
Merkadale
Sligachan
Kyle of Lochalsh
Dornie
Minginish
Cuillin Hills
Luib
850
6
Kyleakin
Eilean Donan Castle
Sgurr Alasdair 993
C 602
Broadford
Torrin
Skulamus
Kylerhea
Glenbrittle House
Shiel Bridge
Glenelg
87
Loch Scavaig
Elgol
Loch Slapin
Isleornsay
Loch Hourn
Arnisdale
Soay
Prince Charles' Cave
Sound of Sleat
Canna
Kinloch Hourn
Magnetic Hill
Armadale
Knoydart
Meall Buidhe 1019
Sanday
Sound of Canna
Kinloch Castle
Point of Sleat
Aird of Sleat
Mallaig
Loch Nevis
Rhum
Askival 812
Murlagg
North Morar
Glenancross
Sound of Rhum
Bunacaimb
Loch Morar
Sgurr Thuilm 964
South Morar
Cleadale
Arisaig
Eigg
830
Glenfinnan
Lochailort
Sound of Arisaig
Loch Eilt
Muck
Drumsallie
Loch Shiel
Moidart
Eilean Shona
861
Ardmolich
Point of Ardnamurchan
Ardtoe
Ockle
Acharacle
Achosnich
Ardnamurchan
Salen
Strontian
Kilchoan
861
Sorisdale
Glenborrodale
Creach Bheinn 853
Arinagour
Callach Point
Tobermory 292
Sound of Mull
Drimnin
Coll
Morvern
Loch Linnhe
Calgary
Dervaig
Castle Stalker
Achranich
Port Appin
Treshnish Isles
Mull
Salen
849
Fishnish
Lismore
Sea Life Centre
Achnacroish

182
171
178
177
Inverness
Beauly Firth
Culloden Moor
Loch Ness
Loch Ness Monster Centre
Urquhart Castle
Drumnadrochit
Glen Affric
Five Sisters of Kintail
Fort Augustus
Invergarry
Loch Lochy
Spean Bridge
Roybridge
Tulloch Station
Loch Laggan
Dalwhinnie
Kingussie
Newtonmore
Highland Wildlife Park
Monadhliath Mountains
Forest of Atholl
Ben Nevis 1343
Inverlochy Castle
Banavie
Corpach
Caol
Gairlochy
Achnacarry House
Kinlochleven
Blackwater Reservoir
Rannoch Station
Loch Rannoch
Schiehallion 1083
Tummel Bridge
Kinloch Rannoch
Tomatin
Tomatin Distillery
Daviot
Dores
Foyers
Invermoriston
Cannich
Tomich
Struy
Beauly
Kilmorack
Muir of Ord
Beauly Priory
North Kessock
Croy
Loch Monar
Loch Mullardoch
Loch Cluanie
Loch Loyne
Loch Garry
Loch Arkaig
Loch Treig
Loch Ossian
Loch Ericht
Loch Leven
Loch Tulla
Loch an Daimh
Loch Etive
Loch Lyon
Loch Tay
Loch Moy
Loch Mhor
Loch Duntelchaig
Glen Roy
Brae Roy Lodge
Creag Meagaidh 1128
Beinn a'Chlachair 1088
Ben Alder Lodge
Moy Lodge
Garragie Lodge
Coignafearn Lodge
Carn Ban 941
Carn na Saobhaidhe 810
Sgurr a'Choire Ghlais 992
Sgurr na Lapaich 1150
Carn Eige 1183
Stob Choire 1176
Creaguaineach Lodge
Bidean nam Bian 1148
Clach Leathad 1098
Gualachulain
Ben Lawers 1214
Fortingall
Kenmore
Killichonan
Dalchalloch
Gaick Lodge
Drumgask
Melgarve
Dalchreichart
Clunes
Milton
Balnafoich
Onich
Ballachulish
Fort William
Bridge of Orchy
Scardroy
Tore
Clachan
Tressait
Castle Menzies
Glen Feshie Lodge
Badenoch
Rannoch Moor
C 303
C 305
C 306
C 307
C 604
C 606

183
A
B
C
D
Clephanton
Croy
Cawdor Castle
Dallas
Rothes
Keith
Farmto
C 305
Culloden Moor
1
Ferness
Findhorn
Tamdhu Distillery
Upper Knockando
Cardhu Distillery
Glen Grant Distillery
Craigellachie
Glenfiddich Distillery
Whisky-Trail
Dufftown
Glenfarclas Distillery
Auchindoun Castle
Torry
Huntly
Bogie
Marypark
Loch Moy
Lochindorb
Spey
Drumin
Glenlivet Distillery
Rhynie
Cabrach
Leith
Tomatin
Carn Glaschoire
659
Grantown-on-Spey
2
Duthil
Carrbridge
Findhorn
Tomintoul
Carn Mór
804
Mossat
Kildrummy Castle
Glenkindie
Dulnain
Aviemore
Inverdruie
Cairngorm
Glenmore Lodge
Colnabaichin
Corgarff Castle
Craigie
C 304
Loch Morlich
Loch an Eilean
Highland Wildlife Park
3
Kincraig
Cairn Gorm
1245
Morven
872
Tarland
Gairnshiel Lodge
Braemar
Feshie
Ben Macdui
1309
Crathie Church
Crathie
Royal Deeside
Braemar Castle
Dinnet
Ballater
Royal Lochnagar Distillery
Balmoral Castle
177
Beinn Bhrotain
1157
Glenfeshie Lodge
Dee
C 403
Braemar
Linn of Dee
Inverey
Lochnagar
1155
Mount Keen
939
4
Gaick Lodge
An Sgarsoch
1006
National Park
Clunie Water
Loch Muick
Auchronie
Tarfside
Beinn Dearg
1008
Glas Maol
1068
Loch Lee
Cairn-cross
Beinn a Ghlò
1120
Glen Shee
Clova
Auchavan
Rottal
5
Garry
Blair Castle
Blair Atholl
Clachan
Killiecrankie
Blair Atholl Distillery
Enochdu
Mt. Blair
744
Glen Clova
Tigerton
Tressait
Kirkmichael
Blacklunans
Dykends
Dykehead
Finavon
Loch Tummel
Pitlochry
Tummel Bridge
Netherton
Gorge of the Ericht
Kirkton of Kingoldrum
Kirriemuir
Forfar
Castle Menzies
Ballinluig
Alyth
Glamis Castle
6
Aberfeldy
Ardle
Glamis
C 400
Blairgowrie
Rattray
Meigle
Kenmore
Dunkeld
Gallow Hill
455
Kirkb
178
172
Meikleour
Coupar Angus
Burrelton
Hills
Balgray
Muirhead
Bankfoot
Tay

184
E
F
G
H
Turriff
Cuminestown
Deer Abbey
Delgatie Castle
Old Deer
Peterhead
Boddam
New Deer
Auchnagatt
Fyvie Castle
Bullers of Buchan
Badenscoth
Fyvie
Methlick
Cruden Bay
Slains Castle
Rothienorman
Haddo House
Toll of Birness
Ellon
Tolquhon Castle
Oldmeldrum
Pitmedden Garden
Pitmedden
Newburgh
Don
Inverurie
Kinkell Church
Newmachar
Balmedie
Kemnay
Kintore
Castle Fraser
Blackburn
Dyce
Denmore
Dunecht
Bridge of Don
Westhill
Echt
ABERDEEN
Girdle Ness
Midmar Castle
Torphins
Peterculter
Bieldside
Crathes Castle
Kirkton of Maryculter
Banchory
Crathes
Cammachmore
Strachan
Muchalls Castle
Bridge of Muchalls
Kerloch
535
C 402
Stonehaven
Dunnottar Castle
Todhead Point
Fordoun
Fettercairn
Laurencekirk
Inverbervie
Edzell
Johnshaven
Marykirk
C 401
Lochside
House of Dun
Brechin
Montrose
Boddin Point
Lunan
Lunan Bay
Redcastle
Red Head
Auchmithie
Arbroath
Shetland Inseln
189
1
2
3
4
5
6
920
96
947
96
944
93
90
957
90
92
937
935
934
948
952
975
920
92
981
173
174
179

185
A
B
C
D
1
2
3
4
5
6
Outer Hebrides
Lewis
Arnol
858
C 505
Garenin
Carloway
Loch Roag
Gallan Head
Breasclete
Miavaig
Callanish
S 508
Garynahine
Achmore
Brenish
Laival a Tuath
495
Ballalan
5
Kintarvie
Scarp
Loch Langavat
Hushinish
Gasker
Loch Seaforth
Clisham
799
West Loch Tarbert
Taransay
Tarbert
Sound of Taransay
Toe Head
Borve
Harris
Scalpaigh
Cluer
Northon
St. Clement's Church
Pabbay
Ensay
Rodel
Berneray
Boreray
Killegray
Renish Point
Sound of Harris
Newtonferry
Trumisgarry
Muse
Tigharry
S 506
North Uist
Weaver's Point
Waternish Point
Lochmaddy
Loc Sniz
Sound of Monach
Kirkibost Is.
Trinity Temple
Dunvegan Head
Trumpan
Samala
Baleshare
Grimsay
Eaval
347
Little Minch
Monach Islands
Carinish
Isay
Giant Angus MacAskill Museum
Stein
Uachdar
Ronay
Nunton
Benbecula
175
Boreraig
Milovaig
Colbost
Dunveg
C
85

Port of Ness
186
857
North Tolsta
Tolsta Head
Back
Broad Bay
Upper Coll
Tiumpan Head
Portnaguran
Stornoway
866
Eye Peninsula
The Minch
Handa Island
Scourie
Eddrachillis Bay
894
Oldany Island
Culkein
Drumbeg
Newton
837
Achmelvich
Lochinver
Loch Assynt
Inchnada
Rubha Réidh
Reiff
Cul Mòr
849
Elphin
Achiltibuie
Summer Isles
Culnacraig
182
Loch Broom
Priest Island
Isle Martin
835
Gruinard Bay
Rubha Mór
Badluarach
Ullapool
Badcaul
Blarnalearoch
Dundonnell
Rua Reidh Lighthouse
Mellon Charles
Tighnafiline
Loch Ewe
832
Melvaig
Midtown
Tournaig
Inverewe Gardens
An Teallach
1062
Longa Island
Big Sand
Poolewe
Fionn Loch
Gairloch
Loch Gairloch
Corrishalloch Gorge
Eilean Trodday
Kilmaluag
Kerrysdale
Loch Maree
Wester Ross
Flora MacDonald's Tomb
Shiant Islands
Victoria Falls
Redpoint
Staffin
Elishade
Beinn Eighe National Nature Reserve
Loch Torridon
Lower Diabaig
Kinlochewe
Uig
Trotternish
Island of Rona
Fearnmore
Liathach
1053
896
Torridon
Shieldaig
The Storr
719
Old Man of Storr
890
Raasay
Inner Sound
Torridon Hills
Borve
Brochel
Lair
176

A
B
C
D
187
181
177
1
2
3
4
5
6
Kinloch-
bervie
S 507
Rhiconich
Laxford Bridge
Handa Island
Scourie
Loch
Stack
Eriboll
Loch
Hope
838
Tongue
Naver
Ben Hope
927
Alltnacaillich
Dun Dornaigil Broch
Loch
Loyal
Dalvina
Lodge
Loch
Naver
Rosail Clearance
Village
Loch
nan Clàr
Oldany
Island
894
Reay Forest
Kylestrome
Kinloch
Altnaharra
Ben
Klibreck
962
Drumbeg
Newton
Eas a Chual Aluinn
Loch Choire
Lodge
837
Skiag Bridge
Loch Assynt
Ardvreck Castle
Ben More
Assynt
998
Crask Inn
Inchnadamph
Duchally
Loch
Shin
Black Water
Balnac
Cul Mòr
849
Elphin
Ledmore
Brora
Inverpolly
Nature Reserve
Dalchork
Lairg
839
Pittentrail
Drumrunie
Strath Kanaird
Isle
Martin
835
C 503
Ullapool
Oykel
Invercassley
Oykel Bridge
Kyle
Falls of Shin
Shin
Inveran
Culrain
836
Bonar Bridge
Proncy
Ardgay
Skibo Castle
Fearn Lodge
Edderton
Tain
Blarnalearoch
Dundonnell
Ardcharnich
East Rhidorroch
An Teallach
1062
Deanich
Lodge
Beinn
Dearg
1081
Kildermorie
Lodge
832
Loch
Vaich
Easter Ross
Gorge
Sgurr Mór
1109
Wyvis Lodge
Ben Wyvis
1046
Dalnavie
Alness
Inver-
gordon
Milton
Firth
Balblair
Cromarty
Eileanach
Lodge
Loch Fannich
Wester Ross
Achanalt
Gorstan
Dingwall
862
Black Isle
Fort
George
Achnasheen
Strathpeffer
834
Contin
Fortrose
Avoch
Milton
Meig
Conon
Bridge
Marybank
Tore
Scardroy
Muir of Ord
North Kessock
Clephanton
96
Priory
Beauly
Beauly Firth
Inverness
Culloden
Highland
West
182

E
F
G
H
188
184
178
1
2
3
4
5
6
Calder Mains
Olgrinmore
Thurso
Watten
Mybster
882
Keiss
Noss Head
Castle Girnigoe and Sinclair
Wick
Castle of Old Wick
C 309
3
Westerdale
Altnabreac Station
895
Grey Cairns of Camster
9
Thrumster
Ulbster
Achavanich
Hill o' Many Stones
Dalnawillan Lodge
Glutt Lodge
Lybster
Whaligoe
Clann Gunn Museum
Latheron
Braemore
Morven
705
Dunbeath
Berriedale
Langwell Gardens
Helmsdale
Helmsdale
9
308
Distillery
Tarbat Ness
Portmahomack
Moray Firth
Branderburgh
Lossiemouth
Spey Bay
Findochty
Portknockie
Cullen
Portsoy
Banff
Burghead
Burghead
Duffus Castle
941
Spey Bay
Buckie
Findhorn
Elgin
98
Fordyce
Duff House
Kinloss
96
Broadley
Kirktown of Deskford
4
97
Brodie Castle
Forres
Mosstodloch
Fochabers
Gordonstown
Dallas Dhu Distillery
Spey
Strathisla Distillery
95
Aberchirder
941
Dallas
Farmtown
Keith
Findhorn
Rothes
Glen Grant Distillery
940
96
C 404
Ferness
Tamdhu Distillery
Cardhu Distillery
Upper Knockando
Glenfiddich Distillery
Huntly Castle
183

A
B
C
D
1
2
3
4
5
6
183
NORTH SEA
Troup Head
Rosehearty
Fraserburgh
Portsoy
Banff
Macduff
Crovie
Pennan
Mid Ardlaw
St. Combs
Gardenstown
92
Fordyce
Duff House
98
Ladysford
981
Rathen
Strathbeg Bay
Rattray Head
4
97
947
Strichen
952
New Pitsligo
Craigston Castle
950
Aberchirder
Denhead
Turriff
Cuminestown
Deer Abbey
Mintlaw
Delgatie Castle
981
Old Deer
950
Peterhead
New Deer
Boddam
Bogniebrae
Auchnagatt
404
Huntly Castle
Fyvie Castle
Bullers of Buchan
Badenscoth
Fyvie
948
952
Cruden Bay
Rothienorman
Methlick
Slains Castle
Haddo House
Toll of Birness
Kirkton of Culsalmond
920
Ellon
975
Insch
Tolquhon Castle
920
Oldmeldrum
Pitmedden Garden
Shetland Inseln
Leith Hall
96
Don
Pitmedden
92
Newburgh
179
Bennachie
528
Inverurie
947
Kinkell Church
Newmachar
Balmedie
Kintore
Kemnay
Alford
Castle Fraser
Dyce
Denmore
Blackburn
Tillyfourie
Dunecht
96
Bridge of Don
944
Westhill
Echt
Midmar Castle
Peterculter
Crathes Castle
93
Kirkton of

179

E
F
G
H
1
2
3
4
5
6
186
180
181
Butt of Lewis
Church of St. Moluag
Port of Ness
857
Shader
Lewis
Barvas
North
Tolsta
Tolsta Head
858
Arnol
C 505
Garenin
Carloway
Back
Broad Bay
Gallan
Head
Loch
Roag
Beinn
Mholach
291
Upper Coll
Tiumpan Head
Portnaguran
Breasclete
Miavaig
C 504
Stornoway
866
Callanish
S 508
Garynahine
Eye Peninsula
Achmore
Leurbost
Brenish
Laival
a Tuath
495
Crossbost
859
Ballalan
5
Kintarvie
Loch
Langavat
Lemreway
ushinish
Clisham
799
Loch
Seaforth
West Loch Tarbert
Shiant

A
B
C
D
1
2
3
4
5
6
Cape Wrath
Clo Mor Cliffs
Balnakeil Churc
5
Kinloch-
bervie
S 507
Rhiconich
Handa Island
Laxford Bridge
Loch
Stack
Scourie
Eddrachillis Bay
894
Reay Forest
Oldany
Island
Kylestrome
Drumbeg
Culkein
The Minch
Newton
Eas a Chual Aluinn
837
Skiag Bridge
Achmelvich
Ardvrech Castle
Loch Assynt
Ben More
Assynt
998
Lochinver
Inchnadamph
Rubha Réidh
Reiff
Ledmore
Cul Mòr
849
Elphin
Achiltibuie
Inverpolly
Nature Reserve
Drumrunie
Summer Isles
Priest Island
Strath Kanaird
835

185
181

E
F
G
H
Ring of Brogar
Stromness
C 312
Linksness
Ward Hill
481
Hoy
St. John's Head
188
5
1
2
Pentland
Dunnet Head
Castle of Mey
Dunnet Bay
C 500
836
Dunnet
St. Mary's Chapel
Scrabster
Castletown
Thurso
C 501
Buldoo
836
Reay
Totegan
Portskerra
Melvich
Eilean nan Ròn
Whiten Head
Torrisdale Bay
Strathnaver Museum
Bettyhill
Midfield
838
Tongue
Naver
Halladale R.
Dalhaivaig
Halkirk
Roadside
Calder Mains
Olgrinmore
Thurso
Watten
Mybster
Westerdale
895
3
4
Ben Hope
927
Loch Loyal
Altnabreac Station
Grey Cairns of Camster
Alltnacaillich
Dalvina Lodge
Forsinard
Achavanich
Rosail Clearance Village
Dalnawillan Lodge
Loch Naver
Loch nan Clàr
Glutt Lodge
Lybster
Clann G
Latheron
Altnaharra
Ben Klibreck
962
Kinbrace
Braemore
Morven
705
Dunbeath
5
Loch Choire Lodge
Kildonan Lodge
Berriedale
Langwell Gardens
Crask Inn
Helmsdale
Black Water
Helmsdale
Loch Shin
Brora
Balnacoil
Lothmore
9
6
Dalchork
Lairg
839
Pittentrail
C 308
Brora
Clinelish Distillery
182
Dunrobin Castle
Falls of Shin
Shin

A
B
C
D
1
2
3
4
5
6
Mull Head
Papa Westray
Noup Head
Noltland Castle
Knap of Howar
Pierowall
Westray
The North Sound
Scar
Northwall
C 311
Midbea
Rapness
Westray Firth
Carrick Ho
Kettletoft
Roosay
Braeswick
Wasbister
Sanday Sound
Mainland
Brough of Birsay
Brough Head
Broch of Gurness
St. Magnus's Church
Backaland
Whitehall
Brinyan
The Barony
Aith
Stronsay
Twatt
Georth
Sandwick
Tingwall
Rothiesholm
Dounby
Edmonstone
Skara Brae
Balfour
Shapinsay
Aith
Loch of Harray
Auskerry
Yesnaby
Finstown
Sandgarth
Ring of Brogar
Shapinsay Sound
Maes Howe
5
Kirkwall
Stromness
C 313
Mull Head
C 312
3
Gritley
Round Church
Orphin
Linksness
Houton
Italian Chapel
Copinsay
Ward Hill
481
Scapa Flow
St. Mary's
Cava
St. John's Head
Hoy
Fara
Burray
Lyness
Bow
St. Margaret's Hope
C 314
187
5
Longhope
Melsetter
961
South Ronaldsay
South Walls
Tomb of the Eagles
Swona
Burwick
Pentland Firth
3
Stroma
Muckle Skerry
C 310
Dunnet Head
Castle of Mey
Scarfskerry
Duncansby Head
Huna
Dunnet Bay
C 500
836
Mey
John O'Groat's
John O'Groat's
Castletown
Dunnet
Freswick
Thurso
Stacks of Duncansby
Nybster
9
Roadside
Halkirk
Kirk
Sinclair's Bay
Keiss
Noss Head
Castle Girnigoe and Sinclair
A
Watten
882
B
183
C
D
Wick
C 309
Castle of Old Wick

Herma Ness
Burrafirth
Norwick
Haroldswick
Baltasound
Unst
4
S 410
Cullivoe
Yell
Uyeasound
Belmont
Uyea
Gutcher
Point of Fethaland
Yell Sound
Lumbister Reserve
Hascosay
Brough Lodge
North Roe
Houbie
Fetlar
Mid Yell
Funzie
North Roe
West Sandwick
Otterswick
Colgrave Sound
Ronas Hill
449
Ollaberry
S 411
S 409
Burravoe
Ulsta
Stenness
Old Haa
Toft
Gate of Giants
Hillswick
Out Skerries
Laxobigging
Saint Magnus Bay
Hamnavoe
Skaw
Brae
Busta House
Muckle Roe
Vidlin
Whalsay
Laxo
Papa Stour
Vementry
Hillside
Symbister
Voe
S 407
West Burrafirth
Neap
Melby Ho
Brettabister
Erne's Stack
Bridge of Walls
Bixter
C 406
Mainland
Dale
Tresta
Walls
4
Vaila
Culswick
The Deeps
Veensgarth
Heogan
Bressay
S 408
Broch
Lerwick
Vaila
Ham
Isle of Noss
Soalloway
Kirkabister
Shetland Islands
Okneyman's Cave
Hamnavoe
Bard Head
Quarff
West Burra
S 405
Royl Field
293
Mousa
Mousa Broch
Sandwick
Cliff Sound
Levenwick
St. Ninran's Isle Church
Skelberry
Croft House Museum
Toab
Fitful Head
Jarlshof
Grutness
Aberdeen
Sumburgh Head
E
F
G
H
1
2
3
4
5
6
179

Herrliche Aussichten:
Die Skyline von Edinburgh

Verantwortlich: Kerstin Thiele
Lektorat: Melanie Zumbansen
Layout: Elke Mader
Repro: Cromika/LUDWIG:media
Kartografie: Schmalfuß, Huber Kartografie
Herstellung: Anna Katavic
Printed in Poland by CGS Printig

Sind Sie mit diesem Titel zufrieden? Dann würden wir uns über Ihre Weiterempfehlung freuen.
Erzählen Sie es im Freundeskreis, berichten Sie Ihrem Buchhändler, oder bewerten Sie bei Onlinekauf. Und wenn Sie Kritik, Korrekturen oder Aktualisierungen haben, freuen wir uns über Ihre Nachricht an den Bruckmann Verlag, Postfach 40 02 09, D-80702 München oder per E-Mail an lektorat@verlagshaus.de.

Unser komplettes Programm finden Sie unter www.bruckmann.de 

Alle Angaben dieses Werkes wurden von dem Autor sorgfältig recherchiert und auf den neuesten Stand gebracht sowie vom Verlag geprüft. Für die Richtigkeit der Angaben kann jedoch keine Haftung übernommen werden, weshalb die Nutzung auf eigene Gefahr erfolgt. Insbesondere bei GPS-Daten können Abweichungen nicht ausgeschlossen werden.

Bildnachweis: Alle Bilder im Innenteil und auf der Umschlagrückseite stammen vom Autor außer: S.160/161 Shutterstock/David W Bird; S. 190/191 Shutterstock/Spiroview Inc.

Umschlagvorderseite: mauritius images/westend61/Fotofeeling; In den schottischen Highlands.
Umschlagrückseite: Tantallon Castle

Die Deutsche Nationalbibliothek verzeichnet diese Publikation in der Deutschen Nationalbibliografie; detaillierte bibliografische Daten sind im Internet über http://dnb.d-nb.de abrufbar.

2. aktualisierte Neuauflage

ISBN 978-3-7343-1662-3